国家社科基金
后期资助项目

1644—1949年
滇缅贸易研究

Research Study on Trade between
Yunnan and Myanmar from 1644-1949

李涛 著

中国社会科学出版社

图书在版编目（CIP）数据

1644—1949 年滇缅贸易研究/李涛著. —北京：中国社会科学出版社，2019.10
ISBN 978-7-5203-3342-9

Ⅰ.①1… Ⅱ.①李… Ⅲ.①国际贸易—研究—云南、缅甸—1644—1949 Ⅳ.①F752.733.7

中国版本图书馆 CIP 数据核字（2018）第 242828 号

出 版 人	赵剑英
责任编辑	卢小生
责任校对	周晓东
责任印制	王 超
出　　版	中国社会科学出版社
社　　址	北京鼓楼西大街甲 158 号
邮　　编	100720
网　　址	http：//www.csspw.cn
发 行 部	010-84083685
门 市 部	010-84029450
经　　销	新华书店及其他书店
印　　刷	北京君升印刷有限公司
装　　订	廊坊市广阳区广增装订厂
版　　次	2019 年 10 月第 1 版
印　　次	2019 年 10 月第 1 次印刷
开　　本	710×1000　1/16
印　　张	17
插　　页	2
字　　数	294 千字
定　　价	90.00 元

凡购买中国社会科学出版社图书，如有质量问题请与本社营销中心联系调换
电话：010-84083683
版权所有　侵权必究

国家社科基金后期资助项目

出 版 说 明

后期资助项目是国家社科基金设立的一类重要项目，旨在鼓励广大社科研究者潜心治学，支持基础研究多出优秀成果。它是经过严格评审，从接近完成的科研成果中遴选立项的。为扩大后期资助项目的影响，更好地推动学术发展，促进成果转化，全国哲学社会科学工作办公室按照"统一设计、统一标识、统一版式、形成系列"的总体要求，组织出版国家社科基金后期资助项目成果。

全国哲学社会科学工作办公室

前　言

　　云南地处西南边疆，长期被视为封闭、落后的地方，实际上，这种认识不够客观。如果从市场角度看，人们对云南所具有的特殊性、复杂性和活跃程度的认识是远远不够的。本书通过将滇缅贸易置于早期经济全球化视野之下进行考察，将有助于透视早期经济全球化对西南边疆社会经济发展变迁的影响，正确认识近代西南边疆经济社会发展及其在早期经济全球化中的角色和地位。

　　长期以来，从学术界对滇缅贸易的研究成果来看，总体来说，存在现代多、近古代少，局部多、系统少，边境贸易多、对外贸易少等倾向，较全面、系统地研究云南缅甸贸易关系的成果不多，专著几乎没有，对滇缅贸易的深入系统研究略显薄弱。本书试图在这一方面有所推进，以弥补当前研究之不足。滇西地区是近代云南商品经济最活跃的区域之一，是对外贸易发展最突出的区域之一，也是近代云南社会经济变化最显著的区域之一，同时也是国家中心西迁以后承载民族希望最艰巨的区域之一。深入、系统地研究滇缅贸易的缘起、兴盛和衰落，探讨滇西地区资本主义萌芽、商品经济发展、市场体系形成以及民间商帮和商业资本的兴衰，不仅可以丰富云南近代经济史的研究内容，还有助于为沿边少数民族地区商品经济发展史、少数民族发展史和少数民族社会史的研究提供一定的参考。

　　研究历史，不仅仅是尽可能地接近历史的真相，更为重要的是探究原因，找到规律，为当今社会以及未来发展提供有益的启示和借鉴，正所谓"以史为鉴、知古鉴今"。2013年，习近平总书记分别在9月和10月提出了建设"丝绸之路经济带"和"21世纪海上丝绸之路"的构想。"一带一路"倡议是党中央、国务院主动应对全球形势深刻变化、统筹国内国际两个大局做出的重大战略决策，对推进我国新一轮对外开放和沿线国家的共同发展具有举足轻重的意义。

　　当前，经济全球化深刻发展，区域经济一体化推进快速，"一带一路"倡议为沿线国家扩大开放、优势互补、共同发展提供了难得的机遇，密切契合了沿线国家的共同需求，有利于将政治互信、地缘毗邻、友好相处、经济互补、休戚与共等优势转化为务实合作、推动经济持续增长的强大动力，赋予了古老"丝绸之路"崭新的时代内涵。

在"一带一路"倡议的几条具体路线当中，云南区位优势明显，作用发挥关键。通过云南、广西连接缅甸、泰国、老挝、柬埔寨、马来西亚、越南、新加坡等国家；通过亚欧陆桥的南线分支连接巴基斯坦、阿富汗、伊朗、土耳其等国家，形成中国—南亚—西亚经济带。2015年1月，习近平总书记在云南考察时提出，希望云南主动服务和融入国家战略，闯出一条跨越发展的路子，在"一带一路"倡议中，努力成为面向南亚、东南亚的辐射中心。这已经定义了云南未来发展的新坐标，将使云南从对外开放的后方成为前沿。在国家整体对外开放、安全、能源、交通等战略格局中，将起到不可替代的作用。因此，中缅关系、云南与缅甸的经贸往来，在国家战略层面的重要地位和关键作用日益凸显。所以，沟通历史和现实的联系，全面、系统、深入地对滇缅贸易进行研究，不仅有助于探寻"一带一路"倡议和云南积极参与经济全球化的历史基础，而且能够为"一带一路"倡议以及西南边疆稳定、云南经济社会发展提供历史借鉴和参考。

本书主要对早期经济全球化进程中的滇缅贸易问题进行研究，探究17—20世纪中叶，在早期经济全球化的背景下，滇缅贸易的发展、地位和作用，从新的视角对滇缅贸易以及西南边疆社会经济发展做出阐释和研究。

15世纪末16世纪初的地理大发现和新航路的开辟，大大开阔了人们的视野，促进了全球各地的经济交往和联系。在此基础上，全球贸易发展起来，世界市场初步形成，世界历史进入了早期经济全球化的阶段，"18—19世纪经济全球化突出表现为市场的全球化"。[①] 在早期经济全球化的浪潮中，云南日益卷入世界市场体系，滇缅贸易经历了巨大的变迁，其在云南对外贸易中的地位发生了根本性的变化，从中深刻地凸显早期经济全球化对云南社会经济所带来的重大变化。因此，研究17世纪以来的云南对外贸易史不能抛开早期经济全球化这一历史背景。基于此，本书以早期经济全球化作为研究的背景和视角，系统地探究早期经济全球化以来云南与缅甸双边贸易的发展，探讨早期经济全球化与滇缅贸易之间的关系，以及云南与世界的经济互动，进而研究早期经济全球化对云南对外贸易的影响。

中缅两国山水相连、血脉相通，有着2100多千米的边境线（其中滇

[①] 仲伟民：《茶叶和鸦片在早期经济全球化中的作用——观察19世纪中国危机的一个视角》，《中国经济史研究》2009年第1期。

缅边境线近2000千米)、有着延续了2000多年的传统友谊；两国间经济文化交流历史悠久，民间往来关系密切。云南凭借其特殊的地缘优势，在中缅贸易中独占鳌头。从汉代开始，滇缅边界一线就有跨境而居的民族相互往来，互通有无。中缅官方间也以云南为最主要贸易通道，建立经济文化交流，通过云南缅甸边境深入两国内地。17世纪以来，随着早期经济全球化进程的深入，滇缅间的贸易往来日益频繁。但是，滇缅贸易在近代云南对外贸易中究竟居于何种地位？对近代云南对外经济关系的发展产生了怎样的影响？本书拟通过比较研究，进一步明确滇缅贸易在历史上的作用以及在近代云南对外贸易中的地位。

云南地处我国西南边陲，但大量的历史事实证明：云南曾经是一个开放的前沿，在中国，甚至在世界市场中的地位不可小视。从经济史角度看，云南有很多不同于中国腹地经济的特殊之处。清代以来，云南的商品经济获得了巨大的发展，特别是进入近代以来，国门被迫打开，英法殖民者对中国进行经济入侵，使"云南日益卷入世界市场体系"[1]，出现了"一种由传统到近世的转变"。[2] 进入20世纪以来，云南地方经济类型已经由"内向型的经济逐渐向外向型的经济转化"[3]，出现了与"中国市场、世界市场的同步"的大宗交易。[4] 经济全球化不仅促进了滇缅贸易的发展，也极大地推动了西南边疆地区社会经济的发展和变迁。这些问题都是以往研究重视不够，而又必须高度关注的。因此，通过滇缅贸易的发展，透视早期经济全球化进程中西南边疆社会经济的发展变迁也是本书的一大着力点。

清代、民国的滇缅贸易经历了元明基础上的拓展，国门洞开、约开商埠的巨变，与世界市场融合的迅猛发展历程，也经历了国民经济走向崩溃的急剧衰落时期，其发展变迁对滇西乃至云南经济社会发展产生了深远的影响，尤其是早期经济全球化对滇缅贸易的深刻影响，其历史经验和现实价值都十分宝贵。

本书研究的基本思路是：以早期经济全球化为研究视角，系统地研究早期经济全球化进程中滇缅贸易的发展，进一步阐明其在云南对外贸易中的地位与作用，进而透视早期全球化进程中近代西南边疆地区社会经济的

---

[1] 吴晓亮：《20世纪前期云南与世界经济的互动——以云南省博物馆藏商号"洪盛祥"的两部账册为个案》，《中国经济史研究》2009年第4期。
[2] 刘云明：《清代云南市场研究》，云南大学出版社1996年版。
[3] 陈征平：《云南早期工业化进程研究（1840—1949年）》，民族出版社2002年版。
[4] 吴晓亮：《20世纪前期云南与世界经济的互动——以云南省博物馆藏商号"洪盛祥"的两部账册为个案》，《中国经济史研究》2009年第4期。

发展与变迁。

地理大发现开辟了广阔的贸易空间，开启了早期经济全球化的历史进程。恩格斯曾经说过：美洲的发现，绕过非洲的航行，给新兴的资产阶级开辟了新的活动场所。东印度和中国的市场、美洲的殖民化、对殖民地的贸易、交换手段和一般商品的增加，使商业、航海业和工业空前高涨，因而使正在崩溃的封建社会内部的革命因素迅速发展。[①] 在这一进程中，云南从相对封闭的状态一跃成为开放的前沿，并与欧洲建立了联系。云南与缅甸的贸易往来日益密切，规模不断扩大，商品更加丰富，客观上促进了生产的发展、商品经济的拓展和地方经济的增长。因此，滇缅贸易在近代云南对外贸易中占有重要的地位，产生了积极的影响和作用。滇缅贸易的发展反映了西南边疆地区社会经济的发展变迁以及西南边疆在早期经济全球化背景下与世界的交流与互动情况。

本书由七章内容组成，以时间为序、以史实为本、以重大历史事件为基本线索，综合运用历史学、经济学等学科的分析方法对清代至民国时期滇缅贸易的兴衰变迁进行分析讨论，以期尽可能地还原历史事实，探寻各个不同时期双方贸易往来的突出特征和影响因素，力图总结滇缅贸易发展演进的规律以及与早期经济全球化之间的关系。

第一章主要探讨清代至民国滇缅贸易所处的历史背景。对西方的殖民扩张与早期经济全球化以及西方殖民扩张进程中的中国与缅甸进行论述；系统地分析了清代前中期及1840年后的云南社会与经济；对滇缅贸易与国内经济关系以及云南在中缅关系中的地位进行了深入阐述。

第二章主要分析清代前中期滇缅贸易的发展情况。论述了清代前中期的中缅关系以及滇缅贸易管理机构的设置与运行，并对清代前中期滇缅贸易的情况进行具体研究。

第三章主要分析中国社会进入近代以来，滇缅贸易所发生的巨大变化。论述了从鸦片战争以后的中缅关系以及对约开商埠与滇缅贸易的影响；探讨了云南各商埠进出口商品结构和货值变化以及腾越关在滇缅贸易中的地位；对腾越关、蒙自关进出口量值进行深入的分析，论述了云南对外贸易中心的变动对滇缅贸易的影响以及云南商帮在滇缅贸易中的作用。

第四章主要对1910—1941年滇缅贸易的发展情况进行研究。分析了滇缅贸易的阶段性特征以及交通条件的改善对滇缅贸易的促进；深入地阐述了下关这一滇西商业重镇的崛起；具体分析了滇缅间的进口贸易和出口贸易。

---

① 《马克思恩格斯全集》第1卷，人民出版社1979年版，第252页。

第五章主要论述了太平洋战争爆发，日本相继攻陷缅甸仰光、云南腾冲后，滇缅公路被阻断，云南与缅甸进而与国际世界联系的唯一陆地通道就此断绝，滇缅贸易开始逐步走向衰败的历史过程，阐述了抗日战争后期的滇缅贸易和交往；对滇缅贸易急剧衰落的主要原因进行了深入探讨。

第六章通过对云南对外贸易的整体考察，比较蒙自、思茅和腾越关的进出口贸易，深入地分析滇缅贸易在云南、缅甸各自外贸中的结构性关系，系统地分析滇缅贸易各个不同时期的特点，进一步探讨滇缅贸易的历史作用及其在云南对外贸易中的地位。

第七章把滇缅贸易置于早期经济全球化这一大背景当中，探究滇缅贸易与经济全球化之间的关系。从世界市场形成前后以及第二次世界大战期间的滇缅贸易等方面，重点阐述经济全球化对滇缅贸易的影响。

本书以马克思主义为指导，坚持以唯物史观和唯物辩证法作为根本的研究方法，按照历史与逻辑相统一的原则，在深入考察清代、民国基本文献和调查研究的基础上，运用多学科理论进行综合研究。历史唯物主义，是我们研究经济史的基本方法，因为"我们历史研究中使用最多的思维方法，是历史辩证法"。[①] 把滇缅贸易的研究放在一个动态发展的历史进程当中；放在政治、经济、文化相互联系、相互影响、相互制约的普遍联系当中；放在影响滇缅贸易各要素间的矛盾运动当中；运用大量的史料分析滇缅贸易的发展历程，使研究内容的不断展开与经济社会发展的实际过程保持内在统一。另外，从政策角度研究贸易发展，分析清代和民国四个不同时期的经济贸易政策对滇缅贸易所产生的影响。同时，也从另一方面探讨滇缅贸易的发展如何影响贸易政策的演进。系统论方法，指的是我们的研究在一个系统的整体水平上进行。从社会生活整体上考察滇缅贸易的发展过程；在云南对外贸易这一大的系统中分析滇缅贸易地位的变迁；在滇缅贸易这一小的系统中探寻影响其兴衰的因素，注重分析地系统内各组成部分之间的因果关系，研究相互之间的联系以及滇缅贸易发展的总趋势。按照时间的顺序，对清代和民国滇缅贸易的拓展、巨变、迅猛发展和急剧衰落这一发展、演变过程的考察，探究并总结滇缅贸易在不同时期的特征和规律。但仅有纵向比较还不能较为完全地揭示滇缅贸易的地位与作用，所以，本书还运用了横向比较的研究方法，对蒙自、思茅和腾越三关的进出口贸易状况及影响因素进行了深入的分析比较，发现了滇缅贸易在云南对外贸易格局中地位变迁的影响因素及变化特征。

---

① 吴承明：《中国经济史研究的方法论问题》，《中国经济史研究》1992 年第 1 期。

中缅贸易具有悠久的历史。长期以来，学术界对历史上不同时期中缅贸易的发展展开过细致的研究，取得了丰硕的成果。中缅关系是中缅贸易发展的基础，在这方面，王婆楞详细梳理了自后汉至晚清的中缅关系，认为中缅邦交具有2000多年的亲善历史。① 方国瑜认为，缅甸在远古时期与云南境内各族的关系就是密切的，缅甸各民族通过云南与中国各地发生了关系，这是中缅之间联系的一条主要线路。② 尤其是对秦汉以来中国和缅甸的经济文化交流做了初步的历史脉络的梳理。③ 陈茜根据印度和中国的文献，说明云南早在公元前就与古印度和缅甸、越南有贸易交往。④ 古永继认为，明代是云南社会变化激烈的时期，同时也是中缅关系发展史上的重要阶段。这一时期，大量的内地人进入云南，而地处滇西并与缅甸接壤的永昌、腾越等地，成为内地移民的重要分布区之一。无论是军事移民还是商业移民，都直接或间接地对中缅关系产生了重要影响。⑤ 冯立军分析了明至清中叶滇缅贸易的发展概况及明清政府对滇缅贸易的管理情况，认为滇缅贸易是随着中缅关系的变化而或开或禁，其管理也随之或严或弛，从而得出和平、通商有利民生、有利国家长治久安的结论。⑥ 赵小平论述了明清时期，云南与东南亚、南亚国家和地区间的商贸活动。在原有官方贸易发展的基础上，边民贸易空前活跃，边贸市场不断拓展。清末，云南在中国西南边疆地区的国家区域市场中扮演着中国对外贸易的前沿、核心角色，在世界贸易体系中也占有一席之地。⑦ 游明谦全面回顾了中缅贸易的发展历程，指出了存在的问题和不足。⑧ 孙来臣论述了明清时期的中缅贸易，并分析了它们的特点：明清两代的中缅贸易，在本质上虽没有什么不同，但清代中缅贸易和明代相比具有较大的发展，清代中缅贸易量比明代大，清代缅甸华侨人数、组织、势力及其在缅甸的商业活动的范围和规模都有扩大和发展。中缅贸易与中国同东南亚其他国家的贸易之间存在着很大的不同。其原因在于地理环境决定了贸易商道的不同、贸易内容的不

---

① 王婆楞：《中缅关系史纲要》，正中书局1944年版。
② 方国瑜：《古代中国与缅甸的友好关系》，《东南亚》1984年第4期。
③ 尤中：《古代中缅之间的经济文化交流》，《云南民族学院学报》（哲学社会科学版）1993年第3期。
④ 陈茜：《云南外贸史略述》，《国际贸易》1986年第6期。
⑤ 古永继：《明代滇西地区内地移民对中缅关系的影响》，《中国边疆史地研究》2008年第3期。
⑥ 冯立军：《论明至清中叶滇缅贸易与管理》，《南洋问题研究》2005年第3期。
⑦ 赵小平：《明清云南边疆对外贸易与国际区域市场的拓展》，《历史教学》2009年第4期。
⑧ 游明谦：《中缅边贸的历史、现状与未来》，《郑州大学学报》（哲学社会科学版）1995年第2期。

同。明清时期，中缅贸易及对两国的政治、经济、文化等方面都产生了更加广泛的影响。[①] 霍尔认为，18世纪末的缅甸对外贸易就有了比较大的发展，而陆路贸易的进出口则主要以云南作为对象。[②] 缅甸学者吴登威分析，18世纪末左右，缅甸矿业开采虽然颇具规模，但主要供封建主消费。手工业主要是棉织业和竹木器编织业，几乎都供家庭使用。这就大大限制了缅甸对外贸易和产业发展。[③]

在中缅贸易史研究中，近代中缅贸易问题的研究是热点，这与近代云南开埠以来中缅贸易的发展是紧密联系的。戴鞍钢认为，云南很早以来就与越南、老挝、缅甸等邻国有着传统的边境贸易往来，各自的土特产品互为流通调剂。自蒙自等口岸开放以后，西方的机制品加入其中，贸易范围、规模及商品种类都有明显扩大。[④] 杨煜达通过对近代帝国主义向滇西经济侵略、渗透的深入，思茅和腾越两关相继开放的讨论，分析了滇西自然经济的瓦解，商品经济得到了一定程度的发展，还出现了一些资本主义性质的近代企业，滇缅之间贸易呈现出繁荣景象。[⑤] 汪戎阐述了外国资本的侵入，使云南沦为商品倾销地，同时云南也开始了近代工业化。[⑥] 贺圣达认为，近代云南与中南半岛的贸易出现了新的特点，在全国的贸易中占有重要地位。[⑦]

经济政策和对外贸易政策是影响中缅贸易的重要因素，在这方面，已有不少学者对经贸政策影响中缅贸易的发展问题给予了关注。吴玉文探讨了1927—1937年南京国民政府的经济政策，包括关税自主、废两改元以及法币政策对当时社会经济的发展，具有一定的促进作用，对当时的对外贸易产生了重要的影响。[⑧] 葛健认为，北京政府成立后，推行了一系列旨在促进工商业发展的政策与措施。引发了工商制度的变迁，促进了经济的发展，在中国近代经济政策近代化的进程中起到了承上启下的作用。[⑨] 温洪玉阐述了战后的关税政策并未能起到对国内经济的保护作用，通过关税

---

① 孙来臣：《明清时期中缅贸易关系及其特点》，《东南亚研究》1989年第4期。
② Daniel George Edward Hall, *Europe and Burma*, H. Milford, Oxford University Press, 1945.
③ Tun Wai (U, Economist), "Economic Development of Burma from 1800 till 1940", Dept. of Economics, University of Rangoon, 1961, p. 14.
④ 戴鞍钢：《近代中国西部内陆边疆通商口岸论析》，《复旦学报》（社会科学版）2005年第4期。
⑤ 杨煜达：《试析近代滇西商品经济的发展和影响》，《保山师专学报》2000年第2期。
⑥ 汪戎：《近代云南对外经济关系》，《思想战线》1987年第5期。
⑦ 贺圣达：《近代云南与中南半岛地区经济往来研究三题》，《思想战线》1990年第1期。
⑧ 吴玉文：《1927—1937年南京国民政府经济政策述评》，《河南大学学报》（社会科学版）1998年第5期。
⑨ 葛健：《北京政府工商业政策研究》，硕士学位论文，山东师范大学，2007年。

减免进口的物品,并非是国内所急需的,也并非是适应战后国内经济发展所需求的,关税减免在战后未能得以很好地利用,反倒是起到了消极的作用。[1] 叶凤刚认为,20世纪30年代初,南京国民政府为了摆脱困境,发展经济,采取了包括经济统制、稳定币值、实行保护性关税等一系列措施,促进了中国经济的发展。[2] 严云强讨论了南京政府税制改革虽然未能从根本上解决财政困难,但仍取得了一定的成效,应当给予实事求是的评价。[3] 张东刚利用制度变迁理论分析了工商政策的转变是近代中国制度变迁的重要内容,提出了民国初年工商政策的演变及其特征,并对工商政策的近代化和局限性进行了分析。[4] 徐建生从民国初年经济政策法规的多项内容中总结出扶植与奖励的政策导向。民国初年经济政策开始了近代化的转变,但扶植奖励导向与控制聚敛实质是民国初年政策无从调解、强弱悬殊的矛盾,它是民国初年政策发育不足和名实不符的根源。[5] 徐进功分析了南京国民政府成立后相继出台了一系列旨在鼓励对外贸易发展的政策,这个时期,进出口额有所增大,商品结构也发生变化,并呈现出自身的一些特点,但对外贸易的半殖民地性质并没有改变。[6] 朱英从政策效果角度比较深入地阐述了南京临时政府成立之后,在面临各方面严重困难的情况下仍非常重视经济的发展,推行了保护工商、鼓励创办实业、恢复市场经济、倡导兴农垦殖等一系列有关的政策与措施,对于促进民国初年工商各业的发展,从许多方面产生了不容忽视的影响。[7] 佟静认为,南京政府在一定程度上实现了关税自主,关税自主政策的实施,客观上对中国社会经济的发展起到了一定的促进作用。[8] 徐卫国梳理了清末新政在经济方面的变法对当时的经济产生的影响,认为它带有资本主义性、浓厚的封建性、保守性和半殖民地、非自主性。[9] 郭亚非论述了云南近代海关税率,认为

---

[1] 温洪玉:《抗日战争胜利后南京国民政府的特定关税减免政策研究》,《内蒙古农业大学学报》(社会科学版)2008年第2期。
[2] 叶凤刚:《抗战前国民政府保护和发展民族经济的措施》,《世纪桥》2007年第8期。
[3] 严云强:《抗战时期国民政府的税制改革》,《重庆社会科学》2005年第8期。
[4] 张东刚:《论民初国家工商政策的转变及其近代化》,《天津师范大学学报》1999年第5期。
[5] 徐建生:《论民国初年经济政策的扶植与奖励导向》,《近代史研究》1999年第1期。
[6] 徐进功:《论南京国民政府1927—1937年的对外贸易》,《中国社会经济史研究》2001年第3期。
[7] 朱英:《论南京临时政府的经济政策》,《华中师范大学学报》(人文社会科学版)1999年第1期。
[8] 佟静:《论南京政府关税自主政策的实施及意义》,《辽宁师范大学学报》(社会科学版)1999年第6期。
[9] 徐卫国:《论清末新政时期的经济政策》,《中国经济史研究》1997年第3期。

关税对于促进或者阻碍对外贸易的发展，都有巨大的作用。国民政府的税制改革忽略了云南的特殊性，所以，政府在税率制定、政策变动、税目增减方面，既要注意全国整体的统一性，又必须考虑各地的特点。这样，才能发挥促进经济发展的积极作用。①

在华侨与滇缅贸易方面，聂德宁比较全面地梳理了近现代中国与缅甸的贸易，认为华侨在这个过程中发挥了重要作用。②董孟雄从近代云南的华侨以及华侨资本的视角，系统地阐述了近代小农经济解体背景下云南华侨的形成、结构特点，揭示了他们完全摆脱国内封建经济关系的现实制约，置身于世界资本主义经济中，在异国殖民地的经济分化中完成自我演化的全过程的基本规律。总结了云南地区华侨资本是由具有浓厚的前资本主义因素的商业资本转化为从事国际贸易的近代云南华侨资本这一主要来源，并且在历史上起到过不容忽视的积极作用。

在商人、商业资本与滇缅贸易方面，郭亚非、王菊映以1889年蒙自设关为起点，分析了近代云南对外贸易的开展，晚于中国沿海约半个世纪。在其经营环节上，一开始就表现出与沿海地区不同的特点，即在进出口贸易中，主要由中国商人经营。③刘云明从省内商人、省外商人、国外商人个体的经营活动切入，分析了个体逐步整合成为一个个商人群体，直至大商帮的出现和行帮、商会的建立的成长历程。考察了商业资本的运动，阐述了商人资本的积累决定着市场发展所能达到的层次与规模，揭示了因为市场发展催生的社会经济形态中的变化。④周智生系统地对滇西北商人进行了深入的研究，从商人与地方经济生活、地方社会生活、地方政治生活和对外交流等多个维度，全面地展示了滇西北商人的兴衰历程。探讨了近代云南商帮在促进边疆与内地商贸交流中发挥的重要作用以及在推动近代云南与缅甸、印度等周边国家国际经贸交流中的重要地位。他们对滇西北地区的近代社会变迁影响最深，对当地社会的冲击也最大，而不仅仅作用于商贸领域。⑤杨煜达从滇西民族资本的转化入手，分析了滇西民族商业资本与近代云南社会的相互关系，揭示了滇西民族商业资本在近代

---

① 郭亚非：《再论云南近代海关》，《云南师范大学学报》（哲学社会科学版）1996年第2期。
② 聂德宁：《近现代中国与缅甸的贸易往来》，《南洋问题研究》1998年第4期。
③ 郭亚非、王菊映：《近代云南对外贸易经营中的特点》，《云南师范大学学报》（哲学社会科学版）1997年第6期。
④ 刘云明：《清代云南市场研究》，云南大学出版社1996年版。
⑤ 周智生：《商人与近代中国西南边疆社会——以滇西北为中心》，中国社会科学出版社2006年版。

云南发展迅速，成为云南民族商业资本的代表的发展历程。探讨了滇西民族商业资本对云南社会发展的促进作用以及其固有的局限性。① 吴兴南在对云南对外贸易的研究中把商人作为对外贸易活动非常重要的角色加以探讨，商人的起落从一个侧面反映了云南对外贸易的兴衰，商人在云南对外贸易进程中处于十分重要的地位，发挥着至关重要的作用。② 罗群探讨了近代云南的商人组织，经历了会馆、行帮、商会的发展过程。近代云南商人从个体走向联合，在全省形成了庞大的商人网络，其政治能量和社会影响有了巨大的改观。③ 吉松久美子等研究了19世纪末至20世纪初云南回族商人进入缅甸开展对外贸易的5条线路，分析了云南籍回族在缅甸聚居区的形成过程。④ 申旭对云南回族商帮的发展状况及其在云南对外贸易中的作用进行了深入的探讨。认为云南回族商人与缅甸的贸易源于元代，发展高峰出现在清代中期。回族商帮的对外贸易活动，促进了云南经济的发展，并且，对"西南丝绸之路"的拓展与繁荣也起到了积极的推动作用。⑤ 费鸿萍从商业营销的视角阐述了近代大理喜洲商帮的营销思想。⑥ 此外，还有施次鲁、古高荣、杨润苍、杨克成、董彦臣、李镜天、黄槐荣、哈吉、黄桂枢、赵锐明、吕珈惠、杨育新、张锡禄等的回忆和论文，回顾和阐述了云南商帮的发展历程。⑦

商贸通道是中缅贸易的重要条件，对中缅之间商贸通道的研究一度是学术研究的热点。郭亚非从中央王朝势力角度论述了"南方丝绸之路"开发的作用，认为云南在远古时期就出现了"南方古丝绸之路"，是中国西南地区与世界各国经济交往关系影响最突出的区域长距离贸易。"南方丝绸之路"的发展较为突出的原因主要是封建统治的加强，历代中央王朝移

---

① 杨煜达：《滇西民族商业资本的转化与云南近代社会》，《云南社会科学》2001年第4期。
② 吴兴南：《云南对外贸易史》，云南大学出版社2002年版。
③ 罗群：《从会馆、行帮到商会——论近代云南商人组织的发展与嬗变》，《思想战线》2007年第6期。
④ [日]吉松久美子、涂华忠、姚继德：《云南回族入缅商路与移居点考——以19世纪末至20世纪初为中心》，《回族研究》2008年第2期。
⑤ 申旭：《回族商帮与历史上的云南对外贸易》，《民族研究》1997年第3期。
⑥ 费鸿萍：《试论近代大理喜洲商帮的经营管理思想》，《商业研究》2002年9月下半月版。
⑦ 施次鲁的《福春恒的兴起、发展及其没落》，古高荣、杨润苍的《茂恒商号及其云茂纺纱厂始末》，杨克成的《永昌祥简史》，董彦臣的《凤尾山石璜业发展概况》，李镜天的《永茂和商号经商史略》，黄槐荣的《洪盛祥概况》，哈吉的《茶马古道上的回族马帮》，黄桂枢的《清代、民国时期景谷、勐腊等地的茶庄商号》，赵锐明的《白族著名商帮永昌祥》，吕珈惠的《大理喜洲商帮的形成与发展特点》，杨育新、张锡禄的《侨乡喜洲白族商帮的形成及其文化遗产保护》。

民政策的推行。① 林锡星分析了中缅两国友好往来始于贸易，而这种贸易联系早在西汉或西汉以前就已开始。云南和缅甸不仅有陆路交通维系，而且还有一条从海上经缅甸的伊洛瓦底江内河航道抵永昌。② 申旭认为，中国和印度之间自古至今一直存在着密切的贸易往来和文化交流，除从中国"北方丝绸之路"和"海上丝绸之路"可以到达印度以外，还存在着一条从中国西南经过缅甸到达印度的贸易古道，而居于关键地位的则是云南与缅甸的贸易往来，尤其是在南诏和大理国时期，在中国与缅印的贸易中，云南占有最重要的地位。③ 蓝勇从历史地理角度论述了唐宋川滇、滇缅通道上的贸易，阐述了川滇、滇缅通道是西南地区的交通干道，除政治、军事和文化上的意义外，其最重要的意义在商业贸易上。川滇段的商业贸易以进贡回赐和官办的茶马贸易为主；滇缅印段的分段贸易以进贡和民间贸易为主，民间贸易比重比较大。④ 吴迪从元朝大一统局面的形成，阐述了统一的政治局面稳定了云南及广大西南边疆地区，打通了从云南沿伊洛瓦底江南下直达安达曼海的滇缅交通，沿途设置了不少驿站，促进了云南与缅甸的社会经济文化的交流。⑤ 宋蜀华分析了"西南丝绸之路"的形成过程和它在世界历史上发挥的重要作用，探讨了它对中国现今对外贸易的意义。⑥ 杨煜达认为，清朝前期是中缅两国友好关系巩固和发展的重要时期。从维护西南边疆的和平稳定出发，这一时期，清政府奉行了以安边保疆为核心，容许双方较自由的贸易政策，这一友善的政策对西南地区社会的安定和发展，以及对促进中缅两国的经济文化交流有着积极的影响。⑦

马帮运输曾在中缅贸易中占有重要的地位和作用。在这方面，马维良认为，云南地处横断山脉，山高路窄坡陡，马帮是古代最好的主要运输工具。云南回族的马帮运输和对外贸易，繁荣了城乡市场，促进了与缅甸等国的经济文化交流，具有深远的历史意义和现实意义。⑧ 姚继德在分析了

---

① 郭亚非：《中央王朝势力加强与南方古丝绸之路的开发》，《云南师范大学学报》（哲学社会科学版）2000年第4期。
② 林锡星：《中缅友好关系研究》，暨南大学出版社2000年版。
③ 申旭：《汉唐时期川滇缅印之间的交往》，《云南社会科学》1996年第1期。
④ 蓝勇：《唐宋南方陆上"丝绸之路"的转输贸易》，《中国经济史研究》1990年第4期。
⑤ 吴迪：《略论元朝云南和缅甸的经贸交流》，《重庆科技学院学报》（社会科学版）2009年第7期。
⑥ 宋蜀华：《论西南丝绸之路的形成、作用和现实意义》，《中央民族大学学报》1996年第6期。
⑦ 杨煜达：《清朝前期（1662—1765）的对缅政策与西南边疆》，《中国历史地理论丛》2004年第1期。
⑧ 马维良：《云南回族马帮的对外贸易》，《回族研究》1996年第1期。

云南回族马帮的组织结构、分布地区、通商路径和营运物资以后，认为历史上的回族马帮规模最大、活动范围最广、资金最雄厚、持续时间最长、社会影响最大，而造就这一切的根本原因在于云南回族所独有的穆斯林的人生价值理念。① 张越在探讨近代马帮对云南经济的影响因素中，提出了商团化是云南近代马帮的一大特点，其具有资本主义运输生产的特点，同时又具有浓厚的封建行会的特色，大马帮与大工商业主建立了相对固定的依存互利的关系。② 董孟雄、陈庆德撰文分析认为，马帮是近代云南经济发展的一个重要因素，其作用和影响渗透到每个经济组织、每一个地域，甚至每个民族经济体中。马帮对云南近代社会的资本化进程有着不容忽视的促进作用。③ 杜鹃认为，因为云南山高水急的地理特征，使马帮成为民国时期的主要运输方式。云南少数民族商帮以及地方经济的繁荣与马帮驿运关系密切，探讨了两者相互依赖、相互促进的关系。④ 此外，还有一些学者撰文描述马帮运输的当时状况、探讨马帮运输与地方经济两者之间的关系。⑤ 陆韧通过对抗日战争时期云南马帮的考察，分析了马帮在滇缅贸易中的独特地位和作用，揭示了马帮发展演变的历程。1910年滇越铁路通车，到1937年，马帮依然是云南运输的主角。1938年滇缅公路通车以后，马帮基本被铁路、公路所取代。1942年滇缅公路中断，马帮再次成为云南运输的主角。⑥

近代运输方式的运用大大促进了滇缅贸易的发展。在这方面，已有不少学者对运输方式革新与滇缅贸易发展给予了关注。王文成深入探讨了清末民初云南传统交通运输格局的重大变化，阐述了传统运输方式与近代铁路机车的相互关系。在揭示了近代化交通运输快速发展的同时，传统的运输方式，特别是马帮运输也在一定程度上得到了新发展。清末民初的云南

---

① 姚继德：《云南回族马帮的组织与分布》，《回族研究》2002年第2期。
② 张越：《近代云南马帮的发展及其对云南经济的影响》，《文山师范高等专科学校学报》2006年第1期。
③ 董孟雄、陈庆德：《近代云南马帮初探》，《经济问题探索》1988年第6期。
④ 杜鹃：《民国时期的马帮驿运》，硕士学位论文，四川大学，2004年。
⑤ 张锡禄的《川滇缅印古道上的大理马帮》，杨毓才的《近代白、回、纳西资本主义工商业的发展》，何平的《云南回族与滇缅贸易》，申旭的《回族商帮与历史上的云南对外贸易》，张君宏的《近代云南马帮在中国与东南亚南亚文化交流史上的作用》，王应鹏口述、常泽鸿整理的《民国时期大理、凤仪的马帮》，解乐三的《云南马帮运输概况》，陆思锡的《洱源的马帮运输》，黄槐荣的《解放前腾冲县的马帮》，陈松年的《云南解放前的驿传和交通》，马廷壁的《云南战时驿运》。
⑥ 陆韧：《抗日战争中的云南马帮运输》，《抗日战争研究》1995年第1期。

交通运输格局，出现了人力、畜力与机械动力并举的时代特征。[1] 董孟雄、郭亚非认为，马帮和背夫是云南历史上的传统运输方式，在这样的运输条件下，云南地方市场被局限于极为狭小、分散和封闭的状态。蒙自开关以后，逐渐以马帮运输为主，滇越铁路通车及抗战期间云南交通技术要素多元化的变革，使云南的交通运输状况大为改观。从分析马帮运输的局限性说明了交通运输在社会经济发展进程中的重要性。[2] 牛鸿斌阐述了交通运输与对外贸易的关系，认为云南是"西南丝绸之路"的交通枢纽和周边国家的主要贸易伙伴，而且较早地出现了近代化的交通线和运输工具，充分利用马帮、汽车、轮船和火车等运输方式，初步实现了贸易线路向近代化转化，是云南对外交通史和贸易史上最辉煌的时期之一。[3] 江云岷着重探讨了滇缅公路对沿线经济发展的影响，滇缅公路改变了滇西城镇分布格局，形成了一条滇缅公路经济走廊，形成了新的生产力，推动了社会经济的发展。[4] 对于滇缅公路的研究，大都集中在政治意义和军事意义上[5]，其在滇缅贸易中显著的地位以及经济意义则研究较少。此外，国内一些学者在研究云南的对外关系的专著中，也从不同的角度对云南的交通运输变革与滇缅贸易发展问题做了深入的阐述。[6]

近年来，随着云南对外关系史和对外贸易史研究的兴盛，中缅贸易研究出现了以下两大趋势。

第一，研究领域拓展。越来越多的学者将中缅贸易与中缅之间的经济社会、文化习俗等问题联系起来研究。吴兴南认为，清代云南对外贸易的主要对象是越南、老挝、缅甸等邻国。云南边疆社会趋于稳定，商品经济

---

[1] 王文成：《清末民初的云南驿路、铁路与马帮》，《云南财经大学学报》2009年第5期。
[2] 董孟雄、郭亚非：《近代云南的交通运输与商品经济》，《云南社会科学》1990年第1期。
[3] 牛鸿斌：《近代云南商号与中印陆海交通线的开辟》，《云南社会科学》2002年第1期。
[4] 江云岷：《滇缅公路沿线经济发展评析》，《云南民族大学学报》（哲学社会科学版）2010年第3期。
[5] 李国文的《中国抗日运输大通道——滇缅公路》，王丽明、董筠的《修筑滇缅公路拾遗》，陶子厚的《抗战时期的西南运输总处》，贾国雄的《论国民政府抗战时期的交通运输管理体制》，高振云的《抗日战争与云南交通的变革》，何跃、何俐的《试析太平洋战争前夕英国关闭滇缅公路的原因及后果》，刘金源的《滇缅公路危机与中英关系》，杨立鑫的《论滇缅公路的伟大功绩》，刘卫东的《抗战前期国民政府对印支通道的经营》，夏兆营的《论抗战时期的西南运输总处》，杨斌的《抗战时期的国民政府驿运事业》。
[6] 陆韧的《云南对外交通史》，吴兴南的《云南对外贸易史》，申旭的《中国西南对外关系史研究》，王明达、张锡禄的《马帮文化》，周智生的《商人与近代中国西南边疆社会——以滇西北为中心》，李珪的《云南近代经济史》，刘云明的《清代云南市场研究》，杨毓才的《云南各民族经济发展史》，杨聪的《大理经济发展史稿》，董孟雄的《云南近代地方经济史研究》。

的日益发展以及物质财富的日渐丰富，为对外贸易的发展奠定了物质基础。清代云南对外贸易在平等互利和互补基础上得到迅速发展："纵观清代云南对外贸易，不论其规模或其产生的影响都足可称道。清代云南对外贸易是建立在自给自足自然经济基础上的一种互补型经济行为，贸易运作的动力在于供给与需求的矛盾，是存在于地域性物资生产差异基础上的一种国际性经济活动。"① 苏月秋认为，地理环境及穿衣习俗的差异，是云南与东南亚丝绸贸易兴起的主要原因。缅甸的棉花早在清代中前期就大部分输往云南，资源的互补使棉花和生丝成为清代云南与东南亚贸易中最大宗进出口商品。清代云南与东南亚的丝绸贸易路线主要有滇缅和滇越两条，但从贸易数量和规模来看，丝绸贸易的主要商路是滇缅路线。丝绸贸易使云南及西南地区市场与东南亚市场紧密联系，形成了一个丝绸贸易圈。② 郭亚非认为，云南自约开商埠后，通过对外贸易的开展，逐渐形成了与周边国家，如印度、越南、缅甸、老挝等国的区域性贸易圈。其形成原因主要是：特殊的地理自然环境；英国、法国等资本主义国家的侵略政策；基于同样社会生产力水平的互补。③

第二，新的研究视角开始出现，特别是将云南对外贸易和滇缅贸易放在早期经济全球化的视角之下进行考察。例如，王文成系统地阐述了云南开关与对外经贸关系的变迁。认为清代中叶，云南传统对外经贸关系形成了以边境贸易为主体、以贡赐贸易为补充的格局。在约开商埠前后，云南对外经贸关系的性质发生了重大变化，逐渐演变为以通商口岸为依托，以全球性、综合性的世界贸易为主体，以边境贸易、边民互市和走私贸易为补充的近代对外经贸关系。云南在一定程度上更深入地卷入了早期经济全球化和殖民贸易体系的旋涡。④ 吴晓亮在考察"洪盛祥"的两部账册后，得出了这一经营滇缅贸易的著名商帮以"纺织品交易为大宗说明其与中国市场、世界市场的同步"的结论。伴随着英国等殖民国家对缅甸等国的侵略以及对云南的渗透和扩张，自约开商埠开关起，云南日益卷入世界市场体系。⑤ 以上两位学者的研究，将近代滇缅贸易置于经济全球化的视角之

---

① 吴兴南：《清代前期的云南对外贸易》，《云南社会科学》1997 年第 3 期。
② 苏月秋：《近代云南与东南亚的丝绸贸易》，《东南亚研究》2010 年第 3 期。
③ 郭亚非：《近代云南与周边国家区域性贸易圈》，《云南师范大学学报》（哲学社会科学版）2001 年第 2 期。
④ 王文成：《约开商埠与清末云南对外经贸关系的变迁》，《云南社会科学》2008 年第 3 期。
⑤ 吴晓亮：《20 世纪前期云南与世界经济的互动——以云南省博物馆藏商号"洪盛祥"的两部账册为个案》，《中国经济史研究》2009 年第 4 期。

下进行考察，开拓了当前云南对外贸易史，特别是滇缅贸易史的研究视野。

综上所述，学术界对历史上的滇缅贸易问题已经开展了长期的研究，取得了丰硕的成果，为这一研究的继续深化和拓展奠定坚实的基础。但是，也应该看到，对于云南与缅甸贸易的研究，论文较多，但大多数只是涉及其中的某一个方面，没有一个全面的梳理。专著极少，不能窥见云南与缅甸贸易的全貌，而且从新的视角和领域系统地探讨中缅贸易的专著还未见到。基于此，本书拟在以上研究的基础上进一步拓展，以早期经济全球化为视角，系统地探究近代以来滇缅贸易问题，进一步研究滇缅贸易与西南边疆经济社会的发展和变迁。

研究云南对外贸易方面的论文很多，但大多或是研究云南对外贸易的整体，或者研究某一局部，或者研究某一时期，或者研究某一贸易对象国，对历史上云南与缅甸进出口贸易的系统、全面、深入的研究还比较缺乏。本书将滇缅贸易关系置于早期经济全球化这一历史背景下，研究它们之间的关系，把国际经济史与云南地方经济史结合起来研究，拓展并丰富了当前滇缅贸易史和云南对外贸易史研究。本书分析了各个时期不同的特点及规律，着重探究了滇缅贸易在云南对外贸易中的地位变迁，系统地分析了双边关系、政策、商业资本、交通运输与滇缅贸易之间的内在逻辑关系，对把云南建设成为面向南亚东南亚辐射中心具有较强的理论指导意义。

本书主要研究清代和民国时期的滇缅贸易，而对有2000多年友好关系的中缅历史来说，仍有很多值得探究的问题。例如，汉代甚至之前滇缅贸易的源起、"南方丝绸之路"的开辟、云南的货币体系、唐宋朝贡贸易的状况、南诏大理政权与缅甸贸易、元明两代滇缅贸易的繁荣等课题都没有涉及。对不同时期滇缅贸易的时代特征还需进一步提炼，滇缅贸易对云南、缅甸双方经济社会发展的影响还需进一步深入研究，这既是本书的缺憾，也是以后进一步研究的方向。在经济全球化深入推进的今天，全面系统地考察研究滇缅贸易，本书只是一个探索和尝试，在很多问题上还需深入，特别是自己才疏学浅，在写作过程中存在的错误和疏漏一定不少，恳请各位读者不吝赐教，批评指正。

目　录

第一章　清代至民国时期滇缅贸易发展的历史背景 …… 1

- 第一节　西方的殖民扩张与早期经济全球化 …… 1
- 第二节　西方殖民扩张进程中的中国与缅甸 …… 3
- 第三节　清代前中期的云南社会与经济 …… 11
- 第四节　1840年后的云南社会与经济 …… 12
- 第五节　滇缅贸易与国内经济关系 …… 20
- 第六节　云南在中缅关系中的地位 …… 31

第二章　清代前中期的滇缅贸易 …… 36

- 第一节　清代前中期的中缅关系 …… 36
- 第二节　清代前中期滇缅贸易管理机构的设置与运行 …… 39
- 第三节　清政府对缅贸易政策的调整 …… 41
- 第四节　清代前中期的滇缅贸易状况 …… 44

第三章　清代晚期的滇缅贸易 …… 49

- 第一节　晚清的中缅关系及滇缅贸易走向 …… 49
- 第二节　云南商埠的开辟 …… 54
- 第三节　云南各商埠进出口商品结构及货值变化 …… 55
- 第四节　腾越关在滇缅贸易中的地位 …… 58
- 第五节　腾越关和蒙自关进出口量值的比较分析 …… 60
- 第六节　云南商帮及其商号在滇缅贸易中的作用 …… 85
- 第七节　滇侨的地位和作用 …… 90

第四章　1910—1941年滇缅贸易发展 …… 93

- 第一节　滇缅贸易的阶段性特征 …… 93

第二节　交通条件的改善促进了滇缅贸易发展 ………………… 95
　　第三节　商业重镇的崛起 …………………………………………… 107
　　第四节　滇缅进口贸易分析 ………………………………………… 116
　　第五节　滇缅出口贸易分析 ………………………………………… 119
　　第六节　抗日战争时期的外贸统制 ………………………………… 124

第五章　1942—1949 年滇缅贸易的急剧衰落 ………………………… 127
　　第一节　进出口贸易的低迷状态 …………………………………… 127
　　第二节　贸易政策及经济状况的影响 ……………………………… 136
　　第三节　全面衰落的原因分析 ……………………………………… 138

第六章　滇缅贸易在云南对外贸易中的地位 ………………………… 147
　　第一节　云南对外贸易考察 ………………………………………… 147
　　第二节　滇缅贸易地位变迁 ………………………………………… 157
　　第三节　近代滇缅贸易在云南和缅甸各自对外贸易
　　　　　　中的结构性变化 …………………………………………… 168
　　第四节　滇缅贸易各个时期的特点 ………………………………… 178

第七章　滇缅贸易融入早期经济全球化 ………………………………… 190
　　第一节　世界市场形成中的滇缅贸易 ……………………………… 190
　　第二节　世界市场形成后的滇缅贸易 ……………………………… 193

结　　语 ……………………………………………………………………… 198

附　　录 ……………………………………………………………………… 203

参考文献 ……………………………………………………………………… 236

后　　记 ……………………………………………………………………… 252

第一章　清代至民国时期滇缅贸易发展的历史背景

自 15 世纪末 16 世纪初以来，国际社会形势发生了很大变化，先是地理大发现和新航路的开辟，大大开阔了人们的视野，促进了全球各地的交往和联系。在此基础上，全球贸易发展起来，世界市场初步形成，世界历史进入了早期经济全球化阶段。在早期经济全球化浪潮中，云南日益卷入世界市场体系。这些都对近代滇缅贸易的开展产生了重要影响。

第一节　西方的殖民扩张与早期经济全球化

一　地理大发现

15 世纪末 16 世纪初的地理大发现是西方资本主义发展的前提，以此为起点，西欧国家开始了全球范围的海外殖民扩张。以往封闭、隔绝的状态被逐渐打破，世界范围内的各个国家、地区、民族之间的联系越来越密切，世界变得越来越小。

最先开始探寻新航路的是葡萄牙人。1487 年，巴托洛缪·迪亚斯发现了非洲最南端的"好望角"。1497 年，达·伽马率领的船队绕过"好望角"，1498 年到达印度西海岸，这是人类历史上第一次从西欧绕过非洲到达亚洲的航行。1492—1504 年，意大利人克里斯托弗·哥伦布在西班牙国王的支持下，先后四次出海远洋，到达美洲的巴哈马群岛、古巴、海地、洪都拉斯和哥斯达黎加。他最初的目的地是东方的中国、印度和日本，却意外地发现了美洲大陆，开辟了横渡大西洋至美洲的航线。1519 年，葡萄牙人费南多·麦哲伦效力于西班牙政府，率领远征船队从西班牙出发，渡过大西洋到达阿根廷，穿越麦哲伦海峡进入太平洋，到达菲律宾、印度尼西亚加里曼丹、文莱，并通过南印度洋的"好望角"而绕回到西班牙。

历时三年，完成了人类历史上的第一次环球航行。

地理大发现开阔了人们的视野，真实的海洋和陆地在人们心目中逐渐清晰起来，对世界的了解在不断地加深和扩大，各大洲之间的联系得到加强。地理大发现也拉开了早期殖民征服的序幕。

首先走上殖民扩张道路的是西班牙和葡萄牙，之后，法国、荷兰和英国也开始了疯狂的掠夺。英国凭借发达的工业实力打败了所有的对手，在18世纪中叶一跃成为世界头号殖民强国。资本主义的触角遍及全球各地，原本封闭、隔绝的状态被打破，世界地区间的联系变得越来越密切，全球性的经济关系出现了。

二　早期经济全球化

殖民扩张使贸易范围逐渐扩大，流通的商品种类和数量迅速增加，商品经济得到了极大发展。早期的世界市场初步形成，但真正的国际分工尚未形成，对外贸易还处于互通有无的阶段是这一时期的基本特征。

1500年以前，国际贸易的商品结构主要是数量有限的奢侈品。到18世纪后期，奢侈品数量和种类都大为增加，香料、宝石、丝绸、香水、茶叶等已经成为日常消费品。对外贸易在西欧、东欧、美洲、非洲和澳洲之间蓬勃发展。欧洲与亚洲的贸易则在工业革命之后，随着机器大工业的发展，大量纺织品出口亚洲而变得繁荣起来。

正如马克思、恩格斯所说："资产阶级，由于开拓了世界市场，使一切国家的生产和消费都成为世界性的了。"[1]"过去那种地方的和民族的自给自足和闭关自守状态，被各民族的各方面的互相往来和各方面的互相依赖所代替了。"[2] 西欧因为世界市场的形成获取了最大的利益，确立了在世界经济中的领先地位，全球贸易强有力地刺激着欧洲的经济。

机器大工业是国际分工和世界市场形成的基础，其生产规模巨大、劳动生产率高，生产的产品质优、价廉，使农村手工业迅速破产，农业和工业完全分离。对此，马克思曾经说过："机器生产摧毁国外市场的手工业产品，迫使这些市场变成它的原料产地。"[3] 在这种情况下，"一种和机器生产中心相适应的新的国际分工产生了，它使地球的一部分成为主要从事

---

[1] ［德］马克思、恩格斯：《共产党宣言》，《马克思恩格斯选集》第一卷，人民出版社1972年版，第254页。

[2] 同上书，第255页。

[3] ［德］马克思：《资本论》第一卷，人民出版社1975年版，第494页。

农业的生产地区，以服务于另一部分主要从事工业的生产地区"。① 先进的资本主义工业国家的发展，必须依赖国外广阔的销售市场和资源丰富的原料产地。机器大工业改变了工场手工业狭窄的市场，扩大为统一的世界市场。

第二节　西方殖民扩张进程中的中国与缅甸

当西方国家的资本主义发展完全依赖充足的原料和广阔的市场时，这些国家本身无法满足其发展的需要，唯一的办法就只有靠开辟更为广阔的殖民地来供其倾销和掠夺。只有这样，西方资本主义国家才能生存和发展。因此，经济落后、闭关自守、资源富饶、市场巨大的中国便成为西方资本主义国家掠夺的对象，英国率先叩响了中国的大门。

一　国家主权的日益沦丧

(一) 中国

1840 年鸦片战争发生后，中国的社会性质出现了根本性的变化。政治上的独立自主被西方资本主义国家的枪炮打破，中国开始沦为不能完全独立自主的国家。经济上，自给自足的自然经济占统治地位的局面，也在西方资本主义国家的倾销和掠夺中走向瓦解。由此，中国被动地卷入了世界资本主义市场。

1840 年，清政府被迫与英国签订了中国近代史上第一个不平等条约——《南京条约》。随之，又被迫签订了中英《五口通商章程》《虎门条约》。据此，英国获得了包括协定关税、设立租界、片面的最惠国待遇以及领事裁判权等经济政治特权，致使中国的关税主权、司法主权受到严重侵犯。此后，美国、法国、俄国、葡萄牙尾随而至，强迫清政府接连签订了中美《望厦条约》、中法《黄埔条约》、中俄《伊宁条约》。他们不仅获得了英国在华获得的一切特权，还获得和扩大了一些专属特权，中国的主权和独立进一步丧失，所遭受的经济侵略进一步加重。

第一次鸦片战争是中国变为半殖民地半封建社会的转折点。其战争的结果是割让香港，赔款 2100 万元，并开放广州、福州、厦门、宁波、上海五口通商，西方资本主义国家获得了协定关税权、领事裁判权、片面最惠国待遇等一系列特权，严重侵害了中国的独立主权。鸦片战争标志着中

---

① [德] 马克思：《资本论》第一卷，人民出版社 1975 年版，第 494—495 页。

国近代史的开端。从此以后，中国从封建社会逐步变成半殖民地半封建社会。中国社会的主要矛盾，也开始由地主阶级和农民阶级的矛盾逐渐演变成外国资本主义和中华民族的矛盾。

1856年第二次鸦片战争以后，英国、法国、美国、俄国、日本又强迫清政府签订了《天津条约》《北京条约》《通商章程善后条约》《马关条约》《通商行船条约》，为其对中国倾销商品、掠夺资源做好了准备。

以1842年8月29日签订的《南京条约》为开端，至第二次鸦片战争结束，18年间，西方资本主义国家强迫清政府签订了16个不平等条约。第一次鸦片战争强迫开放的是广州、厦门、福州、宁波、上海，史称"五口通商"。第二次鸦片战争强迫增开牛庄、登州、台南、淡水、潮州、琼州、汉口、九江、南京、镇江为通商口岸。尽管开埠通商都是两次鸦片战争的重要结果，但两者仍有显著的差别。第一次鸦片战争所有开放口岸均在东南沿海。第二次鸦片战争就已经深入到长江沿岸各口，华北及长江沿岸主要口岸全部宣告开放。两次通商口岸的不同，昭示了西方列强深入中国内陆，以此进一步打开中国市场的企图。

(二) 缅甸

英国在打开中国沿海及长江门户后，迫切希望找到打开通往内陆"门户"的钥匙。为了寻求从缅甸进入云南的通道，英国从19世纪60年代就开始了不断探索的过程。

1824年，第一次英缅战争爆发，缅甸战败，两国于1826年签订《扬达波条约》。《扬达波条约》规定，缅甸将阿萨姆、曼尼坡、若开和丹那沙林割让给英国，并赔款1000万缅元给英国。第一次英缅战争对缅甸产生了重要影响："打断了缅甸封建社会独立发展的进程，使得统一的封建的缅甸被肢解为英国统治下的殖民地社会和缅王统治下的封建社会两部分，从而开始了缅甸殖民地、封建社会的历史。对曼尼坡、阿萨姆等地控制的丧失，使缅甸国王统治的地域大为减小，而阿拉干和丹那沙林的割让，又使缅甸丧失了十万余平方千米的领土，主权受到严重损害，并且随时面临英国进一步侵略的威胁。英国船只可以自由出入缅甸港口，向缅甸大量倾销廉价商品，又使缅甸的封建经济直接受到资本主义商品经济的冲击。缅甸封建王朝为了支付巨额赔款，加重了对人民的剥削，从而加剧了国内阶级矛盾。缅甸的国力因为战争、割地、赔款而受到极大的削弱，从此一蹶不振。缅甸封建社会面临着空前的危机。"[①] 1852年，第二次英缅

---

① 贺圣达：《缅甸史》，人民出版社1992年版，第230页。

战争爆发。1885年"为英并缅之年，亦即中缅关系垂绝之年"。① 1885年春，英国决定吞并缅甸。印度总督达发林借口调停缅甸商业会社纷争，悍然发动第三次英缅战争。只用14日便攻陷阿瓦、曼德勒两个新旧首都，缅王流亡印度，后被囚禁于孟买海滨一小岛。缅甸灭亡。缅甸灭亡之易、清政府完全放弃对缅甸的宗主权之易，令人扼腕叹息，感慨万千。

英国吞并缅甸以后，把它作为一个省归属印度管辖。使缅甸成为"殖民地的殖民地"，完全服从于英国的殖民统治，有利于英国进一步的压迫和剥削。英国在缅甸建立的殖民政府完全听命于英国政府，一切法令都要英国议会批准，权力高度集中在英国政府任命的首席专员手中。建立严密的乡村统治网也是英国殖民统治的一大特征和加强社会基层组织的一大措施，其目的在于完全控制缅甸。克鲁斯威特这样评价乡村统治网："更加强了我们的力量，使我们比采用其他做法更为有效地控制了这个国家。""没有宪兵，法律就无所作为；而没有乡村条例，宪兵就像没有橹的船只。"② 通过武力征服和严密的殖民统治，在政治上，英国完全控制了缅甸。

二 经济的被殖民化及被近代化

（一）中国

在西方资本主义国家纷纷掠夺和瓜分中国的同时，中国经济发生了重要的变化。

第一，进出口贸易的变化。一是商品结构的变化。出口仍以茶叶和丝绸为大宗，但由于受到印度等国茶叶的挤压，出口规模急剧下滑。这一时期，大幅增长的则是大豆和棉花。19世纪70年代初期，这两项产品出口量分别为5.7万公担和8000公担。到1911年，出口量已经分别增至733.8万公担和55.6万公担。③ 进口商品的变化表现在鸦片所占比例下降，棉制品比例的上升。1842年，以鸦片为大宗，占中国进口总值的55.2%，棉花占20%，棉制品占8.4%。25年后，鸦片仍然占第一位，但棉制品已经超越棉花排到了第二位，所占比例已经上升至21%。至1885年，棉制品所占比例已经超过鸦片，跃居第一位，所占比例也升至35.7%。④ 二是对外贸易增长。鸦片战争以后，中国的对外贸易增长很快。

---

① 王婆楞：《中缅关系史纲要》，正中书局1944年版。
② Sir Charles Haukes Todd Crosthwaite, "The Pacification of Burma", Cass, 1968, pp. 81-82.
③ 严中平等编：《中国近代经济史统计资料选辑》，科学出版社1955年版，第74—75页。
④ 严中平：《中国棉纺织史稿》，科学出版社1955年版，第8—9页。

出口方面，就茶叶和丝绸两项商品来说，1840年以后的十余年间，分别增长了8倍和40余倍；进口货值以英国、美国为例，英国从1840年的52万海关两增至1856年的220万海关两，美国从1846年的130万海关两增至1856年的250万海关两（不包括鸦片）。① 三是入超严重。1864年以前，我国对外贸易基本是出超，随着进口货值增长，入超日益严重。1864年，我国进口总额为1713万英镑，1866年就快速增长至2337万英镑，到1890年更是上升至3339万英镑。② 20余年间增长了近100%，贸易逆差状况日益加剧。

以上进出口商品变化反映出我国半殖民地半封建社会对外贸易的两个特征：一是出口商品以工业原料为主；二是进口商品以工业制成品为主。中国逐步成为西方资本主义国家的商品倾销市场和资源掠夺基地。

第二，资本输出的变化。1895年以前，西方资本主义国家在华投资不算多。但是，1895—1902年，西方资本主义国家对中国输出的资本达到15亿多美元，到1914年已经达到22.5亿美元。③ 可以看出，其以商品倾销为主的经济侵略已经开始转变为以资本输出为主，主要投向金融、采矿、铁路等。

除此之外，我国的其他产业包括轮船业、航运业、农副产品加工、公用事业、轻工业受到的冲击也很大。中国的经济命脉已被西方资本主义国家牢牢控制。

与此同时，中国近代的土地制度仍然是封建土地制度，高度集中是其显著特征。鸦片战争以后，土地集中的状况更为突出，绝大部分农民无地可耕。在土地兼并日趋严重的同时，地租也在不断地提高，由此带来的是自耕农比例下降，而佃农的比例则大为增加。以南通为例，1905年，自耕农占20.2%，1914年下降到15.8%。而同时期的佃农却从56.9%上升到61.5%。④ 农民处于半破产甚至破产的情势日益加剧。

随着西方资本主义国家工业制成品的大量倾销，中国手工业受到了前所未有的冲击。这可以从英国贸易委员会的调查报告中得到证明：1847年，英国商人吉布就说："我们在上海发现，由于我们的布代替了他们的布的结果，他们的织布业已迅速下降了。"⑤ 由于洋布质量好，价格也便

---

① 董孟雄：《中国近代经济史》上册，云南大学经济系编印1980年版，第94页。
② 姚贤镐：《中国近代对外贸易史资料》第3册，中华书局1962年版，第1592页。
③ 吴承明：《帝国主义在旧中国的投资》，人民出版社1958年版，第45页。
④ 严中平等编：《中国近代经济史统计资料选编》，科学出版社1955年版，第276页。
⑤ 彭泽益：《中国近代手工业史资料》第一卷，中华书局1962年版，第495页。

宜，大都愿意购买，而土布滞销。不仅如此，洋货代替了土货，洋铁代替了土铁，洋纱代替了土纱，洋锡代替了土锡，加之厘金制度的盘剥，再加上机器工业对传统手工业的冲击，致使手工业者大都无法活命。

民族工业在夹缝中艰难地发展。洋务运动以后，民族工业在中国沿海发展较快，以缫丝厂为例，仅广东顺德一县，在1894年以前就有35家，资本18000—60000元不等，雇佣工人320—620人。① 除开缫丝业以外，采矿业、棉纺业、轮船业、机器制造业、火柴业、面粉业、造纸业、制茶业也发展较快。1895—1913年，全国新设厂矿548家，资本总额12029.7万元，其中，完全商办463家，资本总额9082.1万元。② 这一时期，民族工业虽然发展很快，但大都投资少、规模小，多集中于轻工业，对外国资本依赖性很强。

1929年，世界性的经济危机爆发。为了摆脱危机，西方资本主义国家加紧了对殖民地的掠夺，向中国大量倾销农产品，导致中国农产品进口量剧增，中国农产品出口量骤减。最严重的后果就是直接导致大批农民破产，由此造成了中国农业生产的严重下降。1924—1929年，全国每个农业劳动力平均每年生产稻米819斤、小麦337斤、杂粮589斤。到了1931—1937年，劳动生产率下降至稻米610斤、小麦276斤、杂粮475斤。③ 耕地减少、生产力下降，导致了农业产量的急剧下滑。

传统手工业在中国国民经济中占有十分重要的地位，但在洋货的倾销和农民大量破产的打击下，手工业趋于破产。在20世纪30年代以后，外国日用消费品在华销售猛增，中国市场到处充斥着洋货，就连偏僻的边疆农村也不例外。以煤油为例，普通中等农家平均每年消费27.3斤，云南省高达41.1斤。④ 原来畅销的传统手工业，因受到外国关税保护的影响，致使出口量锐减。1926年，手工业品出口值达到27911万海关两，之后逐年下降，到了1934年，已经降至11298万海关两。⑤ 这充分说明中国传统手工业已经走向破产。

中国民族工业的衰落。首先，我们来看新增工厂的情况。1930年新增工厂119家，1931年新增113家，1932年新增87家，到了1934年仅新增82家。1930年新增工厂的投资为4494.7万元，1931年为2769.1万元，

---

① 史全生主编：《中华民国经济史》，江苏人民出版社1989年版，第22页。
② 同上书，第25页。
③ 许道夫：《中国近代农业生产及贸易统计资料》，上海人民出版社1983年版，第341页。
④ 《农行月刊》第3卷第10期，第5页。
⑤ 彭泽益：《中国近代手工业史资料》第一卷，中华书局1962年版，第498页。

1932年为1458.5万元，1934年为1781万元。厂均资本1930年为37.8万元，最低的1933年仅为15.9万元。① 从以上数据可以看出，民族工业不再欣欣向荣，办厂热情比较低，商业投资退出，一大部分流向其他领域。

其次，停工、减产、倒闭的情况更加严重。至1935年，全国停工的纱锭数为626132个，占全国纱锭总数的22.5%。停工减工布机合计占全国布机总数的33.66%。② 1930年，上海共有丝厂135家，丝车25000余部，到1934年仅剩31家，丝车也只剩7000部，减少了70%以上。江苏、浙江、广东、四川的丝厂大幅减少，有的省份甚至全部倒闭。

其他诸如火柴、卷烟、面粉也在不断衰退。1932年全国卷烟产量为140余万箱，价值16800余万元，与1931年相比减少10%。之后，华商卷烟厂纷纷倒闭，原有156家，到1933年仅剩60家左右，减少了61.5%。③ 民族工业一片破败。1935年，国民政府实施了以币制改革为核心的经济改革，让衰落的民族工业有了复苏。可是，好景不长，在西方资本主义和中国官僚资本主义的双重压迫下，民族工业走向崩溃的边缘。

在对外贸易中，逆差更为严重。在进口商品总值剧增的同时，出口商品总额锐减，入超严重。1928年入超31879万元，1929年入超38964万元，1930年入超64643万元，1931年入超升至81641万元。④ 为了摆脱经济危机，西方资本主义国家对中国的倾销更加疯狂。造成严重贸易逆差的原因还在于中国关税大权依然掌握在外国人手中，规定所有进口商品，除保持值百抽五以外，附加税征收最高不得超过30%，大部分保持在比较低的水平上，这就为大量商品倾销铺平了道路。

到抗日战争爆发前夕，以英国、美国、日本为主的西方资本主义国家在中国的资本累计达43亿美元。⑤ 在1931—1937年短短的几年间，资本输出总额增长了38%。⑥ 这一时期，除英国仍然保持旺盛的投资以外，日本资本输出的快速增长成为突出特点。尤其是1931年东北沦陷后，日本的在华投资已经远远超过英国、美国等国，居于外国在华投资的第一位。这也体现出在激烈的争夺中，中国的半殖民地半封建化正在逐渐加深。

---

① 汪敬虞：《第二次国内革命战争时期的中国民族工业》，《新建设》1953年第12期。
② 国民政府经济部档案，中国第二历史档案馆藏。
③ 陈真等编：《中国近代工业史资料》第四辑，三联书店1961年版，第651页。
④ 《财政年鉴》上册，第444、463—476页。转引自史全生主编《中华民国经济史》，江苏人民出版社1989年版，第205页。
⑤ 吴承明：《帝国主义在旧中国的投资》，人民出版社1958年版，第45、46页。
⑥ 董孟雄：《中国近代经济史》下册，云南大学经济系编印1980年版，第93页。

此时的中国，轻工业、重工业、交通业、银行业已经被西方资本主义国家完全垄断。从纺织业来看，1936年，外资纺织厂的纱锭占中国纱锭总量的46.2%，线锭占67.4%，织布机占56.4%。① 可见，轻工业被外国资本所垄断。重工业也完全被外国资本所垄断。以煤矿为例，1916年，外国控制的煤产量约为760万吨，1930年为1506万吨，1936年则增加到2222万吨。② 仅英国、日本控制的开滦、抚顺两个煤矿，年产量就占总量的50%。而在20世纪初，外国控制的煤产量仅为400多万吨。日本占领东北后，更是垄断了铁矿、生铁、钢铁、石油以及煤的生产。其他如电力企业中，外国资本占64%，中国电厂仅占36%。③ 美国控制的上海电力公司1936年一年的发电量就超过了446家中国电厂的总和。交通方面的控制继续强化。1931年，中国铁路里程14238.86千米，其中，我国自主修筑2240.32千米，仅占全国总里程的15.7%。至1937年，外国资本控制的里程上升到总里程的90.7%。④ 1928—1930年，中外轮船吨位占总吨位的比例，中国轮船吨位由22.3%下降至17.2%；外国轮船吨位由77.7%上升至82.8%。⑤ 航运业被外国垄断的情况也在加深。

同样，西方资本主义国家对中国的货币金融控制仍在加深。操纵中国外汇价格、控制中国货币体系，造成大量白银外流、通货膨胀、工商凋敝、农村破产。

第二次世界大战后，美国与国民党政府签订了《友好通商航海条约》等一系列不平等条约，企图完全控制中国。美国通过不平等条约所获取的特权，独占了包括企业、商业、金融房地产、交通运输在内的投资市场。美国不仅独占了中国的进口贸易，同时也独占了中国的出口贸易，中国的商品市场完全被美国所占领。同时，中国国家官僚资本高度膨胀，垄断了全国的经济命脉。导致通货膨胀、物价飞涨、民不聊生，经济处于崩溃的边缘。

农村经济极度衰落。至新中国成立前夕，广大农村田地荒芜、村庄破败，满目尽是凄惨景象。农作物种植面积和农产品产量与抗日战争以前相比，均大幅下滑。在土地兼并严重、苛捐杂税沉重、高利贷盘剥以及自然灾害的共同影响下，广大农民的生计根本无法维持。

---

① 严中平等编：《中国近代经济史统计资料选辑》，科学出版社1955年版，第136页。
② 同上书，第123页。
③ 同上书，第124页。
④ 同上书，第190页。
⑤ 同上书，第222页。

（二）缅甸

缅甸沦为英国的殖民地后，在经济上全面形成了迅猛增长却是畸形发展的"殖民地经济"。经济部门发展极端不均衡，产业结构极端不合理，这是缅甸殖民地经济最显著的特征。殖民政府大力发展水稻业、林业、农产品加工业、矿业。在这样的经济政策指导下，缅甸的对外贸易也必然以上述少数产业的商品为主。

这一时期，缅甸的对外贸易最突出的特点是：完全被英国人所控制，独立自主的对外贸易完全丧失。其主要体现在以下四个方面。

第一，关税自主权完全由英国人控制。英国在缅甸对进口商品实行低税率，甚至于取消进口税。除军火武器、盐和酒等管制商品以外，其他商品诸如火柴、纸烟、肥皂、煤油、钟表、镜子、家具、棉纱、纺织品等规模庞大的工业品几乎都不征收进口税。以棉纱进口为例，1890—1895年间，进口1060万磅；1896—1910年间，就迅速上升至1570万磅。再看纺织品的进口，1890—1900年间，进口7923万米；1911—1915年间，就迅速增长到1.4081亿米。[①] 因此，大量的消费品涌入使缅甸自给自足的自然经济濒临瓦解。

第二，输出比输入增长更快。在1886—1905年的20年间，输入增长了1.5倍，输出则增长了3.5倍。1886—1890年间，平均每年的输入额是7860万卢比，输出额是8260万卢比。到了1911—1915年间，平均每年的输入额是2.108亿卢比，输出额则迅速增长至3.564亿卢比。[②] 可见，英国对资源的掠夺近乎疯狂。

第三，出口产品结构极其不平衡，只依靠大米、木材和石油、矿藏品等少数种类。大米仍然是主要的出口产品，约占出口总值的65%。石油和其他矿藏品的出口迅速增长，以石油为例，1886—1900年间，所占比例不到1%，但到1911—1915年间，已经攀升至13%。再加上木材和其他矿藏品，占这一时期缅甸出口总值的85%—90%。

第四，中缅陆路贸易急剧增长。1890—1891年，中缅陆路贸易总额为162万卢比，1901—1902年增加到了897万卢比。[③]

结合前文英国对缅甸的殖民统治，不难看出，缅甸无论是在政治上还

[①] Maung Shein, "Burma's Transport and Foreign Trade in Relation the Economic Development of the Country, 1885–1914", 1964, p. 141.

[②] Ibid., p. 122.

[③] Tun Wai (U, economist), "Economic Development of Burma from 1800 till 1940", Dept. of Economics, University of Rangoon, 1961, p. 84.

是经济上都已经完全失去了自主权。缅甸独立主权的丧失不仅对其本身造成了深重的灾难，而且使云南也失去了天然屏障，完全暴露在英国殖民者的血盆大口之下。不平等条约的签订，无疑加重了边疆危机，为侵略者打开了掠夺资源、攫取利益的坦途。

第三节　清代前中期的云南社会与经济

云南境内崇山峻岭延绵起伏，河流众多，气候复杂，坝子平坦而宽阔，土壤肥沃，人口密集，自古就是我国通往南亚、东南亚，继而延伸到欧洲的陆路交通要冲，对外联系历史悠久。

清朝建立以后，通过清军入滇摧毁南明势力、平定吴三桂叛乱、改土归流以及阻止缅甸向云南的扩张，加强和巩固了西南边疆。

前清时期，云南农业有了较大发展。明末清初，云南人口大约有200万，乾隆四十五年（1780）增长到320万，道光十年（1830）约为655万。与之协调增长的则是田亩地增加，雍正二年（1724）约为72175顷，乾隆三十五年（1770）增长至92536顷，之后的耕地面积增速放缓，直至道光七年（1827）才增加至982887顷。① 从耕地面积的增长情况来看，清代前期的农业是有较大发展的，而至道光以后，农业已经开始走向衰落。

云南的矿冶业有着悠久的历史。因为清政府铸币的需要，云南丰富的矿产资源得以开发。为了满足需要，除开办官府厂矿外，政府甚至鼓励民间开办私人厂矿。其中，以铜的开采为多。据估计，乾隆二十八年（1763）至乾隆四十七年（1782）近20年间，年均产量高达1257万余斤。② 产量为历年最高，上缴的税额也十分可观。然而，"到了嘉庆中年产量更薄，遂不得不请减京铜二百万斤，始能措办……到了道光初年，合全省所产并乌坡买来的两项，也不足供应各方的需求了"。③ 显而易见，矿冶业自嘉道年间已经开始大幅度衰落。

自明代以后，云南的商业发展迅速，至清代前期呈现出一派繁荣景象，最突出地表现在市场的繁荣上。在乡村，"日中为市，率名曰街，以

---

① 刘慰三：《滇南志略》，云南省图书馆藏稿本。
② 严中平：《清代云南铜政考》，中华书局1957年版，第41页。
③ 同上书，第43页。

十二支所属，分为各处街期……街期各处错杂，以便贸迁……至期，则远近毕至，百货咸集，日出而聚，日入而散"。① 滇境各地有很多诸如大理三月街、松桂会、鱼潭会、丽江骡马会、普洱茶市等著名的集市，规模很大，热闹非凡。不仅本地民众交往，甚至省外很多客商也络绎不绝，商品规模大、种类多，市场交易十分活跃。市场的繁荣，货币的大量流通，还有与内地乃至邻近国家贸易交往范围的扩大，都大大促进了云南商品经济的发展。

第四节　1840年后的云南社会与经济

一　晚清至民初的云南社会与经济

1840年鸦片战争以后，中国逐渐沦为半殖民地半封建社会。自此至民国初年，云南的社会和经济发生了很大变化，主要表现在以下六个方面。

（一）西方势力的渗入

西方国家为了进一步展开殖民掠夺，地处西南边疆的云南就成为其深入中国内地的重要途径。18世纪末，英国殖民者考察缅甸后发现，云南与缅甸之间存在大宗丝绸贸易，遂下决心，"借着通过缅甸的一扇后门而开始与中国西部各富庶省份通商的各种计划"。② 地处祖国西南边陲的云南进入了西方资本主义贪婪的视野，他们要"开辟一个人口五千万的内地市场"，这个市场"从孟加拉湾出发两周或三周便可以到达，较之绕中国海的航程可以节省时间和人力五分之一以上"。③ 他们认为，打开中国后门，进而侵入中国腹地开辟商品市场，最便捷的通道就是云南与缅甸的贸易古道。因此，入侵云南便成为英国殖民者的战略目标。

为了实现侵略云南的目的，1824—1885年，英国殖民者发动了三次侵缅战争，占领了整个缅甸，我国西南边疆安全受到严重威胁，云南面临严重危机。通过"马嘉理"事件，英国迫使清政府签订了《烟台条约》。1886年中英订立《缅甸条约》，1894年又签订《续议滇缅界、商务条款》，1897年订立《续议缅甸条约附款》，1899年英国商务领事进入腾

---

① 刘慰三：《滇南志略》，云南省图书馆藏稿本。
② ［英］伯尔考维茨：《中国通与英国外交部》，江载华、陈衍译合译，商务印书馆1959年版，第4页。
③ 伦敦《每日电讯报》（Daily Telegraph）1870年4月21日社论。

冲。中国西南边疆门户洞开，滇西从此落入英国殖民者的血盆大口。

（二）商埠开放

近代以来，云南一直是西方资本主义国家企图打开的商道。1887—1905年，云南开商埠正关4处，分关8处，查卡9处。蒙自、思茅、腾越三关开放，对云南的经济社会产生了重大影响。其直接和突出的影响集中体现在对云南商品市场的影响和对云南对外贸易格局的影响上。主要反映在以下四个方面：一是云南对外贸易进出口总额大幅度增长。二是进出口商品种类变化，反映出云南对外贸易以矿产品和农副产品出口换取外国轻工业品、重工业品的落后局面，其实质则是英国、法国等资本主义国家对云南的肆意倾销和疯狂掠夺。三是出超情况严重。1910—1918年，几乎年年出超，这些年间，云南对外贸易累计出超16669972海关两，进出口非常不平衡。四是云南对外贸易格局发生重大变化。蒙自开关以后，特别是滇越铁路全线通车，大锡出口猛增。其后30年间，大锡出口货值常年占整个云南对外贸易额的70%—80%。云南对外贸易的中心由腾越转移至蒙自。大锡的产量与出口量几乎相等，其出口的变化反映出受到国际市场影响的特征，说明大锡已经成为资本主义世界市场中重要的一环。

清末民初，政府除对关乎国计民生的重要商品实行垄断经营以外，大多数商品都能在市场上进行自由交易，有官办也有商办，也有官商合办。随着封建自然经济的逐渐解体，政府商业政策的鼓励和支持，在诸如昆明、下关、腾越、思茅、蒙自、个旧等重要城镇，商业资本得以发展壮大。同庆丰、永昌祥、富春恒、洪盛祥、顺成号等便是其中的突出代表。这些著名的大商号实行合资集股、按股分成，不仅经营国内贸易，与缅甸、越南、印度、泰国的对外贸易也蓬勃开展。他们在昆明、下关、腾冲、蒙自、宜宾、重庆、武汉、上海、拉萨、香港、曼德勒、仰光、清迈等地均设有分号，经营生丝、棉花、皮革、石黄、茶叶等商品的采购、生产和销售，资本雄厚、获利颇丰，发展了云南与国内外的经济交流，推动了云南的商品经济发展。

（三）近代工业的发展

云南近代工业发端于19世纪70年代初开办的云南机器局，主要生产火炮。1908年开设云南陆军制革厂，主要生产军用产品。1883年云南矿务招商局成立，开启了官督商办铜矿开采的先河。1904年官商合办的形式出现在锡矿开采中，名为蒙自官商公司，1909年更名个旧锡务公司。这是当时资金雄厚、政府极力支持的大公司。其他民办实业也有一些，有20余家，涉及采矿、纺织、制革、鞋帽、卷烟、食品、制茶等行业。

清末民初，云南的工业在20世纪初至20世纪20年代发展较快，形式包括官办、商办、官商合办。1903年以前，仅军工、采矿企业各有一家。在1904—1923年的21年间，各类工业企业70余个，涉及18个行业。① 云南的近代工业大都集中在昆明，且多数公司资金短缺、规模不大、利润寡薄，生产的产品大部分内销本省，对外国资本有很强的依赖性。但是，云南工业在这一时期仍然有了较大发展，为云南的经济生活注入了活力，促进了云南民族实业的发展。

（四）近代交通的出现

进入近代以来，以滇西腾越为主要商业通道的情势被逐渐兴起的滇南商道所削弱，特别是约开商埠以后，以腾越为当时最大对外贸易口岸的优势地位被迅速崛起的蒙自所取代。影响云南对外贸易的因素很多，促进云南对外贸易迅速发展的原因也有多个方面，但交通运输条件的改善则成为对外贸易迅猛发展的内在动力。尤其是铁路的建成通车，对云南对外贸易产生了极其重要的影响。

云南铁路修筑开启较晚，至清代光绪中叶，西方列强窥探云南，始有觉悟，在不自觉中被动地拉开了云南交通近代化的序幕。

修建越南至云南的铁路，早在光绪十三年（1887）法国就已窥视。《续议商务专条附章》第五条规定："越南之铁路，或已成者，或日后拟添者，彼此议定，可由两国酌商，妥定办法，接至中国境内。"1898年3月，法国公使强取豪夺取得滇越铁路的筑路权。滇越铁路总长854千米，其中，越南境内389千米，云南境内465千米。越南境内从海防至老街段于光绪二十七年（1901）动工，光绪二十九年（1903）正式通车。过越南老街进入云南境内，光绪二十九年（1903）开工，宣统二年（1910）竣工，第二年全线通车。从昆明至海防只需4天时间，第一天由昆明清晨启程傍晚可到阿迷，途经26站；第二天可由阿迷到河口，途经18站，同样朝发夕至；第三天从老街到河内，需一天车程；第四天由河内至海防仅需要3小时即可到达。

列宁指出："建筑铁路似乎是一种简单的、自然的、民主的、文化的、传播文明的事业。……实际上，资本主义的线索像千丝万缕的密网，把这种事业同整个生产资料私有制联系在一起，把这种建筑事业变成对十亿人民（殖民地加半殖民地），即占世界人口半数以上的附属国人民，以及对'文明'国家资本的雇佣奴隶进行压迫的工具。"② 当时人们就认为："自

---

① 数据根据《中国近代工业史资料》《云南经济》和《昆明市志》等统计。
② ［俄国］列宁：《帝国主义是资本主义的最高阶段》，载《列宁选集》第二卷，人民出版社1960年版，第733页。

滇越铁路告成，本省对外贸易，遂开一新纪元。本省内地交通及与邻封往来驿运虽未能废，但全省出入口货之运输，百分之八十五以上惟铁路是赖矣。于是法人扼我交通之咽喉，制我经济之死命，言念及此，不寒而栗。"① 滇越铁路就是一根吸血管，直通云南的心脏地带，大理以东，距离昆明千里以上范围的商品货物全被席卷。

此外，以往由云南通往内地的通道，仅有两条路可走：一条从东川经过昭通到叙府，称为"四川路"；另一条为"百色路"，由富州经过剥隘进广西。运输方式完全依靠传统的人背马驮，往返一次得花半年的时间。② 耗时费力，苦不堪言。仅从昆明至海防就需要 32 天时间，其途程为海防至河内，汽船运 1 天，河内经老街至蛮耗，舢板运 19 天，蛮耗经蒙自至昆明，牲口运 12 天，共计 32 天。③ 1910 年滇越铁路通车以后，从昆明到越南海防仅仅需要 4 天时间，从海防出海至香港也只需要两天时间，再经两天即可至上海。客观上看，滇越铁路的修筑和运营，为云南传统运输方式的革新，为云南近代化交通体系的建立和完善，打下了人才、技术和管理的基础。滇越铁路通车，不仅是云南对外贸易运输方式的重大变革，而且祖国西南边疆与外界的距离大为缩短，云南与世界市场之间紧密联系的快车道已然建成。

（五）对外贸易的变化

滇越铁路全线通车后，云南的进出口贸易开始步入一个前所未有的时代。交通运输条件的革命性突破支撑了云南进出口贸易的巨大繁荣。

1. 进出口商品结构的变化

滇越铁路通车后，外国商品潮水般涌入云南。1909 年滇越铁路未通车前，当年经蒙自海关进口的棉纱为 57660 件，1910 年 4 月滇越铁路通车后，当年的棉纱进口量为 84791 件，仅此一项增幅高达 47%；香烟进口值从 1910—1911 年增加了 43%。众多的外国商号、洋行争先恐后地迁来昆明，经营着昆明 70% 以上的外国商品。④ 昆明的街头店铺充斥的都是洋货："从马市口到德胜桥，见了两旁的商店塞满的宝贝，无非是洋纱、洋

---

① 云南通志馆编：《续云南通志长编》卷 55《交通二·铁路·驿路·邮政·电话·电报》，云南省志办编校，1985 年印行，第 1046 页。
② 董孟雄：《云南近代地方经济史研究》，云南人民出版社 1994 年版，第 63 页。
③ 龙云、卢汉修，周钟岳等纂，李春龙、江燕点校：《新纂云南通志》，云南人民出版社 2007 年版。
④ 王淑杰：《法英帝国主义侵略云南史料》，《昆明文史资料选辑》第十辑，1987 年编印，第 38 页。

布、洋油、洋纸、洋匹头、纸烟、洋火、罐头、洋杂货、洋铜铁器具、玩具等件,应有尽有,无一不备。我们吃的、穿的、用的,无一不照顾外人。"① 这些商品主要来自中国香港和法国、英国、美国、日本等国家或地区,主要进口商品有棉纱、棉布、棉花、水泥、金属等。在洋货输出国中,以法国居第一位。② 除此之外,机器、交通工具、水泥、建材等生产资料也开始大批输入云南。进入19世纪30年代以后,变化尤其突出,例如机器进口,1912年占进口总值的1.09%,1936年达1.8%。③

出口商品中,"宜良、开远的煤,呈贡的水果,个旧的锡钨,芷村的锑,婆兮的棉花,大庄的水,河口的热带植物等等,都以这条铁路外销的。"④ 出口商品中,尤以大锡为绝对大宗,据《建国前滇越铁路修建史料》的估计,通过滇越铁路被法国掠走的大锡总量达到234242吨,总价值达到23984万两白银。滇越铁路通车后,大锡产量猛增,1909年产量仅为4743吨,1917年增至11995吨,1909—1918年十年均产量达7278吨,矿工达七八万人。⑤ 从1910年开始,大锡出口由1909年70824公担猛增到1910年的102465公担,增幅45%;货值由1909年的3939738海关两增加至5992052海关两,增长52%,占云南出口总额的比例也达到85.80%。至1912年达到顶峰,与1911年相比,数量、货值分别增长45%和83%,占云南全省出口总值的90.59%。"1918年至1930年的13年间,从滇越铁路运出的大锡达89900吨,锌条1900吨,还有大量的名贵药材及云南土特产运到法国。"⑥

2. 进出口贸易规模的变化

云南进口贸易从1910年开始步入快速发展阶段。滇越铁路全线通车第二年,云南全省进口总值增加至8047689海关两,与1910年进口6684299海关两相比,净增1363390海关两,增幅20.4%;1913年即增长至11230898海关两,与通车当年相比,增长4546599海关两,增幅68.02%;进口峰值出现在1926年,同年云南进口总值为21916241海关两,与通车当年比较,净增15231942海关两,增幅227.9%。

---

① 万湘澄:《云南对外贸易概观》,新云南丛书发行部,1946年,第164页。
② 李珪、梅丹:《云南近代对外贸易史略》,《云南文史资料选辑》第26辑。
③ 董孟雄:《云南近代地方经济史研究》,云南人民出版社1994年版。
④ 郭垣:《云南省经济问题》,正中书局1940年版,第25页。
⑤ 赵铨:《滇越铁路沿线农村商品经济初探》,《云南财贸学院学报》1997年第4期。
⑥ 王淑杰:《法英帝国主义侵略云南史料》,《昆明文史资料选辑》第10辑,1987年编印,第37页。

同时，出口规模迅速扩大。1912年，出口货值就大幅增长到11847849海关两，与1909年相比，增加了7601109海关两，增幅达179%。1910年滇越铁路通车以后，发展比较迅速，大多都在100万海关两以上。其中，一个变化较大的年份出现在1911—1912年，出口额从1911年的7228365海关两剧增至1912年的12573069海关两，净增5344704海关两，增幅74%。其中的主要原因就是滇越铁路全线通车后，交通改善，出口增加。

（六）农业生产的变化

多年的战乱使清末的云南社会经济呈现出一片凋敝的景象。云南户口凋零，田地荒芜，征册亦多遗失。史料记载：近代以来，云南人口有700万—750万，耕地有930余万亩。① 到19世纪70年代，人口已不足400万，耕地大约500万亩。② 在短短的30年时间里，人口下降了40%多，耕地减少近50%。鉴于此，清政府采取了一些改革赋税、豁免钱粮的政策。十年后，人口有所增加，耕地面积恢复到近代前后的60%—70%。③ 但是，由于土地兼并依然严重，田赋征收仍然十分沉重。加之云南从1864年开始征收厘金。"局卡林立，如布网罗，成本加重，销售不易，以致省会之地市面萧条，而银钱日见枯竭。"④ 种类广泛、名目繁多，关乎国计民生，大大打击了农民的积极性，农业生产受到极大的影响。

开关以后，洋货如潮水般涌入云南，外国资本主义商品的大量输入瓦解了自给自足的自然经济基础，排挤甚至取代了农民家庭手工业。云南的农业经济已经与世界市场联系起来。

二 民国政府时期的经济改革

护国战争以后，唐继尧向外扩张，省内军阀混战、战事频繁，导致财政匮乏，货币贬值，通货膨胀，工商萧条，经济衰退，民不聊生。龙云上台以后成，立了整顿财政金融委员会，进行大刀阔斧的整顿和改革。

在金融方面，1929年11月至1930年7月实施改革。具体改革措施有：第一，确定纸币与银币的比率。5元纸币折合银币1元，不得暴涨暴跌。第二，政府收入以银为本位。如用旧银行纸币缴纳，照比率折收，财政收入增加5倍。第三，银行基金，既已全数无存，政府收入，骤增5

---

① 李文治：《中国近代农业史资料》第1辑，三联书店1957年版，第10页。
② 谢本书等编：《云南近代史》，云南人民出版社1993年版，第147页。
③ 谢本书等编：《云南近代史》，云南人民出版社1993年版，第148页。
④ 光绪《续云南通志稿》卷54，文海出版社1966年版，第15页。

倍，剩余之数即拨还银行欠款。① 由此，币值逐渐稳定，"统一货币制度，建立稳定稳固的银储备，以使纸币获得民众的最大信任……云南之金融基础得以奠定"。② 改革以后的最显著成果就是使云南的财政状况大为改观。

在税制方面，从1929年开始，云南省政府取消全省厘金、商税。只保留盐税、烟酒税、特种消费税、田赋、屠宰税、印花税、契税、特种营业税8种。实行"财政商业化"。将烟酒、厘金等税改为招商投标包办，以致税收大增，财政稳定。通过"禁烟罚款"，实则变相鼓励鸦片种植。为此，虽然臭名昭彰，但此项税收成为云南财政支柱，对云南经济产生了深远的影响。

在产业方面，云南从唐继尧统治时期一直到龙云执政的初期，工业经济几无发展。1931年开始，龙云设立云南省经济委员会，负责管理云南省的经济企业，旨在促进云南的棉纺、针织、水泥、水力发电以及小型工程的建设。大锡在云南对外贸易出口货值中，占有举足轻重的地位，常年份额占70%—80%，甚至90%以上。1929年在个旧锡务公司外，另设立个旧炼锡公司。云锡成色提高到99%以上，直接远销英国市场，利润非常丰厚。1936年经济委员会成立云南纺织厂，鼓励农民种植棉花。既替代了棉花种植，又抵制了部分进口的棉纱和棉布。其后，经济委员会还成立了昆明电力厂、云南金属工具公司、马料河水利工程处、开蒙垦殖局等企业。云南省经济委员会所属企业达到38个，据统计，地方企业收入在1936年只占全省总预算的3%，1937年就上升到35%。③

这些举措对改善云南的经济状况起到了积极的作用，云南的财政基础得以稳固，有力地支持了云南的长期发展。

三　抗战时期的云南社会经济

1937年抗战爆发，至此中华民族危亡关头，云南毅然参加了全民族的抗战。日军攻占上海、南京、武汉，国民党政府退守重庆以后，仅剩滇越铁路这一条国际通道。因为滇越铁路设备落后、运量有限，1937年10月，蒋介石下令修筑滇缅公路。

滇缅公路从昆明至下关，再由下关经漾濞、永平、保山、龙陵、潞西，从瑞丽通入缅甸，全长959.4千米。云南省政府限令1937年12月动

---

① 云南通志馆编：《续云南通志长编》卷7，云南省志编纂委员会办公室，1985年印行，上册第77页。
② 同上。
③ 谢本书等编：《云南近代史》，云南人民出版社1993年版，第439页。

工，1938年3月完成路基工程。1938年8月全线通车，赢得了国内外一致赞誉。滇缅公路是云南各族人民用汗水、鲜血乃至生命铸成的，他们为抗日战争做出了伟大贡献。

滇缅公路全线通车，对军用物资的运输，支援抗战前线，发挥了十分重要的作用。1938年12月，6000吨苏联援华抗战物资通过滇缅公路运抵昆明，从此拉开了外国援华军用物资的序幕。据统计，仅1941年，就有总计达到13.2万吨军、民用物资通过滇缅公路运入中国，其中汽油约占1/3。① 出口的物资主要是锡、钨、桐油等军需物资。1945年1月，印度雷多经缅甸衔接滇缅公路的中印公路全线通车，形成了两条重要的战略通道。据统计，经这两条公路输入中国的战略物资约49万吨，汽车1万余辆，油料20余万吨，棉布棉纱3万余吨。② 这是云南各族人民为抗战胜利做出的不可磨灭的伟大贡献。

国民政府鉴于抗战的需要，大力开发大西南，使云南成为仅次于四川的战略要地和大后方。云南各族人民响应政府号召，努力生产，云南经济在抗战中得到了迅速发展。其中，云南的工业生产得到了飞跃的发展。据国民政府经济部1940年统计，以昆明为中心的云南战时工业企业，在西南8大工业区中居于第三位，共计约80家。其产业分布为：机器业11家、冶炼业6家、电器7家、化学25家、纺织15家、其他13家。③ 与几乎没有近代工业的抗战前相比，抗战爆发仅三年的时间就迅速发展起来为数可观、行业范围广泛的工业企业，不仅有力地支持了抗战；同时，也为云南工业近代化奠定了良好的基础。

工业的发展，促进了人口的增加和城镇的繁荣。由于政府、学校、工厂大量南迁，昆明的人口由战前的10万迅速增长至30余万人。商业市场空前发展、盛极一时。

抗战后期，日本攻占缅甸和滇西边境地区以后，云南经济陷入了极为艰难的境地。国民政府腐败无能，制造通货膨胀，许多厂矿就此倒闭，经济危机日益深重。以个旧锡矿为例，抗战初期，盛极一时的个旧锡业一落千丈。矿厂由1938年的约5000家，减少到1943年的673家；矿工由1938年的约十万人，减少到1943年的2230人。至1944年70余座炼锡炉

---

① 谢本书等编：《云南近代史》，云南人民出版社1993年版，第467页。
② 谢自佳：《抗战时期的西南国际公路交通线》，载《昆明文史资料选辑》第6辑，第13—18页。
③ 黄立人：《抗日战争时期国民党政府开发西南的历史考评》，《云南教育学院学报》1985年第4期。

仅剩6—7座，生产也是时断时续。① 及至内战期间，美国独占中国市场，受此严重冲击，刚刚蓬勃发展的云南近代工业一路衰败。

第五节　滇缅贸易与国内经济关系

进入清代以来，云南、中国与缅甸的经贸往来越来越频繁，对云南社会经济的发展产生了重要的影响。尤其是腾越开关后，随着大量洋货的不断进口，滇缅贸易深深地烙上了西方经济势力的印记，其对云南乃至国内的经济产生了更为复杂的影响。

一　对国内货物分配流向的影响

进入清代以来，滇缅贸易在规模和结构上均取得了长足的发展，其对国内货物分配流向的辐射范围也越来越广。滇缅贸易对国内货物分配流向的影响主要体现在进出口大宗商品的种类、进口商品的销售市场和出口商品的来源地三个方面。

就进出口商品的种类来看，腾越开关即1902年以前，云南出口的大宗商品为丝绸和珠宝，进口的大宗商品为棉花。腾越开关以后，云南出口的最大宗商品为生丝（又称黄丝），进口大宗商品为棉纱和棉花。

就缅甸输入云南的大宗商品的销路及其货值来看，棉花主要销往云南本地及贵州。据乾隆《腾越州志》记载："今商客之贾于腾越者，上则珠宝，次则棉花，宝以璞来，棉以包载。骡驮马运，充路塞途。今省会解玉坊甚多，砉砂之声昼夜不歇，皆自腾越至者。其棉花则下贵州，此其大者。"② 英国占领缅甸以前，棉花是缅甸输入云南最主要的商品。英国占领缅甸将其变为殖民地以后，缅甸的生产开始为英国殖民经济的需要服务。故而缅甸输往云南的商品中，棉纱居于主要地位，棉花退而居于次之。腾越开关后，从棉纱的输入量来看，据统计，在1902—1937年间，棉纱进口平均占腾越进口总值的57.03%，棉花进口平均占腾越进口总值的12.45%。③ 为了在世界上占领更为广阔的市场，英国大力在印度发展棉纺业，缅甸所产棉花也就开始主要输出到印度，从而使云南棉花的进口

---

① 黄立人：《抗日战争时期国民党政府开发西南的历史考评》，《云南教育学院学报》1985年第4期。
② （清）屠述濂纂修：《腾越州志》，成文出版社1967年版，第46—47页。
③ 钟崇敏：《云南之贸易》，1939年油印稿，云南省档案馆藏。

受到一定的限制。与此同时，进口棉纱因"价廉质优"而广受欢迎，早在腾越开埠之前，印度棉纱已开始经由腾越一线交通输入云南，开埠之后，棉纱的输入日渐增加，棉纱成为腾越进口的最大宗商品。但是，随着国内棉纺业的发展，国产棉纱开始较多地输入云南，因此，1920—1927年，腾越进口贸易中棉花所占比重上升，棉纱所占有所比重下降。1938年后，抗日战争爆发，滇缅公路全线通车，棉纱进口规模又开始逐年攀升，每年的增幅分别为104%、117%、70%、313%，发展速度非常惊人。棉纱、棉花的大量进口，使滇西大理、保山等地的手工织布业得以运转，使农村手工业和农业若即若离的半自然经济得以延续和发展，这说明滇缅贸易对滇西农村自然经济具有补充性。

就云南输往缅甸的大宗商品的销路及其货值来看，丝绸是缅甸人民主要的衣料来源，因而对生丝有着比较稳定的需求。云南输往缅甸的丝和丝绸主要产自云南及中国内地。云南地处亚热带高原，空气干燥，四时如春，非常适宜于蚕桑生长，云南所产生丝大多被运往缅甸销售。如民国《楚雄县地志》载，该县每年产丝2000多斤，运销瓦城销售。[①] 销缅生丝除来源于云南本省外，滇商还到四川、江浙一带收购蚕丝。据1937年《腾越关册》载："生丝系来自蜀省，该省中部各县，西自嘉定、东迄重庆，均为产丝区域。"[②] 清末至20世纪40年代，经营川丝出口的著名商号有茂恒、永茂和、永昌祥、福春恒等，曾合组滇缅生丝公司，垄断川、滇、缅三地生丝市场。对于生丝的出口量，钟崇敏的《云南之贸易》记载："生丝历年出口均占出口总值34%以上，最多达94%，常年平均在70%左右，输出最多之年为1936年计4395公担，值国币三百五十余万元。"

云南玉器种类丰富，开发历史悠久，因此，玉器加工业向来比较发达。其所加工的珠宝除在当地销售，还远销缅甸等南亚、东南亚国家。檀萃《滇海虞衡志》记载："玉器物，名目最多。玉自南金沙江来，大理玉匠治之，省城玉匠治之，大则玉如意，或长一尺二尺；次则圭璧、璋琮，其他仙佛古形象无不具。一切盘、碗、杯、彝、文玩尤佳。玉扳指、玉手圈，官吏无不带之。女钏同男，或一手双钏以为荣。而玉烟袋嘴，则遍街。虽微贱，吃烟亦口衔玉嘴。至于耳坠、帽花之类，又不足论者，其滥

---

① 《楚雄彝族自治州旧方志全书》楚雄卷，云南人民出版社2005年版，第1383页。
② 中国第二历史档案馆、中国海关总署办公厅：《中国旧海关史料》第128册，京华出版社2001年版，第109页。

于用器如此。"清代大理和昆明的玉器制作业非常繁华，有专门的玉匠和手工作坊，产品种类丰富多样，玉器在实际生活中使用非常广泛。除昆明和大理，腾冲的玉石加工也很发达。《新纂云南通志》载："永昌徼外旧属猛拱地，产翠玉，有新、老山之分。老山者，质地、水色尤佳，以碧如秧草绿者为上，春花带绿者次之，蓝花鱼藻草者又次之，水色晶莹，透明无滓。新山者，色多翠绿，而水色不如老山之透明。自明代来，即由腾越玉商到厂开采，而斑玞杂玉中，得美玉者仅千人中一人而已。玉商得玉，运至腾越解磨，制成手镯、戒箍、簪子、耳环、珠子等物，故腾越有百宝街之名。此项玉工多腾越人，而昆明细花玉匠，雕琢饰物尤精巧。"[①]

从进口商品的种类来看，腾越开关以前，除了珠宝、棉花这几宗大商品，自缅甸输入云南并经云南转输至内地的商品还有海盐、燕窝、鹿茸、象牙、羽毛、生漆、槟榔、琥珀、鱼、鸦片、香料以及转口来的洋货。开关以后，除了生丝，还有洋布（包括原色布、扣洋布、斜纹布、意大利布、棉绒布、缅甸布、土染布、哔叽、多罗呢）、各种羽绸羽绒、玉石、人造靛、纸张、干荔枝、咸鱼、假金线、美国火油、日本自来火、羊毛制成品、纸烟、洋伞、火柴、香皂、肥皂、瓷盆、洋瓷碗钉、铜铁什件、螺丝钉、水桶、缝针、花纽扣、陶瓷器、海介海味、燕窝、药材、他类毛棉呢、衣帽类、干果及颜料等商品。这些商品或销往云南本地，或转输到内地。

从出口商品的种类来看，腾越开关前，从云南输往缅甸的商品还有铜、铁、水银、纸张、蓝靛、调料、麻线、盐、磁器、牛皮、针线、药材、家禽及其他生活用品。开关后的出口商品还有石黄、铁锅、篾帽、纸张、牛、羊、鸡、鸡蛋、鸭、黄牛角、水牛角、麝香、土毡、土布、猪、板栗、纸烟、各种绳索、棕片、火腿、纸张、雄黄、绸缎、茶叶、纸伞、粉丝及核桃等。这些商品或产自云南本地，或自内地转运而来。

就以上分析来看，滇缅贸易国内货物分配的影响主要体现在对生丝、丝绸、珠宝的出口以及棉纱和棉花的进口。

二 对汇率关系的影响

汇率变化是由多种因素的共同作用的结果，汇率与外贸有着息息相关的关系，汇率与进出口贸易之间相互影响、相互制约。滇缅贸易与汇率的关系主要体现在腾越开关后：一方面，滇缅之间的经贸影响了卢比对银元

[①] 《新纂云南通志》卷142《工业考·玉器琥珀器业》。

的汇价；另一方面，卢比对银元的汇价对滇缅的进出口贸易也产生了重要影响。

历史上很长一个时期，滇缅贸易的主动权可以说主要掌握在中方，长久以来，为云南和中国商人所垄断。但是，在光绪二十八年（1902）腾越开关后，这种情况有所改变。滇缅贸易虽然仍然主要由中国商人尤其是华侨所直接经营，但是已经深受外国经济势力主要是英国殖民势力的影响和控制。从漫长的历史发展轨迹来考察，滇缅之间的经贸往来源远流长，但是两者之间的交通运输在漫长的历史中主要依靠人背马驮，尽管第二次世界大战时修建了滇缅公路，但是，英国由于忙于应战，根本无暇顾及，而且传统上缅甸与中国的经贸往来也是由华侨控制，所以，滇缅进出口贸易一直仍然由中国商人直接经营。得益于滇缅贸易，这些中国商人形成了几大商帮，特别是腾越商帮占有地利、人和之便，在滇缅贸易中更是主力军之一。蒙自关开关时间早于腾越关，加上滇越铁路畅通，有利于殖民势力长驱直入。第一次世界大战后，仅在昆明一地，就有法商哥卢士洋行、英商其昌洋行、安兴洋行、若利玛洋行、亚织亚水火油公司、日属保田洋行等十多家外国商行，直接经营蒙自关的进出口贸易和其他商业活动，影响很大。反观腾越关，在滇缅贸易中，西方殖民势力由于一直无从直接插手，于是就转而利用其他手段来达到间接控制、从中攫利的目的。腾越关自开关以后，西方经济势力就低价批发印度的棉纱，从而吸引中国商人打开市场。之后，滇西手工纺纱业发展起来，西方经济势力又通过逐步抬高棉纱价格、投资建厂等手段，来排挤中国商人，逐步控制生丝等需求，并且用金融方式控制滇缅贸易。他们操纵洋货批发，强迫中国商人用英印缅发行的卢比购买商品，使卢比流入滇西一带。同时，又操纵抬高卢比兑银元的汇价，使中国金银大量外流，中国为此而蒙受巨大的损失。据雪生的《腾越关之商务》记载，辛亥革命前："腾越为滇缅通衢，商务素称繁盛。自英踞缅甸，影响所及，我素执缅甸贸易界牛耳之商业家，受一绝大打击，竟萎缩蜷伏，退居于劣败淘汰之数……而腾越尤有最危险之一大患，如英人以二钱九分之银币，当华银六钱余分使用，流行于我腾永一带。自前年，则又许运华银人缅，以六钱余分之华银，买英人二钱九分之纸票。"① 当时，缅甸银卢比每个重两钱九分，中国银钱每个重六钱两分，两者实重相差三钱三两，这种不等价的交换，使英国在滇获取了无数黄

---

① 雪生：《腾越关之商务（九号）》，中国社会科学院近代研究所《近代史资料》编译室主编：《云南杂志选辑》，知识产权出版社2013年版，第161页。

金、白银。

到了民国初年，每个卢比汇0.5—0.7个银元，就已经偏离了上文提到的辛亥革命前的价值了。到1927年以后，金价上浮，卢比狂涨。到1938年，每个卢比已兑银元2元4角以上。① 其结果导致原料物资出口大畅，而工业品进口萎缩。腾越关的外贸自开关以来绝大部分时间为入超，但是，从1933—1938年却连续六年出现罕见的出超现象，卢比上浮就是其中一个重要原因。

由于英镑实行金本位制，卢比是英印殖民政府发行的流通于印度、缅甸的货币，和英镑挂钩，因此，卢比实际上是金、银双重本位制。缅甸政府规定到印度、缅甸购货，都必须使用卢比。这样，卢比和中国银元的比价就直接影响到商品的价格。加上英印殖民政府有计划地抬高其卢比的价格，而贬低华银的价格，致使中国商人大受打击，尤其是使从事边贸的商号遭到沉重打击，洋货充斥市场。以致清末有人叹曰："近十余年内，如和顺、绮罗、大董、东练等在缅腾关间之商号，倒闭者不下三四十家，即殷鉴也。兹又继以开关辟埠，任人入我内地以自由竞争。其商力之逆袭横来，虽一日千里，犹不足以喻其速度，凡我市面销场，人民日用，几乎无一非洋货所充斥矣。"② 顺宁人赵资人在《三十年来顺宁社会经济变迁之趋势》一文中也提到："欧洲大工业的崛起，资本主义的祸水，便滔滔不绝地由英殖民地的印度，经过缅甸，而直达到我们顺宁，舶来品日盛一日地在内地畅销。金融被榨取得十分窘竭，最初一捆洋纱的价不过一千文铜钱，而现在以达二十倍以上了。"并指出："这样手工业的破坏——还在破坏之中——造成了多少无业的贫民。"③

另外，英国还通过汇丰银行和它控制的印度的高利贷阶层"启基"贷款给中国商人以采买印缅各种洋货。如在1875—1908年，腾越商帮每年都要借三四百万卢比。辛亥革命以后，这种情况更为突出。如腾冲帮的洪盛祥、茂恒、恒顺祥、恒裕号、时昌隆、永和记、广茂祥、健记、铭记、敬昌记等大商号，清末时期，向"汇丰"或"启基"的借款，一次即各达五至二十万卢比。1922年前后，洪盛祥、茂恒两家，每年借款总额各

---

① 李印泉、刘楚湘纂：《腾冲县志稿》，载林超民等编《西南罕见方志文献》第35卷，安州大学出版社2003年版。
② 雪生：《腾越关之商务（九号）》，中国社会科学院近代史研究所《近代史资料》编译室主编：《云南杂志选辑》，知识产权出版社2013年版，第161页。
③ 赵资人：《三十年来顺宁社会经济变迁之趋势》，中国人民政治协商凤庆委员会主编：《凤庆县文史资料选辑》第5辑，云南人民出版社1993年版，第43—45页。

为四百万卢比左右，恒顺祥年约百万卢比，时昌隆、永和记、广茂祥、敬昌记等年约五十至一百万卢比。腾冲帮年借债总额为千万卢比左右。又如鹤庆帮的福春恒、兴盛和、恒通裕、怡和兴、日心德、德庆兴、洪盛昌等大商号，在第一次世界大战后，也纷纷向"启基"借款，每家一次借款都在四五万卢比，多达八万卢比，每年约借款四五十万卢比。该帮年借债总额约六七百万卢比。这些借款，月利率约为4%，一般都不提取现金，而是到英国人在缅甸、印度开办的工厂或商店提取各种洋货。但还债都以黄金、白银和黄丝等工业原料偿付。高额的利率使各商号旧债难清，又添新债。而且"启基"贷款又实行"连环保"，一家借钱，几家负责。因而许多商号纷纷垮台。鹤庆帮的兴盛和、日心德、恒通裕首先于1923年倒闭，接着怡和兴、鸿盛昌、德发兴、云丰祥等，也先后在三四年内倒闭。整个鹤庆帮共倒闭十六家之多，大商号中仅福春恒一家得以幸免。同一时期，腾冲帮先后倒闭的有时昌隆、健记、振兴和、华盛荣、中和记、天德昌、元春号等。只有洪盛祥和茂恒两家大商号幸存下来。四川帮倒闭的有兴真公、富盛源等。其他中小商号，虽没有向"启基"借款，但因有的欠大商号的债，有的因大商号拖欠它们的款，也受连累而纷纷倒闭。下关三百多家商号，这一次约倒闭了一百四十家，受累较小的唯有喜洲帮几家商号和一些中小商人，使下关和整个迤西的商业受到很大影响。① 就这样，英国殖民势力利用这些手段，间接地控制了腾越关滇缅贸易，从中掠夺了大量财富，直接打击了中国商人。

三 对云南商业的影响

滇缅贸易对云南商业也产生了重要影响，这种影响在腾越关开关后尤为明显，一方面，它冲击了云南本地传统的以自给自足为主的家庭手工业的发展，加速了其瓦解；另一方面，它又促进了云南商业和商业资本的发展。

地处滇西的腾越以其地理优势，"为全滇门户"。②"为出缅门户。"③又有记载称："从曼德勒到大理府，常走的道路有两条。一条直接从曼德

---

① 《下关工商业调查报告》，国家民委《民族问题五种丛书》编辑委员会、《中国民族问题资料·档案集成》编辑委员会编：《中国民族问题资料·档案集成·第5辑·中国少数民族社会历史调查资料丛刊》第84卷《〈民族问题五种丛书〉及其档案汇编》，中央民族大学出版社2005年版，第344—345、377页。
② （清）屠书镰纂修：《腾越州志》卷2《疆域》，成文出版社1967年版，第23页。
③ 陈宗海修、赵端礼纂：《腾越厅志》卷2《形势》，成文出版社1967年版，第35页。

勒经过锡尼、永昌到大理府。另一条沿伊洛瓦底江而上直到八莫,从八莫又分出三条支路,汇于缅甸人称为莫棉的腾越,然后到达大理府。"且"若干世纪以来,通过八莫的这条道路,不论对侵略的军队,或是和平的商人,一向是从中国到缅甸的必经之路"。① 腾越成为云南对缅贸易的必经之地和最为重要的商品集散中心。如上文所说:"今商客之贾于腾越者,上则珠宝,次则棉花,宝以璞来,棉以包载。骡驮马运,充路塞途。今省会解玉坊甚多,砻砂之声昼夜不歇,皆自腾越至者。其棉花则下贵州,此其大者。"② 清代以来,随着滇缅贸易的兴盛,腾越商业得到进一步发展。史称腾越"蛮夷错杂,商贾丛集",永昌府内"经商者少,俱不善作贾……惟腾越较善经营商业,故民户亦较裕"。③

1852 年第二次英缅战争后,英国占领了缅甸南部广大地区。英国以及英属印度的廉价工业品主要是棉纺织品大量输入缅甸。1855—1856 年,缅甸海路贸易总额约为 1400 万卢比,到 1884—1885 年达到 1.4 亿卢比,30 年间增加了 9 倍。英国殖民统治下的缅甸南部地区(下缅甸)同缅甸国王统治下的缅甸中部、北部地区(上缅甸)之间的贸易也急剧增长,从 1863—1864 年的 1100 万卢比,增加到 1878—1879 年的 3680 万卢比,15 年间增长了 250%。④ 输入缅甸的廉价工业品,有很大一部分通过滇缅商道,进入云南。1885 年,英国通过第三次英缅战争吞并缅甸后,把整个缅甸变成它的商品销售市场,并通过缅甸更大规模地向云南倾销以棉纺织品为主的廉价工业产品。1928—1929 年,缅甸海路贸易总额已超过 10 亿卢比;其中,输入将近 5 亿卢比,为 1884—1885 年输入的 7 倍。中缅之间的陆路贸易,1924—1925 年达到 2614 万卢比,为 1890—1891 年的 15 倍。⑤ 而且,这些贸易还不包括通过边民互市等渠道进入云南的英国商品。

与此同时,法国在完全兼并印度支那后,并通过越南,向云南进行经济侵略,推销工业产品。1910 年滇越铁路通车后,法属印支与云南的贸易跃居云南对外贸易的首位,这种状况一直持续到 1940 年日军入侵印北部地区。1929—1934 年间,云南与印度支那之间的过境贸易货物,平均

---

① 姚贤镐编:《中国近代对外贸易史资料》第 2 册,中华书局 1962 年版,第 687—688 页。
② (清)屠述濂纂修:《腾越州志》,成文出版社 1967 年版,第 46—47 页。
③ 刘毓珂等纂修:《永昌府志》卷 8《风俗》,成文出版社 1967 年版,第 47 页。
④ [缅]吴吞瓦:《1800—1940 年的缅甸经济》,转引自贺圣达《近代云南与中南半岛地区经济交往研究三题》,《思想战线》1990 年第 1 期。
⑤ 同上。

每年达37000吨，价值为4.4亿法郎。①

这种空前大规模廉价商品的输入，使云南传统的自给自足的经济受到前所未有的冲击。在昆明，"咸同以前，城乡居民类能习此（指手工纺纱，笔者注）以织土布，故名土纱。……迨洋纱入口，织者遂不用土线，纺者亦因此失业"。②到20世纪初，如前文所说：从马市口到德胜桥"两旁的商店塞满的洋货，无非是洋纱、洋布、洋油、洋纸、洋匹头、纸烟、洋火、罐头、洋杂货、洋铜铁器、玩具等件，应有尽有，无一不备"。③在大理，"咸同以前，初无所谓洋货。光绪初年，洋货始渐输入。自越亡于法，缅沦于英，于是洋货充斥。近则商所售，售洋货，人所市，市洋货。数千年来之变迁者，未有甚于今日者"。④洋货的这种冲击作用不仅发生在经济发展水平相对来说比较高的云南汉族和白族聚居的昆明、大理等地区，也见于经济较为落后、闭塞的边疆少数民族聚居的一些地区。如滇缅商道必经的云南德宏地区。早在19世纪60年代末，从仰光到八莫的轮船航班就已开设，八莫成为缅北的商业重镇。棉纱、棉布、煤油及其他洋杂货经八莫不断地涌入德宏地区，逐渐改变了滇缅边境贸易中以物易物的原始交换方式。到20世纪30年代，在德宏地区交通沿线和经济较为发达的平坝区，当地居民除牲畜、米谷、竹楼外，日用百货几乎完全是舶来品。商品货币关系日益发展，逐步渗透到社会经济生活的各个方面。早在19世纪80年代，干崖（今盈江）傣族土司刀盈廷就已采用以银折谷的方式向农民征收租税。⑤后来，有越来越多的土司向农民征收货币地租。在农民方面，变化也不小。由于洋纱、洋布的大量输入，傣族人多用市场购买回来的洋纱在家中织布，用棉花自己纺纱的越来越少，传统的手纺业和手织业日益分离。在一些地区，织布业也趋于衰落，只有老年人在空闲时自织自用。传统的男耕女织的生产方式逐渐瓦解。随着商品经济的发展，一部分傣族封建主和农民开始兼营商业。到中华人民共和国成立前夕，在一些靠近城镇的傣族村寨中，如芒市法小白寨，兼营商业的农户竟高达30%。⑥

---

① 王文元：《法属印度支那与中国的关系》，云南省历史研究所，1979年中译本，第106页。
② 《续修昆明县志》第5卷《物产志三》。
③ 同上。
④ 《大理县志稿》第6卷《物产志三》。
⑤ 刀安禄、杨永生编著：《刀安仁年谱》，民族出版社1984年版，第5页。
⑥ 《云南傣族社会历史调查资料·德宏地区（八）》，中国科学院民族研究所云南少数民族社会历史调查组、云南省民族研究所编印，1963年，第18页。

在云南传统的自给自足的经济结构被破坏、省内外市场不断扩大的情况下，云南的近代商业资本逐步得到发展。滇缅之间传统的贸易关系历史悠远，随着腾越关的开关，滇缅贸易得到发展，其关系随之发生了质的变化，经营方向从原来的农副土特产品转向经营日用轻工产品，特别是纺织品。商号如雨后春笋般出现，一些大商号还把一部分商业利润投资于工业。

1876年，腾越总兵蒋宗汉与商人明树公、董益三人合办福春恒商号。该商号主要经营土特产，棉布、花纱、棉花、解丝等商品贸易，在缅甸的曼德勒以及云南的昆明、下关等地均设有分店。

19世纪80年代以后，云南各大商帮陆续形成，按地区来分，主要有迤西、昭通、建水、临安等商帮，其中迤西帮发展最快。这绝不是偶然的，而是迤西帮商业活动的主要对象就是东南亚特别是缅甸。进入20世纪以后，迤西帮大为发展，商号不断增多，由原来的一个帮发展为腾冲、鹤庆和喜洲三个帮。他们中的大商号，如鹤庆帮中汉族舒金和开办的兴盛和与白族李鸿德开设的日心德、喜洲帮中严宝成开办的永昌祥和董澄农开办的锡庆祥、腾冲帮中的洪盛祥和茂恒，都以大规模经营洋布、洋纱、棉花和日用百货为主，出口则以丝为大宗，兼营茶叶、大烟、猪鬃、山货、药材等。这些商号有的虽由于各种原因倒闭，但从总体上看，发展却是主要的，有的还积累了相当庞大的商业资本。喜洲帮开办的永昌祥，在缅甸的仰光、曼德勒、新街、腊戌等城市都设有商号。永昌祥的资本在1903年为银10794两，到1931年已增加到了687597元（滇币银元），1941年又增至3555814元（法币）。[①] 茂恒在1928年的原始股本为银币半开30万元，相当于港币18亿元，到1941年总资本已达港币3500亿元。这些商帮和商业资本对于云南省商品经济的发展，起到了不可忽视的积极作用。

四　对云南近代工业的影响

进入清代以来，云南与缅甸的经济联系增强，客观上推动了云南乃至四川等地近代工业的发展。

1908年，永昌祥在下关开办了首家茶叶加工厂，获利丰厚，以后各商号纷纷建茶厂，大厂最多的有固定工人五六百人，一般工厂二三百人，小工厂也有四五十个工人。大工厂每年可生产茶15万千克。[②]

[①] 杨克成：《永昌祥简史》，载《云南文史资料选辑》第9辑，云南人民出版社1997年版。
[②] 李宏国：《大理茶叶发展史略》，载《大理州文史资料》第9辑，云南人民出版社1997年版，第168页。

原来，生丝是云南输往缅甸的主要商品。20 世纪以前，云南大量输出到缅甸及东南亚地区的生丝是粗丝，需要当地改络加工。后来，一些商号在商业经营中发现：把生丝解成为细丝后输往缅甸和东南亚地区，更适合当地的需要，也更为有利可图，于是，纷纷在生丝产地建立了手工工场或工厂，把生丝整理成解丝后打包运出。以滇缅贸易为主的福春恒商号从1918 年起相继在四川的嘉定、建昌、宜宾、成都等地建立解丝厂，到1924 年，共设立解丝厂 18 个，年产解丝约 5000 箱，工厂工人有 6000 余人。其生产的"狮球牌"洋纺质量好，价格适中，畅销缅甸和印度市场，一度压倒日本丝在缅甸的倾销，打破了日本洋纺在缅甸市场的垄断地位，创造了国货战胜日货的空前纪录。由于洋纺在缅甸、印度一带销路日广，产品供不应求，福春恒商号又派周孟臣、彭永健、张静芝到山东博山设立解丝厂，由青州等地收购蚕茧，运用日本式抽丝机解丝，年产丝三四千箱，将产品运往上海，出口到印度、波斯等地。① 永昌祥在四川建昌、嘉定，茂恒在四川筠连，也都开设了络丝厂和缫丝厂。

石黄是滇缅贸易中云南出口的一项大宗大商品，在缅甸及东南亚、南洋各地销路较广。凤仪一带的石黄矿原本为商办官销，1910 年后，官办石黄局撤销，改为商办商销。洪盛祥老板董振庭、董耀廷考察缅甸、印度市场后，抓住此机遇，成立洪盛石黄公司，最盛时雇工六七百人，年产石黄数万驮，大半销往缅甸。②

腾冲，作为滇缅贸易的重要通道，近代工业起步较晚，且"多循成法，不知改进。迩来科学知识渐进，复因关税加重，舶来货价日高，社会人士渐知改良工业，提倡制造"。③ 其在 20 世纪 20 年代后也相继出现了工业。如段信之办制鞋厂，张德光办印刷厂，张南溟办火柴厂等。到 20 世纪 30 年代，据当时的统计，腾冲工业涉及面已较广，包括玉石、宝石、琥珀业、象牙业、金、银器业、牛角业、戥秤业、纸类业、竹器、藤器业、纺织业、麻线业、毛毯业、线业、棉絮业、制革业、刺绣及编物业、帽业、陶器业、冶器业、雨伞业、铜器业、雕刻业、揭裱业、镶牙业、照

---

① 施次鲁：《福春恒的兴衰》，《云南文史资料选辑》第 42 辑《云南进出口贸易》，第 54 页。
② 《下关工商业调查报告》，国家民委《民族问题五种丛书》编辑委员会、《中国民族问题资料·档案集成》编辑委员会编：《中国民族问题资料·档案集成·第 5 辑·中国少数民族社会历史调查资料丛刊》第 84 卷《〈民族问题五种丛书〉及其档案汇编》，中央民族大学出版社 2005 年版，第 359 页。
③ 李印泉、刘楚湘纂：《腾冲县志稿》，载林超民等编《西南罕见方志文献》第 35 卷，安州大学出版社 2003 年版。

相业、饵丝业、糕饼业、棕板业、皮弦业、皮胶业、火柴业、肥皂业、蜡烛业、化妆品业、罐头业、纸钱业、火炮业、印刷业、染业、马尾扣业、酿酒业、榨油业、木工业、石工业、泥工业、瓦窑业、石厂业等。[①] 到1945年，茂恒投资200万元开办纱厂。

总体来说，尽管这些商号主要经营的是商业，他们投资兴办的工厂规模都不大，但商业资本投资于工业，毕竟是一大进步。这些工厂所加工或生产的产品，主要销往包括缅甸在内的南亚、东南亚地区，加强了云南在与南亚、东南亚经济交往中的地位和作用。

五 对云南金融业的影响

云南近代私人金融业的产生和发展，和云南与东南亚经济关系尤其是滇缅贸易的发展有着比较密切的关系。

随着与缅甸等东南亚国家经济交往的扩大，云南一些大商号不断扩大经营范围，进行了各种金融活动，直接经营汇兑业务就是其中很重要的一个方面。直接经营汇兑业务之所以得以展开，一方面是由于这些商号越来越深地卷入跨国界的商业资本活动，另一方面也是由于19世纪80年代已有大批云南人在缅甸做矿工。1885年，英国兼并上缅甸后，就着手掠夺当地丰富的铅、锌、银等矿产，大量投资于矿产业，建立起规模巨大的矿业公司。但是，当时上缅甸人口较为稀疏，传统的经济结构还较为牢固地保持着；当地土著居民一般不进矿做工。而在当时云南西部的祥云、凤仪、南华等地，由于人多地少或土地贫瘠，不少贫苦农民无以为生，只得离乡背井，到缅甸北部的矿区当劳工。他们所得的工资，由于没有官方开设的汇款机构，无法及时汇回家中。云南的一些从事滇缅贸易的大商号，既熟悉商业和金融业务，又了解缅甸、云南两头的情况，与在缅甸的劳工又同属一个民族，得天时、地利、人和之便，逐步经营起汇兑业务，既为劳工提供了方便，又使商号得到了大量外汇。如福春恒主要经营的是滇西与缅甸之间的土产品、花、纱、布的进出口贸易，兼营行庄间的汇兑业务和在缅华侨工人的小额汇款，并吸收军政界、工商界存款及办理比期贷款，"已具有银行雏形"，资本积累曾一度达300多万元大洋。[②]

在19世纪到20世纪30年代的几十年中，在缅甸矿山的云南劳工，

[①] 李印泉、刘楚湘纂：《腾冲县志稿》，载林超民等编《西南罕见方志文献》第35卷，安州大学出版社2003年版。

[②] 蒋万华：《福春恒的兴衰》，《云南文史资料选辑》第49辑《云南老字号》，云南人民出版社1996年版，第84页。

人数经常有两三万。他们所得工资除自己花去一部分，其余都由大商号汇回故乡，估计较大的商号福春恒、茂恒的信兑量都在50万—60万卢比之间①。全部商号的信兑量，可能达1000万卢比，相当于80多万英镑。这在当时是一笔不小的外汇收入。这些商号通过开展汇兑业务，掌握了相当数量的外汇（缅币），资金更加充裕，增强了在缅甸市场上经济活动的实力。

这种由私营商号经营的跨国货币兑汇业务，是在当时特殊的历史条件下出现并发展起来的。这在中国的近代金融史上，可能也是一个比较特殊的现象。追本溯源，这是近代云南与东南亚经济关系发展的产物，有利于加强云南与东南亚的经济联系。

总而言之，滇缅贸易与国内经济关系复杂，一方面，它扩大和加深了西方殖民势力对云南经济的干预；另一方面，它又促使云南经济在某些方面从传统的自给自足经济逐步向近代型商品经济演化，促进新的生产力和生产关系的发展，加强云南与省外、中国和国外经济的联系，在云南经济特别是商品经济和商业资本的发展史上，起到了不可忽视的积极作用。

第六节　云南在中缅关系中的地位

在历史发展的长河中，中国和缅甸一直保持着密切而友好的关系。缅甸的文化、习俗、生产、经济深受中国影响。而云南作为联系中央、中国内地和缅甸的纽带，对中缅双边的社会经济发展以及交往起到了重要的促进作用。

一　云南边境与缅甸交界

缅甸地处中南半岛西部，与中国山水相连，血脉相通。1960年，中缅两国在北京签署了《中华人民共和国政府和缅甸联邦政府关于两国边界问题的协定》（简称为《中缅边界条约》）。中缅双方就边界问题达成了以下协议：自尖高山起到中缅边界西端终点的全部未定界，除片马、古浪、岗房地区外，遵照传统的习惯线定界，也就是说，从尖高山起沿着以太平江、瑞丽江、怒江、独龙江为一方和恩梅开江为另一方的分水岭向北，直到靖丹和木刻戛之间跨越独龙江的地方，然后继续沿着以独龙江和察隅河

---

① 施次鲁：《福春恒的兴起发展及其没落》，《云南文史资料选辑》第9辑，云南人民出版社1997年版。

为一方和除独龙江以外的全部伊洛瓦底江上游支系为另一方的分水岭，直到中缅边界西端的终点为止；缅甸政府也同意将 1905—1911 年期间为英国军队逐步侵占的、属于中国的片马、古浪、岗房地区归还中国；废除缅甸对南畹河和瑞丽江汇合处的、属于中国的猛卯三角地区（南畹指定区）所保持的"永租"关系，中国政府同意把这个地区移交给缅甸，成为缅甸联邦领土的一部分；作为交换，并为了照顾历史关系和部落的完整，缅甸政府同意把班洪部落和班老部落在 1941 年 6 月 18 日中英两国政府换文划定的、从南定河和南帕河汇合处到南段已定界第一号界桩为止的边界线以西的辖区划归中国；中国放弃 1941 年中英两国政府换文所规定的中国参加经营缅甸炉房矿产企业的权利。①

《中缅边界条约》的签订基本确定了中缅两国的边界。中缅两国有着绵延 2100 多千米的共同边界，其中滇缅边境线长 1997 千米。因此，就地缘关系来说，云南在中国对缅关系中具有十分重要的地位和作用。

二 云南是中缅交往中最重要的陆路通道

清代政府和民间与缅甸的交往，主要通过"迤西大道"建立。主要有两条路线：一条从四川南部经由大理至永昌、腾越入缅；另一条从昆明经过楚雄到大理，而后同样经永昌、腾越进入缅甸。倪蜕《滇小记·缅程》、师范《滇系·入边各路》、乾隆《腾越州志·疆域志·道路》、道光《永昌府志·土司·道路附》、光绪《永昌府志·道路》、光绪《腾越厅志·地舆志·道里》、光绪《腾越乡土志》等多部官方和民间史料中记载了 60—70 条通往缅甸的道路，没有记录的民间小商道数量估计更多。另据其他史料②记载：缅甸在腾越南面 1700 余里。往来的道路交通有 5 条：从茶山③、木邦④或者从镇康⑤入滇，但道路崎岖艰险。双方贸易往来更多地从南甸⑥、干崖⑦、盏达至蛮幕。⑧ 缅甸朝贡的主要通道则由蛮幕经过铜壁

---

① 参见国务院法制办公室编《中华人民共和国法规汇编》第五卷，中国法制出版社 2005 年版，第 43—44 页。
② 彭崧毓：《缅述》，丛书集成初编本，商务印书馆 1937 年版，第 1 页。
③ 古属底马撒，今缅甸丹那沙林地区，在缅甸南部沿海，今地待考。
④ 在今瑞丽县境外西南方孟卯地区东南边。
⑤ 今云南永德县永康一带。
⑥ 今云南梁河县。
⑦ 今云南盈江县。
⑧ 今缅甸八莫地区。

关①，再由陇川进入腾越。清代缅甸入贡的道路主要有两条：从永昌②经过蒲缥③到屋床山。过屋床山后至潞江，翻越高黎贡山到腾冲向西南方向至南甸、干崖、陇川。从陇川走十天的路程到孟密④，再走两天的路程到宝井⑤，再经过十天的路程即可到缅甸。另一条贡道从景东过乐甸，约一天的路程到镇沅，再走两天的路程到达车里⑥宣慰司的地界。经过光山、九龙江约行十五日可到八百媳妇。⑦

"自云南入缅甸，共有六途，以蛮允一途为捷径。"⑧ 滇缅边境的野人山"设八关九隘……东北曰滇滩隘、明光隘，通怒球道也；北曰神护关、猛豹隘、只那隘、古永隘、麻塞隘，通茶山、麻里⑨道也；西北曰铜壁关、巨石关、万仞关，通宝井、猛拱道也；西曰霸竹隘、猛本隘，通野人山麓道也；西南曰铁壁关、虎踞关、天马关，通缅甸贡道也；南曰汉龙关、邦掌隘，通木邦道也。"⑩ 路途最为遥远的道路由铜壁关为中转，虽然比其他道路远很多，但道路比较平坦。另外的通道虽然较近，却荆棘丛生、人马难行，所以，朝贡之旅和民间马帮多选择此道。

《缅甸图说》⑪记载："通缅之路，则以蛮允外之上中下三路，为商贾往来大道。"一条从新街⑫过铜壁关，经过猛卯⑬、遮放，过芒市到龙陵；另一条由麻栗坝过喳哩江，走孟定、耿马；第三路从普洱出关，由车里渡九龙江到缅甸。

除去缅甸朝贡的通道和民间贸易往来大大小小的几十条道路以外，进兵之道也为滇缅之间贸易往来创造了一定条件，同时，也都是重要的商道。历代进兵之道，多有不同，本书不一一介绍，取其较有代表性的做一

---

① 今云南盈江县西南边境。
② 今云南保山县一带。
③ 今云南保山县西南。
④ 今缅甸境内。
⑤ 今缅甸抹谷一带。
⑥ 今云南西双版纳地区。
⑦ 古国名，今泰国北部，都城清迈，曾属缅甸。
⑧ （清）赵尔巽：《清史稿》卷137《兵志八》，中华书局1976年版，第4073页。
⑨ 应为里麻。
⑩ （清）王芝：《海客日谭》卷1，光绪丙子石城刊本，第1页。
⑪ 吴其桢：《缅甸图说》第十帙。（清）王锡祺编：《小方壶斋舆地丛钞》再补编，西泠印社1985年版。
⑫ 今缅甸境内。
⑬ 今云南瑞丽县境内。

略述，以窥其貌。杨应琚从铁壁关入缅，屯兵新街。东路由孟艮①、木邦、锡箔②进兵；中路从孟密③进兵；西路渡金沙江从孟拱④进兵；水路从新街出发，顺流至阿瓦。⑤ 明瑞从两路进兵：一是由碗顶⑥、孟谷出木邦取锡箔；二是从孟密取老官屯过新街取阿瓦。傅恒进兵则由铜壁关至蛮莫⑦，再沿江分东西两路分从戛鸠⑧、孟密进兵。

总体来看，不管这些道路的走向如何，云南都是中国通往缅甸最重要的陆路通道。

综观滇缅贸易路线，可以看出以下四个特点：一是数量多。据估计，大小通道可能有百条以上。二是比较集中。基本都从永昌、腾越出境。三是合三为一。"贡道"即为"商道""兵道"。"兵道"也是重要的"商道""贡道"。四是经过数十年的对外交往，道路的条件得到进一步改善。

三 云南与缅甸有长期交往的历史

滇缅之间的交往并非始于清代。学术界一般认为，有文字可考的中缅交往始于公元前2世纪。⑨ 现在被人们称为"西南陆上丝绸之路"的"蜀身毒道"当时已开辟。该通道自四川出发，途经云南，达到缅甸和印度，中国西南地区由五尺道、灵关道和永昌道连接而成，是沟通中国、缅甸、印度三国之间重要的国际商道。哈威在《缅甸史》中记载：公元前2世纪以来，中国商人包括云南商人在内以缅甸为商业通道，"循伊洛瓦底江为一道，循萨尔温江为一道……商人在其地（缅甸）以中国丝绸等名产，换取缅甸的宝石、翡翠、木棉，印度的犀角、象牙和欧洲的黄金等珍品"。⑩ "蜀身毒道"作为中缅通道之一，在历史上对中缅两国的交往发挥着重要的作用。正如上文所说，中缅通道不止这一条，随着历史的发展，到了清代，仅见于史载的就达数十条，而且其中大部分陆路通道均自云南入缅

---

① 今缅甸景栋。
② 今缅甸中部。
③ 今云南盈江县西南境外。
④ 今缅甸北部。
⑤ 今缅甸境内。
⑥ 今云南畹町。
⑦ 今缅甸八莫地区。
⑧ 今缅甸孟拱附近。
⑨ 贺圣达主编：《当代缅甸》，四川人民出版社1993年版，第289页；钟志翔主编：《缅甸研究》，军事谊文出版社2000年版，第324页。
⑩ [英] 戈·埃·哈威：《缅甸史》，姚梓良译，商务印书馆1957年版，第51页。

甸。换言之，历史上的中缅交往大部分是通过云南实现的。

随着商贸关系的开展，中缅逐渐建立了早期的邦交关系。东汉明帝永平十二年（69），中原政府在永昌（今保山）设郡。据《后汉书》卷86《西南夷列传》记载，当时缅甸境内的敦忍乙、掸国、僬侥等部落经永昌道遣使到中国，与中国建立了友好邦交关系。公元3世纪，蜀汉政权统治了四川、云南广大地区。诸葛亮发动南征、平定南中广大地区后，在政治、经济上采取了一系列措施，对南中实施治理，其影响远及今缅甸北部地区。两晋南北朝时期，史书中就记载了中缅两国通过佛教来往的事实。南诏建立后，与缅甸境内的骠国在商贸、军事、文化等方面均建立了友好关系；唐政府也与骠国保持亲善关系。宋代，缅甸的蒲甘王朝与大理国有密切联系，并通过大理国与宋王朝发生关系。元朝灭亡大理国后，在云南各地特别是滇缅道上广设驿站，对滇缅联系的加强起到了重要作用，因此，在元代中缅之间虽发生过几次大的战争，但双方的商贸关系一直未间断。到了明代，中缅之间的交往在经济、文化、政治等方面均有进一步的发展，这一时期，孟养、木邦等宣慰使司地区同云南在经济上的交往非常频繁。[1]

自公元前2世纪，云南与缅甸之间已有经贸往来。之后，滇缅之间的往来虽偶有间断，但就总体而言，滇缅交往历史悠久，且具有一定的延续性。清代滇缅贸易的开展也正是在前代的基础上不断发展的。

---

[1] 参考贺圣达主编《当代缅甸》，四川人民出版社1993年版，第289—299页；钟志翔主编《缅甸研究》，军事谊文出版社2000年版，第324—336页。

第二章　清代前中期的滇缅贸易

清代以降，与缅甸的联系得到加强，昔日繁荣的滇缅贸易得以重现。清政府在云南边境各关隘设有税务所，对进出关隘的贸易往来征收商税和杂税。滇缅贸易商品的种类和规模有了一定的变化。这一时期腾越仍然是滇缅贸易最主要的地区。

第一节　清代前中期的中缅关系

关于清代中缅关系的史料，《清史稿》记载：顺治十八年（1661）"十二月丙午，平西王吴三桂、定西将军爱星阿会报大军入缅，缅人执明永历帝朱由榔以献。明将白文选降，班师"。[①] 一年以后，"康熙元年议准，缅甸贡道由云南"。[②] 有史记载的清代中缅友好关系正式建立，并且，中央政府正式明确了云南在建立中缅关系以及贸易往来当中的"通道"和交通枢纽地位。虽然中缅双方的往来逐渐正常化，但是，从顺治十八年（1661）清军入缅至乾隆十五年（1750）缅甸首次正式上表称臣纳贡为止，中缅之间并没有更多实质性的往来。清廷方面，有东北沙俄虎视眈眈，西北蒙古形势严峻，东南台湾尚未统一，三藩叛乱开始，因此，交通断绝，中缅关系因此中断近90年。缅甸不再向清廷称臣纳贡，有深刻的历史背景。雍正九年（1731），"缅与景迈交哄，景迈使至普洱求贡，乞视南掌[③]、暹罗[④]"。[⑤] "景迈者：世所传八百媳妇国也。居景迈城者为大八

---

① （清）赵尔巽：《清史稿》卷6《圣祖本纪一》，中华书局1976年版，第167页。
② （清）崑岗等纂：《钦定大清会典事例》卷502，商务印书馆清宣统元年拓印本，第5页。
③ 云南边外之土司，都城叫隆勃喇邦，在湄公河上游，暹罗东北、安南之西。
④ 泰国的古称。
⑤ （清）赵尔巽：《清史稿》卷528《属国·缅甸》，中华书局1976年版，第14661页。

百,居景线城者为小八百。"① 景迈城②的地理位置在缅甸东部,有十万户居民。在明代,就与缅甸同为宣慰司,后来被缅甸所灭。虽然不久便即复国,却已世代为敌。并且,希望通过臣属清政府以获庇护。然而,"云贵总督鄂尔泰疑而却之"。③ 缅甸秘密派人探得消息以后,大喜过望,并且四处扬言第二年也要到清政府朝贡。随即马上调集两万兵马攻打景迈。④ 同时,缅甸自恃有献出永历帝的功劳,便不再向清政府朝贡。

乾隆十五年(1750),茂隆厂厂长"吴尚贤思挟缅自重,说缅入贡,缅酋麻哈祖乃以驯象、涂金塔遣使叩关"。⑤ 却被云南布政司试图拒绝。时任云南巡抚的图尔炳阿随即上奏乾隆皇帝,礼部研究后答复:"云南巡抚图尔炳阿奏称:'缅甸初次奉表称臣纳贡'。应准其来京"。⑥ "如他属国入贡例。"⑦ 第二年,即乾隆十六年(1751)缅甸国王遣陪臣希里觉填奉表入贡。"御前贡物:毡段四,缅布十有二,驯象八。皇后前驯象二。"⑧ 时隔近90年之后,在有识之士的极力主张下,清政府以海纳百川的包容姿态再次开启了中缅友好关系的大门。

随后的几十年间,中缅双方时打时和、时贡时止,两国关系却在曲折中逐步加深。中国、缅甸和暹罗三国之间的关系直接促进了中缅双方暂息干戈。

乾隆四十三年(1778),与缅甸已成世仇的暹罗遗民起兵反缅,恢复国家,并且兴师进攻缅地。乾隆四十六年(1781)暹罗通过海路正式向清政府入贡。之后,双方一直保持十分密切的友好关系。乾隆五十一年(1786),清政府又册封郑华为暹罗国王。因为暹罗这一强敌,缅甸非常害怕,其国王孟陨派遣大小头目百余人向清政府上表求贡。乾隆五十五年(1790),孟陨派遣使臣祝贺乾隆八十寿辰,被皇帝封为缅甸国王,明确每十年朝贡一次。

从此以后,中缅边境再无祸患,纵然在几次英缅战争当中,中缅双方依然保持着密切的友好关系,这也为滇缅双方日益拓展的贸易往来奠定了

---

① 王婆楞:《中缅关系史纲要》,正中书局1944年版,第79页。
② 可能在景迈山中。景迈山位于中国云南省的西南边陲,现在普洱市澜沧拉祜自治县境内,西邻西双版纳勐海县,东邻缅甸,是西双版纳、普洱与缅甸的交界处。
③ (清)赵尔巽:《清史稿》卷528《属国·缅甸》,中华书局1976年版,第14661页。
④ 同上。
⑤ 同上。
⑥ (清)《高宗实录》卷369,中华书局1985年影印本,第15页。
⑦ (清)赵尔巽:《清史稿》卷528《属国·缅甸》,中华书局1976年版,第14661页。
⑧ (清)崑岗等纂:《钦定大清会典事例》卷505,商务印书馆清宣统元年拓印本,第5页。

坚实的政治基础。

据史书记载："缅地亘数千里,其酋居阿瓦城。城西濒大金沙江,江发源野人番地,纵贯其国中,南注于海。"① 缅甸方圆数千里,都城在今天缅甸境内的阿瓦。濒临大金沙江(也称丽水),也就是现在的伊洛瓦底江。其河源有东西两支,发源于中国。在云南境内称之为独龙江,流经云南贡山独龙族怒族自治县西境,然后折转西南,进入缅甸。在密支那城以北的圭道与另一江汇合后始称伊洛瓦底江,河流全长 2714 千米,为缅甸第一大河,向南注入印度洋。幅员辽阔,物产丰富。1752 年,统治了缅甸两百多年的东吁王朝灭亡。1753 年,雍籍牙定都瑞冒,建立了缅甸最后一个封建王朝。称为雍籍牙王朝。雍籍牙建立政权以后,采取了有力的措施,进行了有效的改革。加强了封建专制和军事,实行封建土地国有制,大量的土地由国王直接掌握,生产力水平得到较大提升。农业成为国家最重要的经济支柱。兴修水利,形成了简单却有效的灌溉系统。粮食亩产还处于比较低的水平,在伊洛瓦底江比较肥沃的地区,产量要高一些,可达 180—200 斤。一些产量高的地区,亩产可达 350—380 斤。② 由于缅甸地广人稀,在农业生产发达地区,水稻还能够输出。人均生产粮食的水平,在 1000 斤上下。③ 这在当时的生产力水平下就属于中上游水平了。

手工业制作和矿业生产具有比较高的水平,造船业、矿产开采、铜器铸造等经济部门成为支柱产业。缅甸学者吴登威估计,18 世纪末左右,缅甸平均每年生产石油在 7500—9000 吨。④ 说明缅甸不仅有丰富的石油蕴藏量,而且在当时就已经具备了比较高的工艺水平。手工业主要是棉织业和竹木器编织业,几乎都供家庭使用。矿业开采虽然颇具规模,但主要供封建主消费。这就大大限制了缅甸对外贸易和产业的发展。

当时缅甸的对外贸易就有了比较大的发展。出口的产品主要有象牙、宝石、棉花、银等,还有石油。18 世纪末,每年输出的石油就达 120 万千克。⑤ 这些商品的输出主要通过海路实现。而陆路贸易的进出口则主要以云南作为对象。这一时期,缅甸国王颁布了一系列改革措施,鼓励生产,重视农业,兴修水利,提高技术工艺,生产力水平有了很大的提高。国力昌盛,雍籍牙王朝也开创了缅甸封建社会的鼎盛时期。这为滇缅贸易的拓

---

① (清)赵尔巽:《清史稿》卷 528《属国·缅甸》,中华书局 1976 年版,第 14661 页。
② 《缅甸地名词典》上册,1880 年仰光英文版,第 300—302 页。
③ 贺圣达:《缅甸史》,人民出版社 1992 年版,第 179 页。
④ [缅]吴登威:《1800—1940 年缅甸经济的发展》,仰光大学经济系,1961 年,第 14 页。
⑤ [英]霍尔:《缅甸和欧洲》,牛津大学 1945 年英文版,第 82 页。

展奠定了坚实的经济基础。

第二节 清代前中期滇缅贸易管理机构的设置与运行

清代前期，清政府在云南边境各关隘设立税务所，制定税收和税额，对滇缅贸易进行管理。

一 机构设置及税收

清初的滇缅贸易机构基本上是在延续明代定制的基础上发展起来的。

首先，清朝在州府所在地和边境各关隘设有税所，对滇缅贸易的往来征收商税和杂税。据史料记载：腾越州，"州城税所，设在城内，有税官经理。康熙初年，裁卫归州，移置南门外，以商贾市积之所置之……曩宋①税所，其地为通夷之路，税房即在公馆门内"。② 除此之外，还有"小蒲窝、猛连、缅箐、界头、固东、曲石、瓦甸稽查七处，即于仓房、盐房并借民房居住"。③

其次，将商税、杂税一并归州，定为额输藩库。"年征商税银五百二十六两八分四厘，遇闰加银三十四两六钱一分九厘，新增额外税余银五十两四钱一分。"乾隆二年（1737），"布政使司颁发则例，立税口三处：州城南门外、镇夷关、猛连关；挂号稽查七处：本城街、界头、曲石、瓦甸、固东、龙江、缅箐，定额年征牲税银四十五两八钱七分，征商税银三百六十二两七钱八厘，遇闰年加增银三十两八钱八分。"④ 清廷明确规定："缅甸所需丝、绸、针、纸等物，开关通市，所有内地商民贩货出关，责令永昌府、腾越州、顺宁府收税给照，运至腾越州、顺宁府查验。"⑤ 可见，当时管理机构设置比较规范，职责和分工十分清楚，管理权限也很清晰。

---

① 又称"曩送关"，在州城外南60里，接南甸土司界。
② （清）屠述濂纂修：乾隆《腾越州志》卷4，光绪二十三年刊本，成文出版社，1967年印行，第60页。
③ 同上。
④ 同上书，第69页。
⑤ （清）崑岗等纂：《钦定大清会典事例》卷329，商务印书馆清宣统元年拓印本，第9页。

二 机构的具体运作

乾隆五十五年（1790），滇缅贸易恢复正常以后，清政府加强了管理机构的设置。除腾越和永昌外，在原有的两个税口杉木笼①和暮福处增加驻兵查验收税。滇民贩出关，必须到州城交税给照，商人持记录有姓名、货物的相关证件到杉木笼和暮福查验，核对无误后，准予出关交易。缅人运货入关，则由杉木笼和暮福收税给照，到州城查验放行。回关则同样照此办理。之后，增加了顺宁府和南河口两处税口以加强管理。"其自内地贩货出边者，在府城收税给照，于南河口验票；边外贩货进内者，在南河口收税给照，至府城验票。"②并且责成大理府设卡严查，加强管理。同时，增加南关③为税口，驻兵稽查、挂号给照。

清代对滇缅贸易的具体管理措施，没有成体系的管理章程，多散见于督抚奏折和上谕当中。对缅贸易政策虽然总体上宽松、自由，但对战略物资、战时出入边民以及官员私贩的管理和查处是十分严格的，其中，对武器及相关物品禁止贩运的法令尤其严厉。康熙十四年（1675），清廷敕谕各地："贩卖硝黄者，俱令呈明出产地方，取领府州县官印票，于经过府州县关津隘口，将印票呈明各官，填注验讫字样，用关防印记放行。若无印票出境卖与贼寇者，照卖与外国边海贼寇律，为首者处斩，为从者俱责四十板，发边卫充军。若府州县及关津各官不行查获，被别处盘诘者，该督抚将疏纵各官题参治罪，督抚不行查参，一并议罪。"④

针对"硝黄"贩卖的处罚十分严厉。雍正九年（1731），清政府规定：将废铁潜出边境及海洋货卖者，照越贩硝黄之律科断。并规定了诸如"废铁潜入边境及海洋贩卖者，一百斤以下，杖一百徒三年；一百斤以上，发边卫充军"等具体的处罚措施。乾隆十三年（1748）规定："一切废铁，除内地贩卖听从民便，毋庸禁止外，如有将废铁、铁货潜出外境，令沿海近边关隘文武员弁，立即拿究，照例定拟。倘有徇私故纵，该上司即行题参，照商渔船只夹带铁钉出口例议处。如系内地商民转相贸卖，而地方文武官员以及关津兵弁藉端索诈，一经发觉，仍计赃治罪。"⑤《清高宗

---

① 又叫小沙摩莽，在南甸境内。
② （清）《高宗实录》卷1359，中华书局1985年影印本，第33页。
③ 思茅同知管辖范围。
④ 程贤敏选编：《清〈圣训〉西南民族史料》，四川大学出版社1988年版，第4页。
⑤ （清）崑岗等纂：《钦定大清会典事例》卷776《刑部·兵律关津》、卷239《户部·关税》、卷120《吏部·处分例》，商务印书馆清宣统元年拓印本。

实录》也记载：乾隆三十三年（1768）上谕曰："除牛、马、铜、铁、硝黄等项恐资贼用者，不准换给外，其余绸布各件无关紧要之物，按值与之交易。"① 这是针对"铁"的具体管理措施。硝黄和铁都是武器制作的原料，故有法令严禁。战时，对出入边境的商民严加盘查，目的在于防范奸细。为此，清廷发布上谕："今自用兵以来，各关隘久已禁人外出，新街等处是否尚有货市？或关口间有奸民偷越，或边外土司潜赴经商，或缅夷界外别种番夷往彼市易，抑或市集改徙他处，此等皆宜询问而知……据实奏报。"② 乾隆三十五年（1770）清廷敕谕："永昌、腾越沿边各关隘口，如曩宋关、缅箐、盏西隘、龙陵、姚关、万仞、巨石、铜壁、神获、铁壁、虎踞、天马、象达、潞江等处，并顺宁之蔑笆桥，均须专派将弁带领兵丁，实力稽查，如有贪利偷越之徒私运货物出口者，一经拿获即将该犯奏明正法，其私运货物即全行赏给获犯之人，以示鼓励。"③ 清政府实施了战时特殊的稽查商民往来的严厉措施。

政府对缅贸易管理规定中几乎都明确了管理者的责任，并规定了具体的处罚措施。意图在于让官兵不敢玩忽职守，不敢与民争利，目的在于边疆安宁稳固。这也正是清政府对缅贸易政策宽松、自由、以民为本的体现。正是这一政策的最直接的影响，推动了清代滇缅贸易的进一步繁荣。

第三节 清政府对缅贸易政策的调整

研究清政府对缅贸易政策，必须要对清政府对缅政策有一个大致的了解。清军入关初期，对缅政策处于无暇顾及的状态。顺治十六年（1659），清军大举进攻云南，目的在于追剿南明永历皇帝。两年之后，清军入缅，缅甸迫于压力交出朱由榔，清军"遂班师"。实际上，这一次的两国联系发端于清政府剿灭南明政权的目的，而不是清政府对缅关系的正常化的开端。

清前期的对缅政策，大致有三个原则：一是巩固边防；二是和平友善；三是尊重缅甸的宗主权。鉴于清王朝疆界与缅甸接壤，清政府考虑的首要问题就是边疆的安稳。康熙二十年（1681），云贵总督蔡毓荣就上了

---

① （清）《高宗实录》卷818，中华书局1985年影印本，第11页。
② 云南省历史研究所编：《〈清实录〉越南缅甸泰国老挝史料摘编》，云南人民出版社1986年版，第678页。
③ 阿桂：《奏派拨虎踞关等处关隘税口将弁兵丁情形摺》，国立北平故宫博物院文献馆编纂：《文献丛编》第44册，故宫印刷所，1930年，第5—6页。

著名的"筹滇十议疏",在《酌定全滇营制疏》中特别强调:"滇省东接东川,西接猛缅,北距蒙番,南达安南……臣等量地设防,从长布置,务使无事分扼要害,有事犄角相援,然后可经久而无患。"① 设永顺镇,"镇标中左右三营,各设游击以下将领八人,镇兵二千四百名";设腾越协"副将以下将领八人,兵一千人"。② 加强了西南边疆的军事防御系统。雍正六年(1728),云贵总督鄂尔泰的奏折中明确地流露出对边境安稳的态度:"橄榄坝地方,南接蒙、缅,东接蟒子、老挝诸国,为全郡之门户,最关紧要,拟将立州治,设知州一员,吏目一员,安都司一员,千把二员,与知州同城,并分防慢达江以资巡守。"③《清史稿》对西南边疆的重要性是这样记述的:"云南省控制全边,重在腾越。"又述:"乃于杉木笼、干崖二处各增将弁营巡。龙陵地方……亦增设弁兵。以顺宁一路旧有之额兵,分驻缅宁,与永顺右营协同防守。"并且,严格规定:"总督、提、镇大员,每年酌赴腾越边外巡阅一周,以期严密。"④ 上至皇帝、下至云南督抚,都将西南边境安定作为头等大事来抓。增加边境军队,采取细致而严密的制度来巩固边防。

和平友善的对缅政策,主要体现在以下两个方面:

一是不插手缅属土司的内部事务,尊重缅甸对曾内附的土司的宗主权。正如赵翼所说:"是时三桂未及为善后,许以边外木邦、猛密、大山诸土司,听其仍为缅属,不复能如明初之众建而分其势。"⑤ 实际上,清政府已经放弃了对木邦、猛密、大山诸土司的管辖权,而承认了缅甸对其的管辖。雍正七年(1729),云贵总督鄂尔泰拒绝了当时附属缅甸的整迈⑥的内附请求。乾隆十四年(1749),木邦求贡,被清朝地方官员"辞以该夷于明末久为缅属,未便准许"⑦ 拒绝。中央到地方对缅的思想是高度统一的,在处理涉缅事务时,不愿兵戎相见,抱持的态度是友好和慎重的,这也成为清政府对缅政策的基本原则。

---

① (清)鄂尔泰等修,靖道谟等纂:雍正《云南通志》卷29《酌定全滇营制疏》,乾隆元年刻本。
② (清)阮元等修,王崧、李诚等纂:道光《云南通志》卷100《武备志》,道光十六年刊本。
③ (清)允禄、鄂尔泰等编:《朱批谕旨》第52册《雍正六年六月十二日云贵总督鄂尔泰奏》,雍正十年至乾隆三年武英殿刻本。
④ (清)赵尔巽:《清史稿》卷137《兵志八》,中华书局1976年版,第487页。
⑤ 赵翼:《平定缅甸述略》,载李根源《永昌府文征·记载》卷18,1941年铅印本。
⑥ 今泰国清迈,古属缅甸。
⑦ 《明清史料》庚编,《礼部奏副》,中华书局1987年版,第1265页。

第二章 清代前中期的滇缅贸易 43

二是怀柔天下，把缅甸纳入"天朝礼治体系"。雍正七年（1729），清军平定车里叛乱，南掌诸国朝贡，引得缅甸也扬言入贡。雍正皇帝在总督鄂尔泰的奏折上批道："极好之事，此皆卿代朕宣献之所致，但总宜听其自然，不必有意设法诱致。"① 强调顺其自然，诚心纳贡，怀柔四海之心昭然若揭。乾隆三十六年（1771），"以阿桂请大举征缅，申饬之"。② 不动干戈，友好相处是清王朝最高统治者心理的真实反映，也可以认为，这是清前期对缅的基本国策。

在这一基本思想的指导下，对缅的贸易政策总体上也体现出宽松、自由的特征。但以滇缅冲突为界，清政府采取了截然不同的对缅贸易政策，对双方的贸易往来产生了极其重要的影响。刘崑记述了康熙年间的滇缅贸易情况："中原亡命之徒出关互市者，岁不下千百人，人赍锣锅数百，远赴蒲绀③，是缅人不费斗粟，徒以瓦砾无用之物，岁收铜斤数十万也。"④ 这也从一个侧面印证了云南有规模很大的民人越境缅甸做生意的状况，实际上，造成这一比较自由的贸易往来的重要原因是清政府对缅贸易政策使然。乾隆十一年（1746），议政王、大臣等议复云南总督张允随的奏折中提到："向来商贾贸易，不在禁例，惟查无违禁之物，即便放镭行。"又奏："今在彼打镭开矿及走厂贸易者，不下二三万人，其平常出入，莫不带有货物，故厂民与商贾无异，若概行禁止，此二三万人生计攸关。"况且，"百余年来，并无不靖"。⑤ 这也正是清政府边疆安稳、和平友善对缅政策的核心思想的真实写照，也是100多年来宽松、自由、以民为本的对缅贸易政策的切实体现。

乾隆三十一年（1766），中缅爆发大规模冲突，滇缅贸易随之中断。乾隆三十四年（1769），缅王孟驳投降，愿称臣纳贡。至此，持续四年的中缅战争宣告结束。但是，滇缅贸易并没有随着战争的结束，实现正常化。乾隆三十五年（1770）二月，乾隆皇帝因为没有收到缅甸国王孟驳的贡表，"谕彰宝备之，并严禁通市"。⑥ "总之，彼贡表一日不至，沿边货物一日不可令通。此时务须设法严查，勿使奸劣商民丝毫偷漏。"⑦ 至此，

---

① （清）屠述濂纂修：乾隆《腾越州志》卷2，光绪二十三年刊本，成文出版社1967年印行。
② （清）赵尔巽：《清史稿》卷13，中华书局1976年版，第487页。
③ 指蒲绀王朝统治下的缅甸，国都在蒲绀。
④ （清）刘崑：《南中杂说》，商务印书馆丛书集成初编本，1935—1938年排印，第3142册。
⑤ （清）《高宗实录》卷269，中华书局1985年影印本。
⑥ （清）赵尔巽：《清史稿》卷13《本纪十三·高宗》，中华书局1976年版，第486页。
⑦ （清）《高宗实录》卷853，中华书局1985年影印本，第9页。

宽松、自由的贸易政策演变为严厉的控制和约束，滇缅贸易一落千丈。加之缅甸连年与清政府打仗，劳民伤财，耗费巨大。又害怕缅甸的木棉、象牙、苏木、翡翠以及铜等被云南地方政府购买，所以，也闭关罢市。滇缅贸易跌入低谷。李侍尧在给乾隆皇帝的奏折中提到："去冬臣往腾越边外照料出防，得知关外新街、蛮莫等处捆载棉花，积如山阜。"又奏："内地棉花价值，即比往年价昂，尤为明验。"① 但清政府对于民间贸易依然体现宽松、自由和以民为本，只要不是战略物资，交易限制并不太多。例如："普洱府所辖各通缅之车里土司，内地小贩挑负往来，货物无多，不须设口。"② "野人来市，除牛、马、铜、铁、硝黄等项恐资贼用者，不准换给外，其余绸布各件无关紧要之物，按值与之交易。"③ 这一政策一直持续影响了滇缅贸易的发展近二十年，至乾隆五十五年（1790），乾隆八十大寿接到缅甸国王孟陨贡表内附，恩准同意后，才得以根本改变。"今既纳赆称藩，列入属国，应准其照旧开关通市，以资远夷生计。"④ 怀柔天下、和平友善的基本国策得以延续，"饬知沿边官员，定期开关市易，以示嘉惠远人之意"⑤。滇缅贸易得以恢复正常。

第四节 清代前中期的滇缅贸易状况

清代伊始，中缅双方的联系得到加强，滇缅贸易的繁荣景象得以重现，双边贸易得到进一步拓展，商品的种类和规模有了比较大的变化。

清代前期，滇缅双方的贸易往来较为频繁，史书中屡有这类记载。如乾隆十一年（1746），云贵总督张允随奏称："滇南各土司及徼外诸夷，一切食用货物，或由内地贩往，或自外地贩来，彼此相需，出入贸易，由来已久。如棉花为民用所必需，而滇地素不产棉，迤东则取给于川省，迤西则取给于木邦。木邦土性宜棉，而地广人少，皆系沿边内地民人受雇前往，代为种植，至收成时，客商贩回内地售卖，岁以为常；又苏木、象牙、翠毛、木棉等物，则贩自缅甸；云连则购自力些。又各井盐斤，仅敷两迤民食，其永昌所属之陇川、遮放、干崖、南甸、盏达、潞江、芒市、

---

① 中国第一历史档案馆编藏，《军机处录副奏折·缅酋进贡还人案》（外交类）。
② （清）崑岗等纂：《钦定大清会典事例》卷179，商务印书馆清宣统元年拓印本，第9页。
③ （清）《高宗实录》卷818，中华书局1985年影印本，第7页。
④ （清）《高宗实录》卷1351，中华书局1985年影印本，第29页。
⑤ 同上。

猛卯等各土司土民，因距井遥远，脚价昂贵，多赴缅甸之官屯地方买海盐。以上各项，人民往来夷方络绎不绝，其贸易获利者，皆即还故土。"① 这里说的是滇缅边民互市贸易的繁荣景象。《清史稿》记载："江西、湖广及云南大理、永昌人出边商贩者甚众，且屯聚波龙以开银矿为生，常不下数万人。自波龙迤东有茂隆厂，亦产银。"② 可以看出，当时滇缅的贸易往来和经济交往已经比较频繁，滇缅贸易关系已是十分深入。其中，还包括生意做得很大的矿主，例如，上述史料提到的茂隆厂厂长吴尚贤就是云南石屏人，所属员工"不下二三万人"。③ 并且"厂民出外，亦皆带有货物，与商贾无异"。④ 其时规模已经是相当大了。

清代赴缅经商者，以腾越最有传统。历史悠久，趋者甚众。究其原因，大致有三：一是养家糊口；二是中国内地文化的影响；三是人多地少，加上古驿道相对便利的交通，因此，创造了腾越悠久的贸易历史。乾隆《腾越州志》云："昔日之货殖者，富家以财，贫人以躯，输中华之产，运异域之邦，易其方物，利资养家。"行商坐贾，谋利营生。《腾越乡土志》记载："腾越商人向以走缅甸为多，岁去数百人，有设立号房于新街、瓦城、漾贡者，亦有不设号房，年走一次者。""六万余丁口，计之商家当过半矣。"又说："腾冲商路水道不通，较大埠固远不及，然以迤西各属而论，似稍胜一筹。惟出口货太寡，每次皆用现银入缅购货，黄鹤一去不能复返。"⑤ 腾越民人为了寻找生活出路，而往缅甸谋生的状况在当地农谚中也有所反映："楸木开花，出门归家"；"过了霜降，各找方向"；"穷走夷方，急走厂"。可见，腾越民众经商者甚多，贸易对象主要是缅甸。而且，远赴异乡，多数处境也十分艰难。

腾冲《寸氏族谱》记载：其祖上曾于嘉庆年间（1796—1820）赴缅经商，并分出一部分资金到阿瓦贩运棉花，生意发财，回到故乡后，历时24年，于道光六年（1826）建成寸氏宗祠，竟耗费银两一千有零。⑥ 除了民间记载，反映滇缅之间经商人数不少的记载，也见诸官方史料："腾越

---

① 《张允随奏稿》乾隆十一年五月初九日奏折，参见方国瑜主编，徐文德、木芹、郑志惠纂录校订《云南史料丛刊》第8卷，云南大学出版社1997年版，第683页。
② （清）赵尔巽：《清史稿》卷528《属国·缅甸》，中华书局1976年版，第14661页。
③ （清）《高宗实录》卷269，中华书局1985年影印本，第32页。
④ 同上书，第30页。
⑤ 转引自吴兴南《云南对外贸易史》，云南大学出版社2002年版，第69页。
⑥ 《寸氏族谱》，云南省图书馆藏本。转引自吴兴南《云南对外贸易史》，云南大学出版社2002年版，第68页。

州和顺乡一带民人,向在缅酋地方贸易者甚众。"① 乾隆十一年(1746),张允随奏称:"人民往来夷方络绎不绝,其贸易获利者,皆即还故土,或遇赍本耗折,欲求生计,即觅矿厂谋生。"② 可见,当时赴缅经商的腾越乡民,人数众多,既有买卖顺利获利颇丰者,也有艰苦营生困难度日的。

关于缅甸与云南贸易往来的商品种类,《清史稿》有这样的记载:"沿海富鱼盐,缅人载之,溯江上行十余日,抵老官屯、新街、蛮暮鹭市,边内外夷人皆赖之。而江以东为孟密,有宝井,产宝石,又有波龙者,产银。"③ 乾隆《腾越州志》记载:"今商客之贾于腾越者,上则珠宝,次则棉花,宝以璞来,棉以包载。骡驮马运,充路塞途。今省会解玉坊甚多,砻砂之声昼夜不歇,皆自腾越至者。其棉花则下贵州,此其大者。"④ 滇缅贸易以珠宝、棉花为大宗商品,马帮众多,热闹非凡。这一时期,腾越仍然是滇缅贸易最主要的地区。据康熙《云南通志》载:"象、琥珀、水晶、菜玉、墨玉、催生石、黑药、乳香、煤油、儿茶、哈芙蓉(鸦片)、冰片、神黄豆、青花石、宝砂俱出猛缅外国。"⑤ 光绪《腾越厅志·土产》也提出了有力的证据:"玉石出猛拱,琥珀、玛瑙、珊瑚皆出外夷,而从腾越达省会,故州城八保街,旧讹为百宝街。"⑥

当时滇缅贸易的进出口商品种类在傅恒的奏折中也有说明:"每年秋冬瘴消,缅甸以其所产之盐、咸鱼、棉花、象牙等项,用船载至老官屯、新街江岸,而内地附近民人以内地所产之铁针、棉线、布鞋、绸缎、红绿黄丝、布匹、核桃、栗子等物,用牛马驮至新街、老官屯与之交易。至二月瘴发,即各散回。"⑦ 清代伊始,"自中国输入缅甸之商品主要为生丝、绸缎、裁制朝服之丝绒、滇边出产之茶叶、金、铜、钢、酒、火腿、朱红漆中需用之水银与大量之针线;自缅甸输往中国(经云南陆路输入)之商品以棉花为大宗,此外尚有燕窝、盐、象牙、鹿茸、琥珀与少量之漆器与宝石"。⑧ 圣迦曼诺曾有过直观的描述:"云南的中国人由老官屯沿阿瓦江

---

① (清)《高宗实录》卷818,中华书局1985年影印本,第11页。
② (清)《高宗实录》卷269,中华书局1985年影印本,第31页。
③ (清)赵尔巽:《清史稿》卷528《属国·缅甸》,中华书局1976年版,第14661页。
④ (清)屠述濂纂修:乾隆《腾越州志》,成文出版社1967年版,第46—47页。
⑤ 转引自吴兴南《云南对外贸易史》,云南大学出版社2002年版,第70页。
⑥ (清)陈宗海修,赵端礼纂:《腾越厅志》卷3(土产),光绪十三年刊本,成文出版社1966年印行,第61页。
⑦ 傅恒奏折,《朱批奏折》,乾隆三十五年(1770)一月十九日外交类,第142—1号,中国第一历史档案馆编藏。
⑧ [英]戈·埃·哈威:《缅甸史》下,姚梓良译,商务印书馆1957年版,第548页。

而下，来到缅甸首都，带来他们国家的产品，如丝绸、纸张、茶叶、各种水果和各种杂货，而将棉花、生丝、盐、羽毛和一种黑漆运回云南。"①历史上，从老官屯到缅甸首都是一条主要的贸易线路，调剂余缺，以特产换特产则是商品交换的主要结构。

总的来看，滇缅贸易的大宗商品主要有：缅甸输入云南的有棉、盐、象牙及珠宝玉石等；云南输出缅甸的有黄丝、铜、铁、茶叶、烟及大量针线等。《1795年出使阿瓦记》这样描述："在缅甸首都与中国云南之间存在着广泛的贸易，从阿瓦输出的主要商品是棉花……沿伊洛瓦底江运到八莫，同中国商人交换商品，后者沿水陆两路把棉花运入中国。"② 这一时期，除了朝贡贸易外，民间贸易十分兴盛，贸易规模不断扩大。据英国人克劳福特估计，19世纪20年代的滇缅贸易中，仅棉花一项的货值每年输入云南的就超过20万英镑，重量不下500万千克。③

根据布赛尔在《东南亚的中国人》当中的记载：缅甸的棉花从明代开始输入云南，到1826年，输入云南的棉花共达1400万磅，价值22.8万英镑。④ 如果这一估计准确的话，清代滇缅陆路贸易额可占缅甸出口贸易总额的1/4—1/3。⑤

随着滇缅贸易的不断深入和拓展，永昌、腾越等以边防为主要功能定位的边疆城镇也逐渐发展成为人口众多、经济文化繁荣的较大都市，同时也成为重要的国际贸易口岸，马帮众多，商来商往，熙熙攘攘，富极一方。据正史记载，永昌是"市肆货物之繁华，城池风景之阔大，滇省除昆明外，他郡皆不及，人以此谓小南京焉"。⑥ 商号众多，商品种类繁多，市场繁荣，商品经济发达。就连城市建设也是颇具规模的，难怪有"小南京"之美誉。

腾越位于云南西部边境，清代辖区包括今天腾冲全境和德宏傣族景颇族自治州的大部分地区。东与保山相连，西北、西南、南面与缅甸接壤，国境线长达600多千米，是古代"西南丝绸之路"的咽喉重地。乾隆《腾越州志》记载："云南三面临边，而腾越又斗入西荒之外，滇踞上游，

---

① Father Sangermano, *The Burmese Empire*, 1969, Kelly Press, p. 217.
② 贺圣达：《缅甸史》，人民出版社1992年版，第214页。
③ 钦貌迎：《缅甸国王统治时期的缅甸棉花贸易》，载缅甸《前卫》杂志（英文）1971年第4期。
④ 冯立军：《20世纪初以前华侨移民缅甸述略》，《南洋问题研究》2008年第4期。
⑤ 吴兴南：《云南对外贸易史》，云南大学出版社2002年版，第72页。
⑥ （清）罗纶修，李文渊纂：《永昌府志》卷5，康熙四十一年刻本影印本。

为黔、蜀、荆、粤、吴、越之门户,而腾越又为全滇之门户。"① 其显著的地理位置是其繁华的基础条件,而在滇缅贸易往来中居于咽喉要冲的地位,则应该是其繁荣昌盛的根本原因。

《腾越乡土志》记载:"腾方百余里,南城外为市场……外连英缅,商贾丛集,由南而东至龙陵,由东而北至永平、榆、省以及川广各省,有寄迹者,以腾六万余丁口,计之商家当过半矣。"又载:"乾嘉间,海禁未开,凡闽粤客商贩运珠宝、玉石、琥珀、象牙、燕窝、犀角、鹿茸、麝香、熊胆,一切缅货皆由陆路而行,必经过腾境,其时商务尚称繁盛。"② 包括大理也是"商贾辐辏,甲于他郡",为"一大都会"。③ 正是滇缅贸易的兴盛,极大地推动了永昌、腾越等城镇发展。

《嘉庆一统志》载:嘉庆二十五年(1820),分府户口,永昌府的人口为25.2万,腾越厅为26.8万。人口绝对数在云南不算多,但户均口数是6口和9.3口。在全省21个府厅区划中,腾越排在第一位,永昌排在第六位。从以上数据中,我们是不是能得出这样一个初步结论:9.3的户均口数从总体上说明当时腾越家庭的经济收入很高,否则,不可能养活那么多人口。而从当时6万—7万户人口有3万多户从事商业贸易的情况来看,大多数家庭的主要收入来源应该是做生意的收入。无论是内地的货物经腾越转口缅甸,还是缅甸的货物经腾越转口中国内地,腾越的贸易对象主要是缅甸,这一结论应该是可以肯定的。我们能不能这样说,"滇缅贸易已经成为当时腾越地方经济发展的决定性因素"。

再从光绪《续云南通志稿·食货志》记载的道光十年(1830)的分府户口与十年前的分府人口做一比较,我们发现:十年间,永昌府的人口从25.2万激增至53.9万,增长了113.9%,排在全省第一位;腾越厅的人口从26.8万增加至37.4万,增长了39.6%,排在第二位。户均口数仅次于澄江府,居第二、第三位。虽然人口剧增的主要原因是外来移民,但也从一个侧面反映出永昌、腾越老百姓的总体收入水平是比较高的。刘楚湘所著《腾冲县志稿》也有"昔日繁华百宝街,雄商大贾挟货来"之感慨。由此可见当时永昌、腾越贸易之盛况、城镇之繁荣。

---

① (清)屠述濂纂修:乾隆《腾越州志》卷2《疆域》,光绪二十三年刊本,成文出版社1967年印行。
② (清)寸开泰纂,马有樊、刘硕勋校注:《腾越乡土志·商务篇》,中国文联出版社2005年版。
③ (清)王崧纂:道光《云南志钞》卷1《大理府》,云南省社会科学院文献研究所1995年翻印本。

第三章　清代晚期的滇缅贸易

进入晚清以后，西方国家的殖民扩张导致经济全球化的进程空前加快。随着缅甸沦为英国的殖民地和西方列强在中国势力的不断扩张，这一时期的中缅关系发生了巨大的变化，也相应地影响了滇缅贸易的发展和走向。随着近代云南商埠的开设，进出口贸易的商品结构、货值乃至对外贸易中心都发生了巨大的变化。在这一过程中，云南商帮也进一步崛起，在滇缅贸易中发挥了重要作用。

第一节　晚清的中缅关系及滇缅贸易走向

一　18—19世纪的缅甸及其经济状况

18世纪以后，英国决定吞并缅甸，这带来了中缅关系的急剧变化。"英并缅之年，亦即中缅关系垂绝之年。"[①] 1886年，印度总督达发林借口调停缅甸商业会社纷争，悍然发动第三次英缅战争。只用14日便攻陷阿瓦、曼德勒两个新旧首都，缅王流亡印度，后被囚禁于孟买海滨一小岛，缅甸灭亡。

英国吞并缅甸以后，把它作为一个省归属印度管辖，使缅甸成为"殖民地的殖民地"，完全服从于英国的殖民统治，以便于英国进一步的压迫和剥削。英国在缅甸建立的殖民政府完全听命于英国政府，一切法令都要英国议会批准，权力高度集中在英国政府任命的首席专员手中。同时也建立起了严密的乡村统治网，从而加强了对缅甸基层社会的控制，进一步巩固了对缅甸社会的统治。英国人克鲁斯威特就这样评价说，英国在缅甸乡村的统治"更加强了我们的力量，使我们比采用其他做法更为有效地控制

---

① 王婆楞：《中缅关系史纲要》，正中书局1944年版。

了这个国家"。① 在政治上，通过武力征服和严密的殖民统治，英国完全控制了缅甸。在经济上，全面形成了迅猛增长却是畸形发展的"殖民地经济"。经济部门发展极端不均衡，产业结构极端不合理，这是缅甸殖民地经济最显著的特征。

二　滇缅贸易的走向

随着缅甸沦为殖民地，中国的国门也由此洞开，滇缅贸易发生了重大转折，被动地纳入西方资本主义的贸易体系，卷入了世界市场。

（一）杜文秀大理政权时期滇缅贸易的短暂繁荣

咸丰六年（1856），云南爆发回民起义，杜文秀出任"总统兵马大元帅"，建立大理政权。统治范围包括迤西大部分府县，控制着滇西商业贸易的咽喉要道长达18年之久。起义军攻打下腾越后，很快恢复了与缅甸的贸易联系，往来于滇西和缅甸之间的贸易商队，形成了由回民政权属下的商民组成的局面。② 这些回族商人，把从赵州、蒙化开采的石黄直接销往缅甸，之后又将缅印的棉花购回云南。出于更好地服务于棉花购销业务的目的，他们纷纷在大理、永昌、腾越及缅甸瓦城等地开设了不少棉花店。此外，杜文秀还派人在八莫、仰光两地开设了几家商号。③ 法人罗舍记其事："革命军的军火，大部分由驻缅甸商人经手购运外国枪支，为数虽多，尚不足以完全供给革命军的需要"，"清军方面的火器，比较革命军的笨重，不堪运用，并且大部分的清军，仍旧使用刀剑戈矛。清军所用的大炮，是17世纪外国传教士代为购运来的"。④ 时人感慨：那些在欧洲早已视同废物，由英国商人售给起义军的武器，比起清军当日所用的长矛大刀和前明耶稣会教士制造的红衣大炮，不知要厉害多少倍。⑤

英国人布洛克斯描写杜文秀说："（他）大力促进商业的发展，因为他十分明了发展商业的利益。他的旅行队前往缅甸的情形，我已经说过。此外，他继续与北部邻省四川建立频繁的贸易关系。正像一般情形一样，汉人的商贩为推销商品追求有利的市场倒不为犹豫所阻。所有和叛变地区的交通要道，虽然都为帝国政府严禁封闭着，并在云南北部边界的大道上

---

① Sir Charles Haukes Todd Crosthwaite, *The Pacification of Burma*, Cass, 1968, pp. 81 – 82.
② 云南近代史编写组：《云南近代史》，云南人民出版社1993年版，第53页。
③ 王绳祖：《中英关系史论丛》，人民出版社1981年版，第74页。
④ ［法］罗舍：《云南回民革命见闻秘记》，李耀高译，载荆德新编《云南回民起义史料》，云南民族出版社1986年版，第422页。
⑤ 王绳祖：《中英关系史论丛》，人民出版社1981年版，第74页。

驻有军队，阻止商旅的通行，但在日落西山时，一连串驮载货物的驴子和小马，从附近隐蔽的村庄出现，为了避免出声，这些牲畜所挂的铃铛都审慎地用草塞着，于是顺着那人迹罕至的小路向南前进。""假若在这样警戒下仍有抢劫发生，不是把物主的货物追回，便是赔偿他们。"① 正是由于大理政权的积极扶持，从而使滇缅贸易获得了发展。

（二）西方殖民势力干预下中缅"平等互利"贸易原则的丧失

一直以来，英国企图打通从印度经缅甸到云南的商道的愿望，从来都没有停止过。同治二年（1863），英国驻缅京瓦城②政治官兼调查从缅甸入中国路线的威廉斯曾上书英属缅甸总督说："我以为如果印度洋一带能与中国西部交通，那么英国在中国东部的商业，便可以跟印度以电报直接往来。中国地大物博，现在想到中国的西部，先须经过麻剌甲海峡和异常危险的中国海面，然后再由中国东部走 2000 多里的旱路或长江水道……倘若从瓦城筑一条铁路到八莫，再从八莫筑商路经过云南的腾越、永昌、大理到云南府，由云南府再展至四川的叙州，即可顺长江水道到中国东部。"③ 同治七年（1868），英国《星期六评论》中有一篇文章，题为"进入中国西部的路线"，其结论说："自印度或缅甸开辟一条路通到中国的西部，能使中国自上海以至其他各商埠的贸易，概分布于英国领土内的各商埠——即从英国领土转运而言，有裨于各省收入，自不待言……从印度或缅甸打通中国的道路筑成后，除贸易方面外，还有其他利益。"④ 正是在这样的侵略思想下，英国把魔爪伸向了云南。从 19 世纪 60 年代起，就不断地探寻从缅甸进入云南的通道。1874 年，英国再次派出了探寻滇缅通道的探路队，英国驻华公使在派出翻译马嘉理南下迎接的过程中发生了震惊中外的"马嘉理事件"。1875 年 2 月 21 日，在云南腾越地区的蛮允附近，英国探路队与当地的少数民族发生冲突，马嘉理与数名随行人员被打死。英国立即抓住这一事件来扩大对中国的侵略。光绪二年（1876），英国迫使清政府签订中英《烟台条约》，也被称为《滇案条约》。条约共分三大部分 16 款，并附有"另议专条"。第一部分主要提出中国向英国赔偿白银 20 万两；云南当局与英国所派官员商订滇缅来往通商章程；自 1877 年起，以五年为限，英国派官员驻云南大理或其他相宜地方，察看通商情

---

① [英] 布洛克斯：《云南回民起义史料》，丁则民译，云南民族出版社 1986 年版，第 458、459 页。
② 即曼德勒。
③ 万湘澂：《云南对外贸易概观》，新云南丛书发行部，1946 年，第 9 页。
④ 同上书，第 9—10 页。

形；英国仍保留由印度派员赴云南之权。第二部分实际上涉及中外司法案件的处理及官方交往两方面。第三部分为"通商事务"，增开宜昌、芜湖、温州、北海四处为通商口岸。

涉及滇缅最重要的是第三条规定："所有滇省边界，与缅甸地方来往通商一节，应如何明定章程，于滇案议结析内，一并请旨饬下。云南都抚，俟英国所派官员赴滇后，即选若干大员，会同妥为商订。"① 第四条规定："自英历来年正月一日，即光绪二年十一月十七日起，定以后年为限。由英国选派官员在滇省大理府，或其他处相宜地方一区驻寓。查看通商情形，俾商订章程，得有把握，并于关系英国官民一切事宜，由此项官员，与该省官员随时商办，或五年之内，或俟期满之时，由英国斟酌订期开办通商。"② 根据这一不平等条约，英国得到了入侵云南的所谓"条约权利"，实现了十余年来企图扩大在华通商特权的愿望。中国西南门户从此洞开，滇缅贸易随之走上了一条被动、畸形、急剧增长的贸易之路。

光绪十二年（1886），中英签订《缅甸条款》。本条款只有五条，主要内容四条，其中三条涉及中缅关系："一、英国允许缅甸循例向中国进行十年一次的朝贡；二、中国承认英国在缅甸取得的一切权利；三、中英两国派员勘定中缅边界以及另立边界通商事务专章。"第一条形同虚设，最为重要的第二条，意味着清政府完全承认英国对缅甸的殖民统治，中缅间曾有的藩属关系因此中断，这仅仅是英国入侵云南、企图控制滇缅贸易的开端。

光绪二十年（1894），清廷再次同英国签订《续议滇缅界务商务条款》，共计20条。③ 其内容包括边界问题和贸易往来两部分，基本上均涉及云南和缅甸。主要条款包括以下内容：

第二条，中国答允，由八莫④至南坎⑤各路中最便捷一条大路，经南畹河⑥之南中国一小段地内，除中国商民与土人仍旧任意行走外，亦可听英国办事官员及商民游历之人行走，并不阻止。英国如欲修理此路，或设法改筑，可臻平稳，告知中国官员后，便可动工办理；又有须保护商贾或防偷漏等事，英国亦可筹备办理。又议定，英国之兵可以随便经过此路，

---

① 中英《烟台条约》原文，1876年，《光绪条约》卷1，第12—17页。
② 同上。
③ （清）王彦威、王亮编：《清季外交史料》卷89，文海出版社1934年铅印本，第19—27页。
④ 今缅甸北部克钦邦的重要贸易城市，华侨称"新街"。位于伊洛瓦底江岸，东距缅甸和中国边境65千米。
⑤ 今缅甸北部的重镇和门户，位于瑞丽江南岸，与云南瑞丽市弄岛乡隔江相望。
⑥ 今德宏陇川县第一大河。

但如兵数过 200 名者，若未经中国官答允，即不准过此路。所有带军器之兵如在 20 名以上即须预先行文知照中国。

第八条，英国极欲振兴中、缅陆路商务，答允自条约批准之日起，为期六年，中国所出之货及制造之物，由旱道运入缅甸，除盐之外，概不收税，英国制造之物及缅甸土产，运出缅甸，由旱道赴中国，除米之外，概不收税。

第九条，凡货由缅甸入中国，或由中国赴缅甸，过边界之处，准由蛮允①、盏西②两路行走，俟将来贸易兴旺可以设立别处边关时，再当酌量添设。中国欲令中缅商务兴旺，答允自批准条约后，以六年为期，凡货经以上所开之路运入中国者，完税照海关税则减十分之三，若货由中国过此路运往缅甸者，完税照海关税则减十分之四。

第十条，凡以下所开军器，非经国家准购，不得由缅甸运入中国，亦不得由中国运往缅甸，此等货物仅准售与奉国家明谕购办之人，不得售与他人，如：各种枪炮及实心弹、开花弹、大小子弹、各种军械、军火、硝黄火药、炸药、棉花火药及别种轰发之药。

第十一条，食盐不准由缅甸运入中国。中国铜钱、米、豆、五谷不准运往缅甸。

第十二条，英国欲令两国边界商务兴旺，并使云南及约内中国新得各地之矿务一律兴旺，答允中国运货及运矿产之船只，由中国来，或往中国去，任意在厄勒瓦谛江（大金沙江）行走；英国待中国之船，如税钞及一切事例，均一与待英国船一律。

第十三条，中国大皇帝可派领事官一员，驻扎缅甸仰光；英国大君主可派领事官员驻扎蛮允。如将来中缅商务兴旺，两国尚须添设领事官，应由两国互相商准派设，其领事官驻扎滇缅之地，须视贸易为定。

第十六条，今欲令两国交涉与贸易日臻繁盛，并欲中国派驻仰光之领事与中国大宪往来通电，两国答允，俟可设法通电之时，应将两国电线接通；此线创办之始，专寄官商等往来电报。

通过该条款，英国完全实现了通过缅甸侵入中国云南，进一步获取更大的商业利益的企图。同时，该条款为以后大量英国工业品的倾销，加快掠夺云南资源，提供了极大的便利和冠冕堂皇的理由。缅甸对滇贸易完完全全掌握在了英国人手中，平等互利的滇缅贸易关系被彻底打破了。

---

① 今属云南盈江县，古时属干崖管辖。
② 今云南盈江县东北部。

第二节　云南商埠的开辟

恩格斯曾经这样说过："事情已经发展到这样的地步：今天英国发明的新机器，一年以后就会夺去中国成百万工人的饭碗。这样，大工业就把世界各国人民互相联系起来，把所有地方性的小市场联合成为一个世界市场。"① 随着19世纪末20世纪初云南三关开埠通商，云南被动地卷入了资本主义世界市场的旋涡。进出口贸易快速增长，传统的贸易格局被西方殖民者的枪炮彻底打破。

1887—1905年，云南商埠开辟包括正关4个：蒙自、思茅、腾越、昆明；分关8个：蛮耗、白马关、碧色寨、易武、江城、弄璋街、遮放、蛮允。另设9个查卡。除1905年昆明自辟为商埠以外，其余均为西方列强强迫清政府签订不平等条约所开。

蒙自为云南开设最早的商埠。光绪十三年（1887），中法《续议商务专条》规定："按照光绪十二年所定和约第一款，两国指定通商处所，广西则开龙州，云南开蒙自。"蒙自正关下分设蛮耗、白马关、河口、碧色寨等分关。

光绪二十一年（1895），法国逼迫清廷订立中法《续议商务专条附章》及《续议界务专条附章》，"议定云南之思茅为法越通商处所"。获得了在滇南的又一重要商贸口岸。光绪二十三年（1897），英国迫使清廷签订中英《续议缅甸条约附款》，准许英国在思茅设领通商。思茅关下又分别设立易武、江城两个分关。

1894年，中英签订的《续议滇缅界务条款》，在规定蛮允为通商口岸时，还规定："如将来中缅商务兴旺，两国尚须添设领事官，应由两国互相商准派设，其领事官驻扎滇缅之地，需视贸易而定。"② 此后，英国多方要挟清廷，迫使清廷于光绪二十三年（1897）缔结中英《续议缅甸条约附款》，其第十三条增改为："今言明，准将驻扎蛮允之领事官改驻，或腾越或顺宁府，一任英国之便，择定一处……"到光绪二十五年（1899），英国驻清大使馆照会清政府："中缅条约第十三条内载准将驻扎蛮允之领事官改驻，或腾越或顺宁府，择定一处……今本国已书写腾越一处，委派领事官前往驻扎。"腾越关正式辟为商埠。光绪二十七年（1901），署领事烈敦到腾

---

① 《马克思恩格斯选集》第一卷，人民出版社1972年版，第214页。
② 《续议滇缅界务条款》第十二条。

越，于南门外设立正关，会订试办章程。后由首席税务师孟家美率随员来腾越筹建，1902年5月8日正式开关，下设弄璋①、蛮允②两个分关。后又添设遮放③分关，后移至龙陵。此后，又陆续在牛圈河、遮岛、畹町、章凤、孟定、杉木笼、勐嘎、南伞、勐撒、麻栗坝、腊撒等处设立机构。

腾越关的对外贸易路线，最主要的是通过八莫的一条。从仰光通过八莫到腾越的路线，可以分为三段：一是仰光瓦城段，有水、陆两路。水路由仰光搭乘伊江运输公司的快轮到瓦城，低水位时七天，高水位时4天，下行仍需6天。航程597里（每星期两班）。陆路由仰光乘伊江铁路公司的火车1天到瓦城，长386里。二是瓦城八莫段，也有水、陆两路。水路由瓦城搭伊江快轮到八莫，需3天，航程275里（每星期对开一次）。陆路由瓦城乘密支那铁路的火车1天到那巴，长200里，换汽车到卡萨，15里，再由卡萨搭伊江快轮当天到八莫，航程82里（每天有轮船对开）。三是八莫到腾冲段，只能陆路驮运。有两条路，新路经古里卡、蛮线到弄璋街；老路经红蚌河、蚌洗蛮允到弄璋街。由弄璋街经干崖、遮岛、南甸，到腾冲。都需走8天。除八莫一线外，腾越关比较重要的贸易路线还有通密支那一条。由瓦城乘火车1天到密支那，长343里。经鱼蚌、昔董入境，过牛圈河、猛嘎盏西猛蚌到腾冲，计程6天。此外，由瓦城乘火车，1天到腊戍，长181里。滇缅公路未通之前，由腊戍入滇还有经芒市、南伞、孟定三条线路。④ 约开商埠以后，滇缅贸易获得了前所未有的发展。不仅规模巨大、数额剧增，而且种类繁多、琳琅满目。但看似浮华的表象下面，实质上是平等互利的传统贸易已经被掠夺贸易所取代。

第三节 云南各商埠进出口商品结构及货值变化

如果对滇缅贸易的范围进行划分，大致说来，蒙自关以安南、香港为主；腾越关以缅印为主；思茅关则以印支为主。⑤ 蒙自关贸易物品，进口

---

① 今云南盈江县，东接缅甸。
② 今云南梁河县境内。
③ 今云南潞西县西南。
④ 万湘澂：《云南对外贸易概观》，新云南丛书发行部，1946年，第27—28页。
⑤ 龙云、卢汉修，周钟岳等纂，李春龙、江燕点校：《新纂云南通志》卷144《商业考二》，云南人民出版社2007年版。

以棉纱、匹头、棉花为大宗，煤油、烟类、瓷器、纸张、海味、染料、洋杂等货次之；出口以大锡为大宗，茶叶、药材、牛羊皮、猪鬃、火腿等次之。腾越关贸易货物，进口以棉纱、棉花、匹头为大宗，玉石、煤油、海味、瓷器、干果、染料、洋杂次之；出口以生丝为大宗，牛羊皮、药材、土布、土杂次之。思茅关贸易货物，进口以棉花为大宗，鹿角、象牙次之；出口以茶为大宗，土布次之。

根据《云南对外贸易近况》①所列进口货物的种类，蒙自关的进口货物高达260多种，腾越关达到220多种，思茅关也有80余种。在所有进口货物当中，以棉花、棉纱、匹头规模最大，几乎每年都占进口贸易总额的40%以上。仅棉花、棉纱两项合计，在1893年更是占当年进口货物总额的76.28%。最低的年份（1909年）也占进口总额的31.09%。煤油、烟草、瓷器、纸张、海味、染料、干果及其他洋杂货次之。②

云南开埠初期，云南省进口货值变动情况如表3-1所示。

表3-1　　　　　1889—1909年云南省进口货值变动情况

年份	进口值（海关两）	定基速度（倍）	年份	进口值（海关两）	定基速度（倍）
1889	62300	1.0	1900	3113437	50.0
1890	466089	7.5	1901	3957720	63.5
1891	744480	12.0	1902	4347895	70.0
1892	887606	14.0	1903	5558113	89.0
1893	1524290	24.0	1904	7033350	113.0
1894	1241879	19.9	1905	6449493	103.5
1895	1809253	29.0	1906	7004085	112.0
1896	1627036	26.0	1907	7450484	120.0
1897	2548624	41.0	1908	6268956	100.0
1898	2680004	43.0	1909	7961524	128.0
1899	3545073	57.0			

资料来源：引自吴兴南③根据龙云、卢汉修、周钟岳等纂《新纂云南通志》卷144《商业考二》（李春龙、牛鸿斌点校，云南人民出版社2007年版）数值计算。

① 云南省公署枢要处第四课辑：《云南对外贸易近况》，云南省公署枢要处第四课，1926年拓印本。
② 龙云、卢汉修，周钟岳等纂，李春龙、江燕点校：《新纂云南通志》卷144《商业考二》，云南人民出版社2007年版。
③ 吴兴南：《云南对外贸易史》，云南大学出版社2002年版，第94页。

从表 3-1 中可以清晰地看出进口贸易的货值变化和增长速度。1889年，云南省进口货值为 62300 海关两，与开关头一年相比，增长 1 倍。1890 年，云南省的进口货值总额就增至 466089 海关两，净增 40 多万海关两，增长 6.5 倍。到了腾越开关即 1899 年当年，进口货值已经增加到了 3545073 海关两，与 1889 年相比，迅猛增长近 56 倍。

这一时期，进口也急剧增长，出口货值不断扩大。表 3-2 记载了 1889—1909 年云南省出口货值变动情况，变动幅度一目了然。

表 3-2　　　　1889—1909 年云南省出口货值变动情况

年份	出口值（海关两）	定基速度（倍）	年份	出口值（海关两）	定基速度（倍）
1889	87629	1.0	1900	2484404	28.0
1890	461193	5.0	1901	3102202	35.0
1891	583230	6.6	1902	3872961	44.0
1892	736000	8.4	1903	2800885	32.0
1893	735204	8.4	1904	2066436	58.0
1894	943321	11.0	1905	5070499	58.0
1895	1033066	12.0	1906	5444738	62.0
1896	849639	9.6	1907	4083639	46.6
1897	279115	3.0	1908	5773803	67.0
1898	1254365	14.0	1909	4750852	54.0
1899	1925759	22.0	—	—	—

资料来源：引自吴兴南[1]根据《云南近代史》（云南人民出版社 1993 年版）第 142、143 页数值计算。

1889 年，云南省出口货值为 87629 海关两，与开关头一年相比，增长 1 倍。开关第二年即 1890 年，仅一年时间，云南省的出口货值总额就增至 461193 海关两，净增 30 多万海关两，增长 4 倍多。到了腾越开关即 1899 年当年，出口货值已经增加到了 1925759 海关两，与蒙自开关当年相比，增长近 21 倍。纵观进口和出口货值变动情况，发展速度之快，令人咋舌！

从数据分析，这一时期云南的进口和出口具有以下几个特点：一是不论进口还是出口，其贸易总额与开关之前相比，均有大幅度的增长；二是进口增长更快、规模也更大；三是进口大于出口，呈现巨额贸易逆差。1890 年，逆差 4896 海关两；1893 年，逆差额增加到 789086 海关两；1897

---

[1]　吴兴南：《云南对外贸易史》，云南大学出版社 2002 年版，第 95 页。

年逆差突破百万两大关，达 2269509 海关两；1903 年，逆差 2757228 海关两；1907 年，逆差 3366845 海关两；1909 年，逆差 3210672 海关两。20 年总计进出口贸易逆差高达 24978095 海关两。

以具体海关为例：蒙自关开关 23 年中，出口总值为 6210 万海关两，进口总值共 7469 万海关两，出口占进口的 83%，入超 1259 万海关两；思茅关开关 15 年中，出口总值为 58 万海关两，进口总值为 272 万海关两，出口占进口的 21%，入超达 214 万海关两。① 云南对外贸易是在西方资本主义国家的大肆倾销和疯狂掠夺中不断深入的，被动是其突出特征。

第四节　腾越关在滇缅贸易中的地位

站在云南省的高度，从更微观的角度考察，能让我们更清楚地了解当时云南对外贸易的状况，也有利于更深入地把握滇缅贸易的特点。云南的腾越是滇缅贸易中的重要环节，体现出不同于其他地方的对外贸易特点。

腾越关虽然于光绪二十五年（1899）正式辟为商埠，却因内乱、边界等原因，直到光绪二十八年（1902）四月初一始行开办。

当年进口货值总额 513303 海关两，出口货值总额 148392 海关两。进口商品主要是：洋布、棉纱、棉花、燕窝、玉石、干荔枝、咸鱼、假金线、美国火油、日本自来火等货物。其中，以洋布、棉纱为大宗，约 370627 海关两，占进口总额的 72%。出口土货主要是：黄丝、麻线、丽江毡、核桃、大理石、本地纸、生皮、药材、雨帽、铁锅等货物。其中，以黄丝为大宗，约为 107900 海关两，占出口总额的 73%。

光绪二十九年（1903）即实际开关的第二年，进口货值猛增至 1472281 海关两，增幅达 186.8%；出口货值总额 243372 海关两，增幅达 64.01%。进口商品主要是：洋布、棉纱、棉花、美国煤油、日本自来火等货物。其中，仍以洋布、棉纱为大宗，约 1081962 海关两，占进口总额的 73%。出口土货主要是：黄丝、石黄、麻线、本地纸、生皮、药材等货物。以黄丝、石黄为大宗，其中，黄丝约为 146023 海关两，占出口总额的 60%；其次则石黄，本年出口 3200 担，而前一年只有 623 担。

光绪三十年（1904），进口货值增至 1747820 海关两，增幅 18.71%；

---

① 龙云、卢汉修，周钟岳等纂，李春龙、江燕点校：《新纂云南通志》卷 144《商业考二》，云南人民出版社 2007 年版。

出口货值增至337684海关两,增幅38.75%。进口商品主要是:洋布、棉纱、棉花、燕窝、玉石、花盒玉石颜料、美国煤油、日本自来火等货物。其中,洋布、棉纱仍然是大宗,约为1195665海关两,占进口总额的68%。出口土货主要是:黄丝、石黄、麝香、地毯、芝麻、牛皮、鸡蛋、核桃等货物。其中,大宗仍然是黄丝、石黄,约为211023海关两,约占出口总额的63%。[1]

腾越关开关十年中,出口总值为366万海关两,进口总值为1262万海关两,出口占进口的29%,入超为896万海关两。[2]

总体来说,这一时期,腾越关进出口贸易有一个十分显著的特点,即棉纱进口不仅为滇缅贸易第一大宗商品,而且在云南省对外贸易中"惟棉纱占入口货之首位"。[3] 在1890年至清末短短的20余年间,棉纱进口由1889—1894年的128668担增长到1910—1914年的532651担,增长3倍多[4];并且,到了1910年,棉纱进口货值占云南省进口总值的56.37%。[5] 为什么腾越关棉纱进口一直占据第一位?

笔者认为,原因有三:一是西方工业化进程中棉纺和棉织技术发展水平领先;二是缅甸已经沦为英国的殖民地;三是云南的自然地理环境与经济社会发展水平的缘故。

棉纺织业的发展是西方殖民国家的工业化的重要标志,工业化进程早于中国。以率先开始工业革命的英国棉纺织业为例,18世纪末19世纪初的英国在纺纱、织布两大工序上,完成了革命性的创造发明,但是,因为当时英国的棉织业技术发展滞后于棉纺业技术的发展,所以,英国棉纱在中国的销售量及其增长速度必然会超过棉布。同时,美国棉布在中国的市场份额比英国更多。19世纪80年代中期,在中国进口的粗斜纹布中,美国生产的将近60%;在粗市布中,美国生产的占有85%的绝对优势。[6] 所以,腾越关棉纱进口一直占据第一位。

由于自然地理环境的局限,云南本土不产棉花以及云南棉纺织业落后

---

[1] 根据《海关贸易报告》(光绪二十八年至三十年腾越口华洋贸易情形论略)整理。中国第二历史档案馆、中国海关总署办公厅:《中国旧海关史料(1859—1948)》第37、38册,京华出版社2001年版。
[2] 龙云、卢汉修,周钟岳等纂,李春龙、江燕点校:《新纂云南通志》卷144《商业考二》,云南人民出版社2007年版。
[3] 同上。
[4] 董孟雄:《云南近代地方经济史研究》,云南人民出版社1991年版,第94页。
[5] 吴兴南:《云南对外贸易史》,云南大学出版社2002年版,第124页。
[6] 严中平主编:《中国近代经济史(1880—1894)》下册,人民出版社2001年版,第1154页。

的客观事实，使向云南倾销棉纱、棉布是西方殖民国家的巨大的市场所在。同时，云南毗邻英属殖民地缅甸、印度的地缘因素，因而使棉纱在腾越进口量第一成为必然结果。

第五节　腾越关和蒙自关进出口量值的比较分析

云南的对外贸易在历史上很长一段时间内，"以滇西腾越为主要通道，以滇缅贸易为中心，腾越成为当时最大的对外贸易口岸"。[①] 但是，自从蒙自、思茅和腾越开辟为商埠后，云南对外贸易的格局发生了很大变化。滇东南蒙自关、滇南思茅关、滇西腾越关成为云南对外贸易的三大关口。其中，腾越关虽然在云南省的对外贸易中仍占有一席之地，但其优势地位日益被蒙自关取代，这可以清晰地从腾越和蒙自两关进出口值的有关比较中看出。

在将腾越关和蒙自关的进出口量值进行比较之前，有以下四点需要说明：其一，蒙自关开关时间早于腾越关，为便于比较，故时间的选取上以腾越关开关的时间作为起点，即以1902年为始。截止时间则以1941年为准，因为我们选取的旧海关数据中没有此后的有关统计。其二，在旧海关资料有关云南三关的记载中，进出口货值的单位是有差异的。以1932年为界，在此之前（包括1932年）单位是海关两，此后为国币元。由于目前尚找不到有关的换算比例，故在统计的时候仍保留其原有单位。因此，我们在做一些具体的比较分析时，将时段分为1902—1932年和1933—1941年两个时段。其三，由于在旧海关资料中，腾越关1911年的进出口贸易只有定性描述，没有具体数据记载，故1911年也不在我们比较之列。而且我们考察的时间跨度为40年，只缺一年的数据对我们考察其大体趋势影响也不大。其四，蒙自、思茅和腾越相继开辟为商埠后，云南对外贸易主要是通过这三关实现的，因此，我们将1902—1941年间三关的进出口值视为云南对外贸易的进出口值。因此，尽管存在以上诸种因素，但并不妨碍我们观察分析腾越和蒙自两关对外贸易的大体发展态势。

[①] 吴南兴：《云南对外贸易史》，云南大学出版社2002年版，第174页。

一 进口值的比较分析

就进口货值来看。根据表3-3和表3-4的统计，在1902—1941年的40年时间内，无论是腾越关还是蒙自关，在总体上均呈现出明显的增长趋势，而且前39年的时间内，蒙自关的进口货值一直高于腾越关，仅1941年这一年的货值低于腾越关。其中，就腾越关进口值来看，就1902—1932年的情况来看，最低点为开关当年即1902年，仅513303海关两，最高点为1920年，达4042570海关两，与1902年相比，进口货值增加3529267海关两，增幅达687.56%，比1903年增加2570289海关两，增幅达174.58%。1933—1941年，腾越关进口值最低点出现在1936年，为1044512国币元，最高点出现在1941年，激增到88457077国币元，是1936年的近84倍。1941年，腾越关的进口货值剧增，主要是由进口贸易的大宗商品即棉纱的输入量剧增造成的，1941年以前，棉纱每年输入量除个别年份外，大部分时间维系在两三万多公担之间，而1941年由上一年的34825公担激增到14379000公担①，是上一年的400多倍，可见增幅之大。

就蒙自关的进口值来看，1902—1932年，最低点与腾越关一样，也是1902年，但其货值为3687400海关两，是腾越关同年的7倍多。最高点为1926年，货值为19044859海关两，比1902年增加15357459海关两，增幅达416.65%。1933—1941年，最低点为1941年，货值为6094127国币元，最高点为1939年，为21942273国币元。

表3-3　　　　1902—1941年腾越关进出口货值统计　　单位：海关两、%

年份	洋货进口值	土货出口值	进出口总值	所占比例 洋货进口值	所占比例 土货出口值	出超	入超
1902	513303	148392	661695	77.57	22.43	—	364911
1903	1472281	243372	1715653	85.81	14.19	—	1228909
1904	1747820	337684	2085504	83.81	16.19	—	1410136
1905	1443216	236783	1679999	85.91	14.09	—	1206433
1906	1127956	269921	1397877	80.69	19.31	—	858035
1907	1265294	466918	1732212	73.04	26.96	—	798376
1908	1272847	493021	1765868	72.08	27.92	—	779826

---

① 《民国三十年海关中外贸易统计年刊》卷一上册《贸易报告》，中国第二历史档案馆、中国海关总署办公厅：《中国旧海关史料（1859—1948）》，京华出版社2001年版。

续表

年份	洋货进口值	土货出口值	进出口总值	所占比例 洋货进口值	所占比例 土货出口值	出超	入超
1909	1101860	461500	1563360	70.48	29.52	—	640360
1910	1446400	556880	2003280	72.20	27.80	—	889520
1911	—	—	—	—	—	—	—
1912	1824000	682000	2506000	72.79	27.21	—	1142000
1913	2401789	730277	3132066	76.68	23.32	—	1671512
1914	2009681	562891	2572572	78.12	21.80	—	1446790
1915	2202412	747000	2949412	74.67	25.33	—	1455412
1916	1716000	628000	2344000	73.21	26.79	—	1088000
1917	2202000	794000	2996000	73.50	26.50	—	1408000
1918	2527336	1425547	3952883	63.94	36.06	—	1101789
1919	3505271	2029375	5534646	63.33	36.67	—	1475896
1920	4042570	1605280	5647850	71.58	28.42	—	2437290
1921	3015153	1931631	4946784	60.95	39.05	—	1083522
1922	2968375	1523174	4491549	66.09	33.91	—	1445201
1923	2364697	1536611	3901308	60.61	39.39	—	841523
1924	2447330	2071753	4519083	54.16	45.84	—	375577
1925	3701149	1755263	5456412	67.83	32.17	—	1945886
1926	2605349	1419725	4025074	64.73	35.27	—	1185624
1927	3432293	2212143	5644436	60.81	39.19	—	1220150
1928	2879517	973177	3852694	74.74	25.26	—	1906340
1929	2807925	1282878	4090803	68.64	31.36	—	1525047
1930	2362176	1492235	3854411	61.29	38.71	—	869941
1931	1700041	1262588	2962629	57.38	42.62	—	437453
1932	3255137	1310815	4565952	71.29	28.71	—	1944322
1933	2510764	3078641	5589405	44.92	55.08	567877	—
1934	1824627	2520747	4345374	41.99	58.01	696120	—
1935	1631021	2989074	4620095	35.30	64.70	1358053	—
1936	1044512	3923046	4967558	21.03	78.97	2878534	—
1937	1141002	3579794	4720796	24.17	75.83	2620060	—
1938	2034664	3761062	5795726	35.11	64.89	1726398	—

第三章 清代晚期的滇缅贸易　63

续表

年份	洋货进口值	土货出口值	进出口总值	所占比例 洋货进口值	所占比例 土货出口值	出超	入超
1939	3771749	3311967	7083716	53.25	46.75	—	459782
1940	7808163	4768610	12576773	62.08	37.92	—	3039553
1941	88457077	7017916	95474993	92.65	7.35	—	81439161

说明：(1) 根据《宣统华洋贸易情形论略》《中华民国华洋贸易情形论略》(中国第二历史档案馆、中国海关总署办公厅：《中国旧海关史料（1859—1948）》第52—142 册，京华出版社2001 年版）各年资料整理制作。其中，1911 年只有定性描述，没有具体数据；1942—1945 年没有记载。(2) 货币单位：1902—1932 年为海关两，1933—1941 年为国币元。

表 3-4　　　　1902—1941 年蒙自关进出口货值变动统计　　单位：海关两、%

年份	洋货进口值	土货出口值	进出口总值	所占比例 洋货进口值	所占比例 土货出口值	出超	入超
1902	3687400	3688085	7375485	50	50	685	—
1903	3916890	2518688	6435578	60.86	39.14	—	1398202
1904	6063770	4683522	10747292	56.42	43.58	—	1380248
1905	4801100	4791836	9592936	50.05	49.95	—	9264
1906	5661000	5144000	10805000	52.39	47.61	—	517000
1907	5973115	4063329	10036444	59.51	40.49	—	1909786
1908	4857197	5237917	10095114	48.11	51.89	380720	—
1909	6696508	4246740	10943248	61.19	38.81	—	2449768
1910	5077320	6387609	11464929	44.29	55.71	1310289	
1911	4644785	6750304	11395089	40.76	59.24	2105519	
1912	7721840	11847849	19569689	39.46	60.54	4126009	
1913	7722000	11666270	19388270	39.83	60.17	3944270	
1914	6883000	8379830	15262830	45.10	54.90	1496830	
1915	4472488	9809128	14281616	31.32	68.68	5336640	
1916	5595894	9387913	14983807	37.34	62.66	3792019	
1917	5921349	12865668	18787017	31.52	68.48	6944319	
1918	9027711	11398818	20426529	44.20	55.80	2371107	
1919	8523260	9886638	18409898	46.30	53.70	1363378	
1920	9601248	12252083	21853331	43.93	56.07	2650835	
1921	10874373	7156397	18030770	60.31	39.69	—	3717976

续表

年份	洋货进口值	土货出口值	进出口总值	所占比例 洋货进口值	所占比例 土货出口值	出超	入超
1922	12197861	9240969	21438830	56.90	43.10	—	2956892
1923	13625630	9042543	22668173	60.11	39.89	—	4583087
1924	14823747	9976363	24800110	59.77	40.23	—	4847384
1925	16764783	13642029	30406812	55.13	44.87	—	3122754
1926	19044859	10210913	29255772	65.10	34.90	—	8833946
1927	16025635	9583858	25609493	62.58	37.42	—	6441777
1928	16107655	11257660	27365315	58.86	41.14	—	4849995
1929	13294989	10929384	24224373	54.88	45.12	—	2365605
1930	11572719	10790611	22363330	51.75	48.25	—	782108
1931	6564141	10773617	17337758	60.93	39.07	4209476	—
1932	5572388	3118517	8690905	64.12	35.88	—	2453871
1933	12583139	20399280	32982419	38.15	61.85	7816141	—
1934	8512248	12727190	21239438	40.08	59.92	4214942	—
1935	6641359	16946449	23587808	28.16	71.84	10305090	—
1936	8117312	23662794	31780106	25.54	74.46	15545482	—
1937	9611709	34179137	43790846	21.95	78.05	24567428	—
1938	11464837	40718090	52182927	21.97	78.03	29253253	—
1939	21942273	34925798	56868071	38.58	61.42	12983525	—
1940	21015463	60289816	81305279	25.85	74.15	39274353	—
1941	6094127	234826068	240920195	2.60	97.40	228731941	—

说明：（1）根据《光绪华洋贸易情形论略》《宣统华洋贸易情形论略》《中华民国华洋贸易情形论略》（中国第二历史档案馆、中国海关总署办公厅：《中国旧海关史料（1859—1948）》第52—142册，京华出版社2001年版）各年资料整理制作。（2）货币单位：1902—1932年为海关两，1933—1941年为国币元。

从洋货进口值的总体发展态势来看，腾越关和蒙自关呈现出明显不同的变化趋势。根据图3-1，1902—1932年，腾越关变化幅度相对较小，总体上是在波动中不断增长的。蒙自关则不然，变动幅度相对较大，可以具体分为三个截然不同的发展阶段。1902—1914年，蒙自关与腾越关一样，是在波动中不断增长的。1915—1926年，蒙自关的进口值处于稳定增长阶段，货值从1915年的4472488海关两增长到19044859海关两，增加了 14572371 海关两，增幅为 325.82%，可谓涨势迅猛。1927—1932 年，蒙自关的进口值则呈现明显的不断下降趋势，货值从 1927 年的 16025635 海关两减到 1932 年的 5572388 海关两，尽管如此，其货值仍超出腾越关。

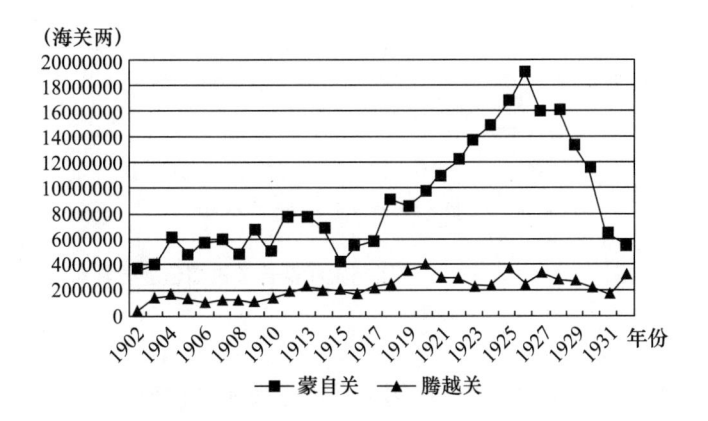

图 3-1　1902—1932 年腾越关和蒙自关进口值变化趋势

资料来源：据表 3-3 和表 3-4 绘制。

根据图 3-2，1933—1941 年，腾越关的进口值经历了先减后增的发展过程，蒙自关则经历了先减后增再减的发展过程。其中，尤其值得关注的是 1941 年两关的进口货值的变化。腾越关在这一年达到开关以来进口值的峰值 88457077 国币元，是 1933 年的 35 倍多，也就是说，在这 9 年内，腾越关进口值增长了 34 倍，其涨幅可谓非常惊人。而蒙自关 1941 年的进口值则是 1933 年以来的最低值。究其原因，主要与以下两个因素有关：一是 1940 年 6 月以后，日军占领了越南。"滇越铁路之河口至碧色寨一段路轨已被拆去，该路遂不复为国际贸易之动脉。仅滇缅公路之交通尚能维持，运费虽高，而昆明终成为供应大后方各公路交通之中心区。"① 滇越铁路运输中断，蒙自关的进出口受到极大的冲击，大量物资只能通过滇缅公路和腾越关输入云南。二是可能受战时通货膨胀因素的影响，物价虚涨。

---

① 《民国二十九年海关中外贸易统计年刊》卷一上册《贸易报告》，中国第二历史档案馆、中国海关总署办公厅：《中国旧海关史料（1859—1948）》，京华出版社 2001 年版。

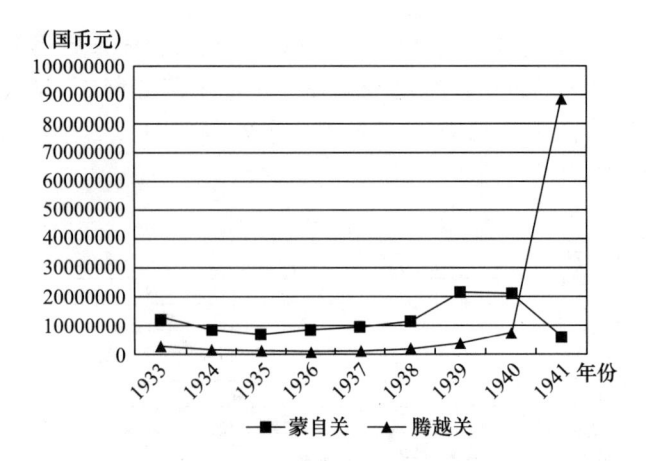

图 3-2　1933—1941 年腾越关和蒙自关进口值变化趋势

资料来源：据表 3-3 和表 3-4 绘制。

　　就进口值占进出口总值的比例来看，亦即从进口值对进出口总值的贡献率来看，腾越和蒙自两关也呈现出不同的发展趋势。根据图 3-3，1902—1941 年间，两关进口值的变化趋势分别与其进口值的变动趋势大体吻合。从具体的数据来看，结合表 3-3、表 3-4 以及图 3-2，腾越关自开关以来到 1941 年的 40 年内，大部分时间内进口值的贡献率一直高于 50%，仅 1933—1938 年的 6 年时间内是低于 50% 的，可见，腾越关的进出口贸易是极不平衡的，这也是造成腾越关对外贸易大部分时间处于入超的一个重要因素。腾越关进口贸易所占比例，最低为 21.03%，最高为 92.65%，平均为 64.83%。反观蒙自关，1902 年的进出口贸易是持平的，在此后的 39 年间，进口贸易的贡献率高于 50% 的年份有 18 年，远远少于腾越关，其最高点 64.22% 也远低于后者，1941 年进口贸易甚至仅占进出口贸易总值的 2.6%。蒙自关进口贸易所占比例，最低为 2.6%，最高为 65.1%，平均为 45.90%。由此可见，进口贸易是腾越关对外贸易的主体，而蒙自关则相反，进口贸易退居其次，出口贸易所占份额更大。

　　根据图 3-3，我们也能更直观地看到腾越和蒙自两关进口贸易的发展变化情况。腾越关的进口贸易 1902—1937 年可以说是在剧烈的起伏中不断下降的，1938—1941 年则呈现迅猛上升的趋势。蒙自关的进口贸易也是波动十分剧烈，1902—1917 年和 1928—1941 年是在波动中不断下降的，1918—1927 年则是在波动中不断增长的。

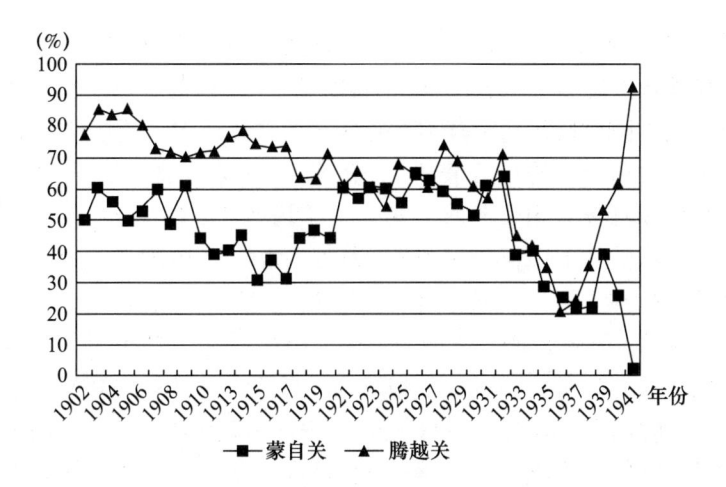

图 3-3　1902—1941 年腾越关和蒙自关进口值占其进出口总值比例变化趋势

资料来源：据表 3-3 和表 3-4 绘制。

二　出口值的比较分析

就出口货值来看，根据表 3-3 和表 3-4，1902—1941 年，腾越关和蒙自关在总体上也是呈现出增长的趋势，且腾越关的出口货值一直低于蒙自关。就两关分别的情况来看，腾越关从 1902—1932 年，出口值的最低点跟进口值一样出现在开关当年，为 148392 海关两，最高点为 1927 年的 2212143 海关两，两者相差近 14 倍。1933—1941 年，腾越关出口值最低点出现在 1934 年，为 2520747 国币元，最高点出现在 1941 年，增加到 7017916 国币元，是 1934 年的近 3 倍、1932 年的两倍。就蒙自关的情况来看，1902—1932 年，最低点出现在 1903 年，货值为 2518688 海关两，比同期腾越关最高峰还多出 306545 海关两，可见，蒙自关出口贸易在这一时期云南三关出口贸易中稳居龙头地位。1933—1941 年，蒙自关出口值最低点为 1934 年的 12727190 国币元，最高点为 1941 年的 234826068 国币元。将 1941 年的货值与上一年相比，短短的一年内增加了近 3 倍，可谓涨势迅猛。根据海关资料的记载，这主要是由于蒙自关几项大宗出口商品的增加引起的：1940—1941 年，出口锡矿由 52073 公担增至 71700 公担，钨矿从 5269 公担增至 101000 公担，猪鬃从 244300 千克增至 601783 千克。[①]

[①] 《民国二十九年海关中外贸易统计年刊》卷一上册《贸易报告》、《民国三十年海关中外贸易统计年刊》卷一上册《贸易报告》，中国第二历史档案馆、中国海关总署办公厅：《中国旧海关史料（1859—1948）》，京华出版社 2001 年版。

从出口值的总体发展趋势来看，腾越关与蒙自关均呈现出在剧烈的波动中不断增长的态势。根据图3-4和图3-5，1902—1932年，两关出口贸易均出现了剧烈的波动，基本上是在剧烈的波动中曲折增长的，且蒙自关的变动更为曲折。再结合表3-3和表3-4来看，腾越关1902—1932年的出口贸易可分为两个阶段。第一个阶段是1902—1919年，属于平稳增长阶段，货值从1902年的148392海关两增长到1919年的2029375海关两，增长了近13倍。第二阶段是1920—1931年的12年间，这一阶段出现了剧烈的波动，甚至出现了下滑的趋势，出口货值在1920年为1605280海关两，此后仅1921年、1924年、1925年、1927年4个年份超出此数，其他年份的货值均低于1920年。蒙自关在1902—1932年这一时期内的出口贸易可分为三个阶段。第一阶段为1902—1913年，是在相对较小的波动中实现不断增长的，货值从1902年的3688085海关两增长到1913年的11666270海关两，增长了7978185海关两，涨幅为216.32%。1914—1928年为第二阶段，属于反复波动时期，起伏比较大。1929—1932年为第三阶段，呈现出明显的下降趋势，且在1932年的时候出现了剧烈的下滑，货值由上一年的10773617海关两直接下滑到3118517海关两，仅为上一年的28.95%。据记载，这一现象主要是由以下几个因素造成的："黔桂交通日益便利，因而出入黔省货物多舍云南而取道广西，此其一。年景歉收，资金缺乏，此其二。滇省纸币价值跌落，此其三。滇越铁路运费奇昂，而东京过境又以金计算，不免增高，此其四。抵货运动异常激烈，日货贸易几至绝迹，

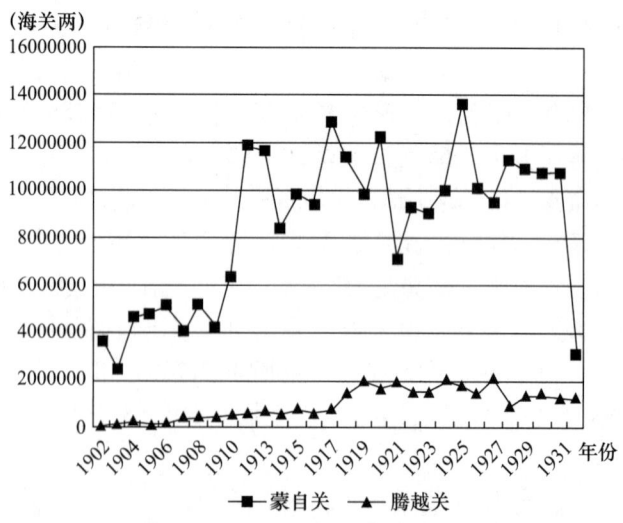

图3-4 1902—1932年腾越关、蒙自关出口值变化趋势

资料来源：据表3-3和表3-4绘制。

此其五。本地消费税局所征之税甚为繁重，商民不胜其累，此其六。"①

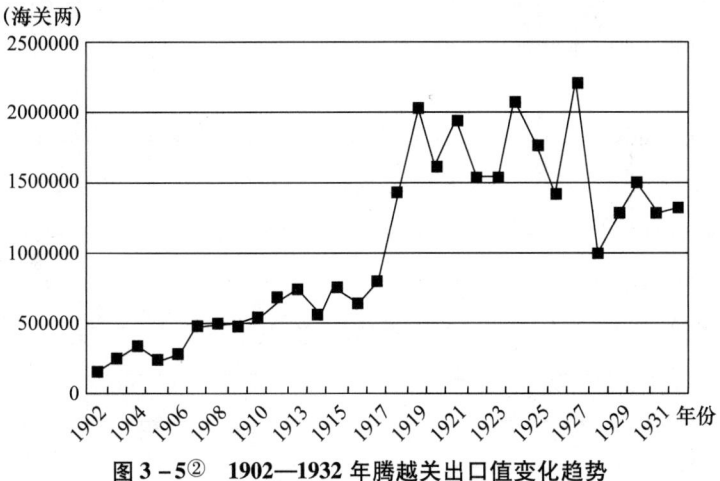

图 3-5② 1902—1932 年腾越关出口值变化趋势

资料来源：据表 3-3 绘制。

根据图 3-6 和图 3-7，1933—1941 年，腾越关和蒙自关的出口贸易

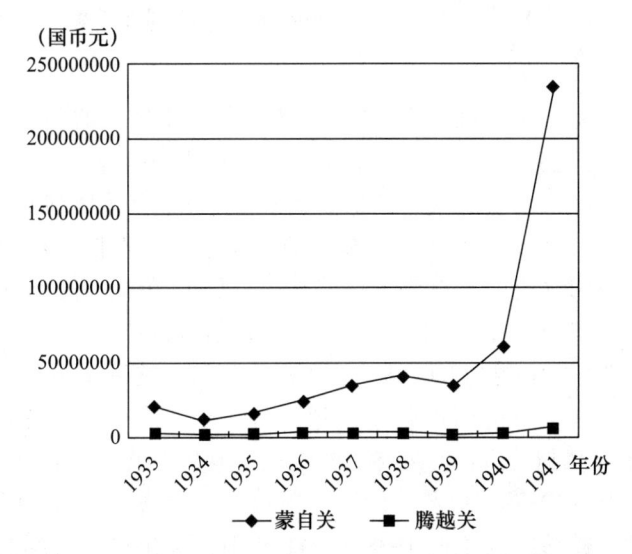

图 3-6 1933—1941 年腾越关和蒙自关出口值变化趋势

资料来源：据表 3-3 和表 3-4 绘制。

---

① 《中国海关民国二十一年华洋贸易报告书·蒙自》，中国第二历史档案馆、中国海关总署办公厅：《中国旧海关史料（1859—1948）》，京华出版社 2001 年版。
② 因腾越、蒙自二关的出口货值相差巨大，在同一变化趋势图中，腾越关的发展变化相对很不明显，故单列作图。

货值总体都是在不断增长的。结合上文可知，这一阶段两关的进出口贸易，腾越关发展趋势是一样的，蒙自关则不然，进口值呈反弹趋势，出口值则在小波动中不断增长。

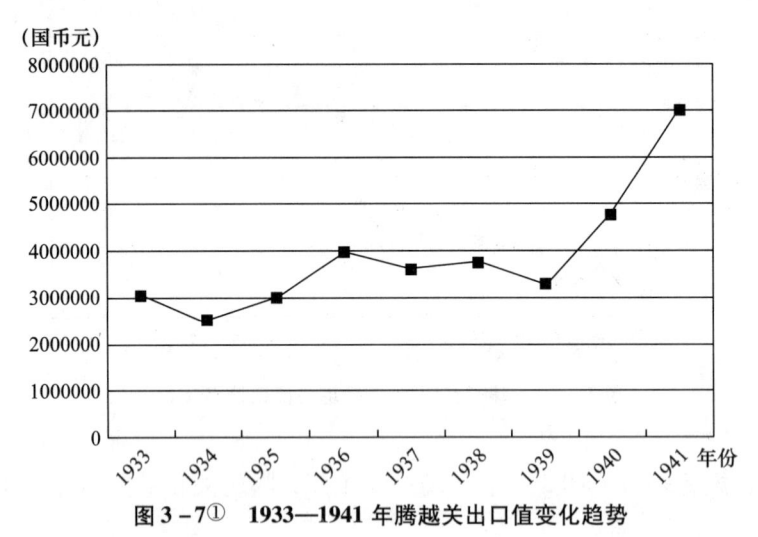

图 3-7① **1933—1941 年腾越关出口值变化趋势**

资料来源：据表 3-3 绘制。

就出口值对进出口总值的贡献率来看，随着出口值的不断波动，其贡献率也在不断波动。结合图 3-4、图 3-5、图 3-6、图 3-7 和图 3-8 来看，1902—1941 年，蒙自关出口值贡献率的变化趋势大体与其出口值的变动趋势吻合，蒙自关则不然。从具体的数据来看，蒙自关自开关到 1941 年，绝大部分时间内，出口值的贡献率一直低于 50%，仅 1934—1938 年的 5 年内是高于 50% 的。腾越关出口贸易货值所占比例，最低为 7.35%，最高为 78.97%，平均为 34.29%，可见其进出口贸易是极不平衡的，所以，其对外贸易大部分时间处于入超。而且尤其值得注意的是，虽然从 1933—1941 年腾越关进口货值在不断增长，但其贡献率却呈现出不同的发展趋势，1933—1937 年两者的发展呈正相关的趋势，1938—1941 年却呈现出负相关的趋势，这说明 1938—1941 年腾越关出口值的增长幅度不及进口值。再看蒙自关，1902 年的进出口的贡献率是持平的，在此后的 39 年间，出口贸易的贡献率高于 50% 的年份有 20 年，最高点为 97.4%，最低点为 34.9%，其平均数为 54.1%，比腾越关的平均数多出 19.81 个百

---

① 因腾越和蒙自两关的出口货值相差巨大，在同一变化趋势图中，腾越关的发展变化相对很不明显，故单列作图。

分点。这就意味着在两者的对外贸易中，对中方而言，蒙自关的发展更为正常。这些数据再次表明，在对外贸易中，蒙自关的出口贸易更为发达，而腾越关则相反，进口贸易主导着整个对外贸易。

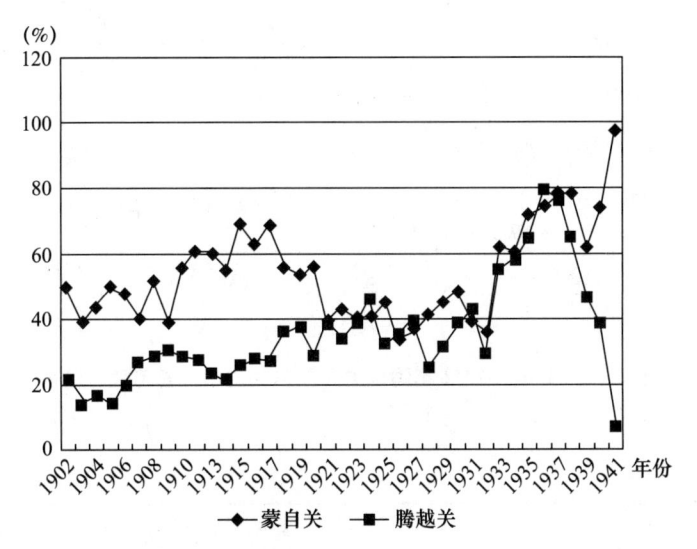

图 3-8 1902—1941 年腾越关和蒙自关出口值占进出口总值比例变化趋势
资料来源：据表 3-3 和表 3-4 绘制。

三 进出口总值的比较分析

进出口贸易总值是进口贸易和出口贸易共同作用的结果。根据图 3-9 和图 3-10，1902—1932 年，腾越关的进出口总值远不及蒙自关，且两者表现出不同的阶段性特点。在这 31 年时间内，腾越关进出口总值最高为 1920 年的 5647850 海关两，最低为 1902 年即开关当年的 661695 海关两，两者相差 4986155 海关两，即 7 倍多，差距甚大；蒙自关进出口总值最高为 1925 年的 30406812 海关两，是同期腾越关最高峰的 5 倍以上，最低为 1903 年的 6435578 海关两，是同期腾越关最低的近 10 倍，甚至比同期腾越关的最高值还高出 787728 海关两，即 13.95%。由此可见，在 1902—1932 年的 30 多年时间的云南对外贸易中，蒙自关的地位是腾越关无法企及的。

我们再结合表 3-3、表 3-4 和图 3-9、图 3-10，来看腾越和蒙自两关进出口总值的具体情况。

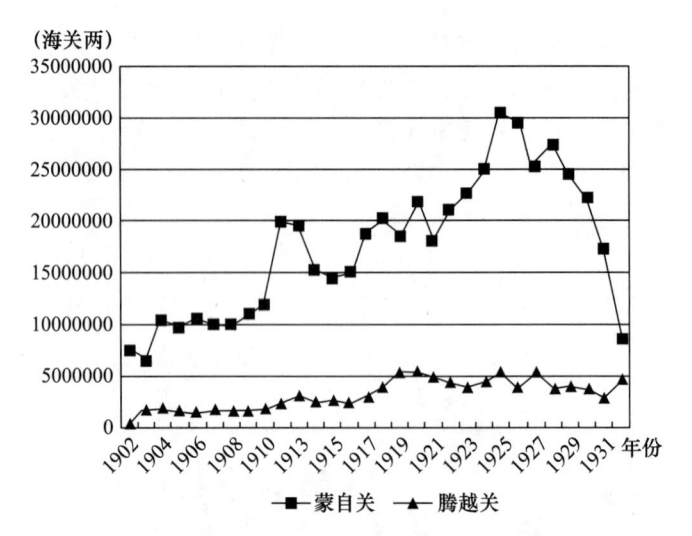

72　1644—1949年滇缅贸易研究

图 3-9　1902—1932 年腾越关和蒙自关进出口总值变化趋势

资料来源：据表3-3和表3-4绘制。

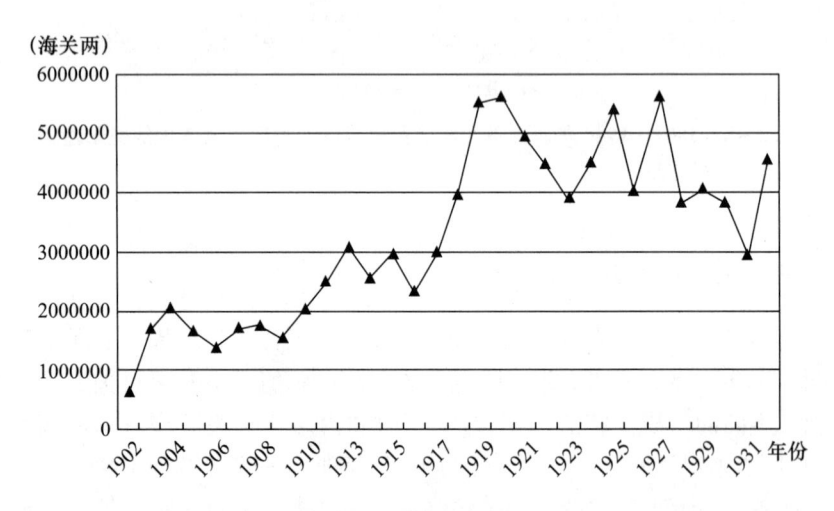

图 3-10　1902—1932 年腾越关进出口总值变化趋势

资料来源：据表3-3绘制。

就蒙自关的情况来看，1902—1932年，蒙自关的进出口总值大致可分为两个截然不同的发展阶段。第一阶段是1902—1925年，总体是呈增长趋势的，但是，这个增长不是在平稳中实现的，而是在波动中实现的。在这一阶段，蒙自关进出口总值的最低点为1903年的6435578海关两，最高点为1925年的30406812海关两。从1902年的7375485海关两发展到1925年的30406812海关两，增加了23031327海关两，24年时间内增长了

3倍以上。第二阶段是1926—1932年的7年间，除1927年出现小反弹之外，总体是在不断下滑的。这一阶段，蒙自关进出口总值的最低点为1932年的8690905海关两，最高点为1926年的29255772海关两。相对来说，1926—1931年，减幅比较平稳，1931—1932年减幅剧增。1932年突然从上一年的17337758海关两跌至8690905海关两，货值减少了差不多一半，这主要是因为1932年的蒙自不论进口贸易还是出口贸易均有所萎缩，进口值从上一年的6564141海关两减到5572388海关两，出口值从10773617海关两骤减至3118517海关两。① 关于1932年蒙自对外贸易骤然萎缩的原因在上文关于蒙自关出口值的分析中已交代。兹不赘述。

就腾越关的情况来看，1902—1932年，腾越关的进出口总值的发展变化大致也可分为两个阶段。第一阶段为1902—1920年，跟蒙自关发展趋势一样，总体是在波动中实现增长的，只是其波动的时间和货值不同。这一阶段，腾越关进出口总值最低点为1902年的661695海关两，1903年骤然增至1715653海关两，涨幅为159.28%，涨势迅猛，此后涨幅相对较小，发展到1920年的最高值5647850海关两，已然比1902年增长7倍多，比1903年增长3倍多。第二阶段为1921—1932年。这一阶段腾越关的进出口总值不断出现反复，波动非常明显。其最低点为1931年的2962629海关两，最高点为1927年的5644436海关两，两者相差近一倍。

根据图3-11，1933—1941年，腾越关的进出口总值依然赶不上蒙自关，但两者都呈现出在小波动中增长的趋势。这一时期，蒙自关进出口总值的最低点为1934年的21239438国币元，最高点为1941年的240920195国币元，两者相差十余倍。1941年蒙自关进出口总值的骤然增加主要是由于出口货值的骤然增加作用的结果。1940—1941年，蒙自关的进口值虽然从21015463国币元萎缩到6094127国币元，减少了14921336国币元，但是，出口值却从60289816国币元增加到234826068国币元，增加了174536252国币元，亦即进出口总值增加了159614916国币元，涨幅为196.31%。1933—1941年，腾越关进出口总值最低点为1934年的4345374海关两，最高点为1941年的95474993国币元，两者相差20余倍。从图3-11可以看出，1933—1940年，腾越关的进出口总值是在比较平稳的状态下不断增长的，而1940—1941年，出现剧增的现象，从12576773国币

---

① 《中国海关民国二十年华洋贸易报告书·蒙自》、《中国海关民国二十一年华洋贸易报告书·蒙自》，中国第二历史档案馆、中国海关总署办公厅：《中国旧海关史料（1859—1948）》，京华出版社2001年版。

元猛然增长到 95474993 国币元，涨了 6 倍多，这主要是由于进口值的剧增引起的。1940—1941 年，腾越关的出口值从 4768610 国币元涨到 7017916 国币元，涨了近 1 倍多，但其进口值从 7808163 国币元激增到 88457077 国币元，涨了十倍多，故其进出口总值也猛然增长。1941 年蒙自关出口值以及同年腾越关进口值剧增的原因在上文均有所交代。兹不赘述。

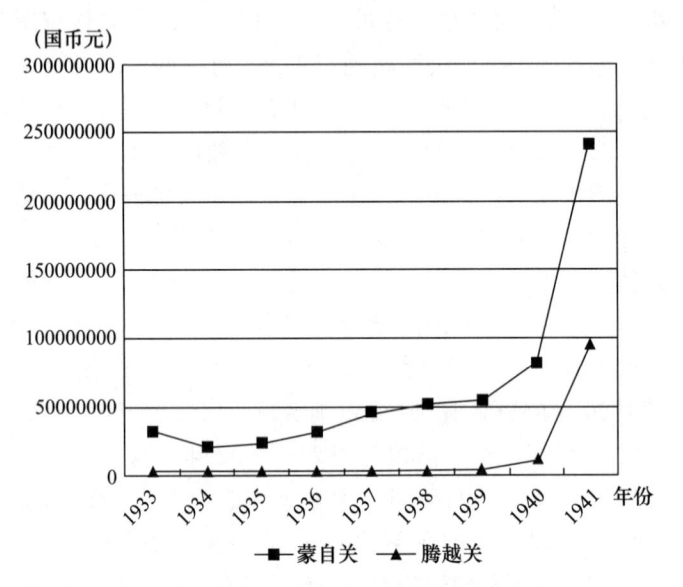

图 3 - 11　1933—1941 年腾越关和蒙自关进出口总值变化趋势
资料来源：据表 3 - 3 和表 3 - 4 绘制。

四　出入超的比较分析

对外贸易的出入超情况也是进口贸易和出口贸易综合作用的结果。1902—1941 年，腾越、蒙自两关的出入超呈现出明显不同的特征，也就是说，两者的贸易收支状况呈现不同的局面。下面就两关各自具体的情况逐一分析。

先看腾越关，结合表 3 - 3 和图 3 - 3，1902—1941 年，腾越关的出入超情况大致可分为三个阶段。第一阶段为 1902—1932 年的 30 年时间（1911 年除外）。这一阶段腾越关完全处于入超状况，但从进出口值所占比重的变化来看，进口值不断减少，出口值不断增加，腾越关贸易收支状况呈现出日渐改善的趋势。第二阶段为 1933—1938 年的 6 年间。这一阶段随着进口值的不断减小和出口值的不断增加，腾越关每年处于出超状态，说明其贸易收支状况大为改善。第三阶段为 1939—1941 年的 3 年间。这一阶段随着进口值的不断增加，出口值的不断减少，一直为入超，其中，1941年由于进出口值相距悬殊，其入超81439161国币元，是1940年（3039553国币元）的近27倍，贸易收支极其不平衡。总体来看，1902—1941年，腾越关的出入超情况，我们可得出如下结论：一是腾越关绝大部分时期处于入超状态，仅1933—1938年的6年时间内为出超，也就是说，入超占整个时期的85%，出超仅占15%，进出口贸易极不平衡。二是尽管腾越关出超年份极少，但是，其整体贸易收支状况却呈现出有一定改善的趋势。

再看蒙自关，结合表3－4和图3－8，1902—1941年，蒙自关的出入超情况大致可分为四个阶段来分析。第一阶段为1902—1909年的8年。这一阶段除1902年和1908年两个年份外，其他6年时间均处于出超，也就是说，这8年内蒙自关大部分时间贸易收支是盈利的。第二阶段为1909—1920年。在这12年内，蒙自关贸易收支状况完全改善，历年均为出超，说明出口贸易占据了主导地位。第三阶段为1921—1932年（1911年除外）。这11年除了1931年为出超，其他10年均为入超，说明其贸易收支状况跟前期相比大为恶化。第四阶段为1933—1941年。这9年蒙自关均为出超，而且出超值整体呈不断上升的趋势，说明蒙自关的贸易收支状况又有改善。其中，1941年，随着出口值的骤增，蒙自关的出超值也从1940年的39274353国币元剧增到228731941国币元，涨了近5倍。总体来看，1902—1941年的蒙自关的出入超情况有以下三点：第一，蒙自关入超时间有17年，占整个时期的42.5%；出超时间有23年，占整个时期的57.5%，比入超年份多15%。第二，1902—1932年，蒙自关出超总值为40032096海关两，入超总值为52619663海关两，比出超总值多出12587567海关两。其中，出超14年，入超17年，说明这一时期不管是入超的年份还是货值均超过出超，对外贸易总额是收小于支。第三，蒙自关出入超情况很不稳定，起伏较大，说明其贸易收支情况也是不稳定的。

综上所述，我们可知：其一，从出入超的总体情况来看，蒙自关出超的时间远多于腾越关。其二，腾越关的贸易收支状况虽有改善的趋势，但是，总体来看仍远不及蒙自关。

五　腾越关和蒙自关历年进出口值占云南省进出口总值百分比比较分析

为了更清晰地考察腾越和蒙自两关在云南对外贸易中的地位，在此部分我们将思茅也纳入了考察分析的范围之列。

就进口值的发展变化来看。根据表3－5和图3－12，抛开货币单位的换算，仅从数值来看，1902—1941年，腾越、蒙自和思茅三关及云南省的进口值从总体上均呈现出增长的趋势，只是这些增长也都是在比较剧烈的波动中实现的。其中，蒙自关的曲线变化与全省的曲线走势更为吻合，且除去比较特殊的1941年，两者的峰值出现的时间点也是一致的，最低点均为1902年（蒙自关3687400海关两，全省总值4247703海关两），最高点均为1940年（蒙自关21015463国币元，全省总值30455898国币元）。再结合图3-13来看，蒙自关与腾越关的进口值在全省进口值所占比例呈此消彼长的趋势。除了1941年，各关进口值在全省进口值中所占比例也有很大差距，蒙自关每年的比例在61.59%—87.1%之间波动，平均值为73.99%，即每年平均值已占全省的三分之一强；腾越关每年的比例在10.21%—35.98%之间波动，平均值为18.61%，仅1941年因为进口值骤增（由上一年的7808163国币元增至88457077国币元），而蒙自关同期进口值却骤减（由上一年的21015463国币元减至6094127国币元），故1941年两者进口贸易出现剧烈反差，腾越关自开关以来，进口贸易首次超越蒙自关，且超出了13倍多；思茅关每年的比例在0.66%—8.55%之间波动，平均值为2.38%。仅从进口值来看，1902—1941年的云南对外贸易，蒙自关稳居龙头地位，左右着全省的进口贸易，腾越关位居第二，思茅关则显得无足轻重。

表3-5　1902—1941年云南三关进口值占全省进口值比例变动统计

单位：海关两、%

年份	进口值				所占比例		
	蒙自	思茅	腾越	合计	蒙自	思茅	腾越
1902	3687400	47000	513303	4247703	86.81	1.11	12.08
1903	3916890	168942	1472281	5558113	70.47	3.04	26.49
1904	6063770	221753	1747820	8033343	75.48	2.76	21.76
1905	4801100	205168	1443216	6449484	74.44	3.18	22.38
1906	5661000	195270	1127956	6984226	81.05	2.80	16.15
1907	5973115	212075	1265294	7450484	80.17	2.85	16.98
1908	4857197	138922	1272847	6268966	77.48	2.22	20.30
1909	6696508	163153	1101860	7961521	84.11	2.05	13.84
1910	5077320	160573	1446400	6684293	75.96	2.40	21.64
1912	7721840	219578	1824000	9765418	79.07	2.25	18.68
1913	7722000	184890	2401789	10308679	74.91	1.79	23.30
1914	6883000	225728	2009681	9118409	75.48	2.48	22.04
1915	4472488	174286	2202412	6849186	65.30	2.54	32.16

第三章　清代晚期的滇缅贸易　77

续表

年份	进口值				所占比例		
	蒙自	思茅	腾越	合计	蒙自	思茅	腾越
1916	5595894	158547	1716000	7470441	74.91	2.12	22.97
1917	5921349	235373	2202000	8358722	70.84	2.82	26.34
1918	9027711	208768	2527336	11763815	76.74	1.77	21.48
1919	8523260	189337	3505271	12217868	69.76	1.55	28.69
1920	9601248	285527	4042570	13929345	68.93	2.05	29.02
1921	10874373	262457	3015153	14151983	76.84	1.85	21.31
1922	12197861	222424	2968375	15388660	79.27	1.45	19.29
1923	13625630	184054	2364697	16174381	84.24	1.14	14.62
1924	14823747	152198	2447330	17423275	85.08	0.87	14.05
1925	16764783	231932	3701149	20697864	81.00	1.12	17.88
1926	19044859	215706	2605349	21865914	87.10	0.99	11.92
1927	16025635	238756	3432293	19696684	81.36	1.21	17.43
1928	16107655	148828	2879517	19136000	84.17	0.78	15.05
1929	13294989	107596	2807925	16210510	82.01	0.66	17.32
1930	11572719	103855	2362176	14038750	82.43	0.74	16.83
1931	6564141	174893	1700041	8439075	77.78	2.07	20.14
1932	5572388	220164	3255137	9047689	61.59	2.43	35.98
1933	12583139	519412	2510764	15613315	80.59	3.33	16.08
1934	8512248	646607	1824627	10983482	77.50	5.89	16.61
1935	6641359	742939	1631021	9015319	73.67	8.24	18.09
1936	8117312	856687	1044512	10018511	81.02	8.55	10.43
1937	9611709	423154	1141002	11175865	86.00	3.79	10.21
1938	11464837	310089	2034664	13809590	83.02	2.25	14.73
1939	21942273	346551	3771749	26060573	84.20	1.33	14.47
1940	21015463	1632272	7808163	30455898	69.00	5.36	25.64
1941	6094127	4155108	88457077	98706312	6.17	4.21	89.62

说明：（1）根据《宣统华洋贸易情形论略》《中华民国华洋贸易情形论略》（中国第二历史档案馆、中国海关总署办公厅：《中国旧海关史料（1859—1948）》第16—139册，京华出版社2001年版）各年资料整理制作。其中腾越关1911年只有定性描述，没有具体数据，故未纳入统计；1942—1945年没有记载。

（2）货币单位：1902—1932年为海关两，1933—1941年为国币元。

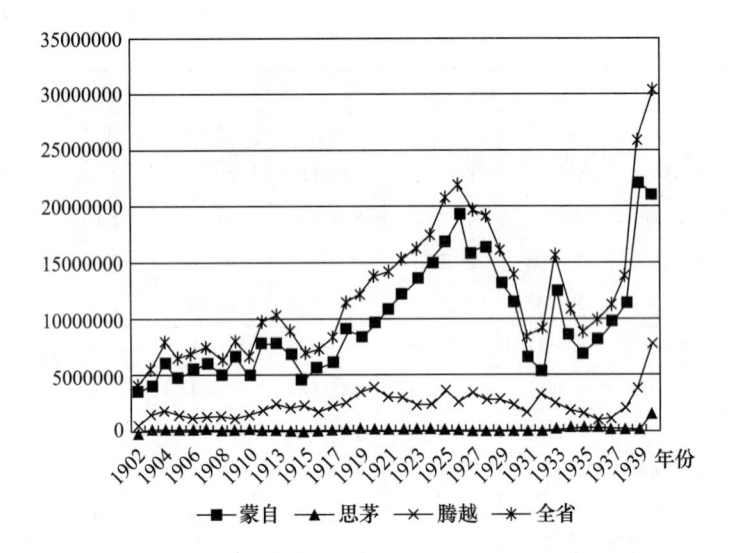

图 3 - 12　1902—1941 年云南三关及全省进口总值变化趋势

注：1902—1932 年为海关两，1933—1941 年为国币元。
资料来源：据表 3 - 5 绘制。

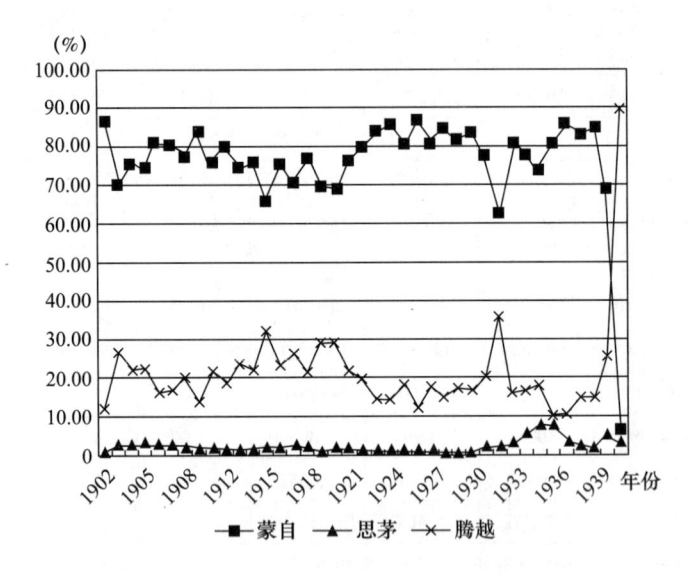

图 3 - 13　1902—1941 年云南三关进口值占全省进口总值比例变化趋势
资料来源：据表 3 - 5 绘制。

从出口值的发展变化来看，根据表 3 - 6 和图 3 - 14，忽略前后货值单位的不同，仅从数值来看，1902—1941 年，腾越、蒙自和思茅三关及云南全省的进口值同出口贸易一样从总体上均呈现出增长的趋势，只是这些增长也都是在比较剧烈的波动中实现的。其中，蒙自关与全省的曲线走势可谓完全吻合，而且非常贴近。蒙自关和全省出口贸易的峰值出现的时间点也是一致的，最低点均为1903年（蒙自关2518688海关两，全省总值2797060海关两），最高点均为1940年（蒙自关60289816国币元，全省总值66040990国币元）。再结合图3-14来看，各关出口值在全省进口值中所占比例差距跟进口值一样差距悬殊，且蒙自关与腾越关的出口值在全省出口值所占比例同进口值呈此消彼长的趋势。蒙自关每年的比例在69.70%—96.66%之间波动，平均值为88.68%，比进口贸易的平均值高出14.69个百分点；腾越关每年的比例在2.89%—29.3%之间波动，平均值为10.65%，比进口值平均数低7.96个百分点；思茅关每年的比例在0.18%—1.49%之间波动，平均值为0.68%，比进口值平均数少1.7个百分点。仅从出口值来看，1902—1941年，云南对外贸易，蒙自关稳居龙头的优势更为明显，可谓全程左右着全省的进口贸易，而且从各种数据对比中我们可明显看出，在全省的进出口贸易中，蒙自关在出口贸易中对全省的作用力和影响力更大。腾越关在全省的出口贸易中所占比例虽不及进口贸易，但依然位居第二。思茅关的出口贸易在全省的比例依旧少得可怜，其平均值连1%都达不到，说明思茅关在全省的出口贸易中地位更显不足。

表3-6　1902—1941年云南三关出口值占全省出口值比例变动统计

单位：海关两、%

年份	出口值 蒙自	出口值 思茅	出口值 腾越	出口值 合计	所占比例 蒙自	所占比例 思茅	所占比例 腾越
1902	3688085	36000	148392	3872477	95.24	0.93	3.83
1903	2518688	35000	243372	2797060	90.05	1.25	8.70
1904	4683522	45230	337684	5066436	92.44	0.89	6.67
1905	4791836	41680	236783	5070299	94.51	0.82	4.67
1906	5144000	30812	269921	5444733	94.48	0.57	4.96
1907	4063329	53392	466918	4583639	88.65	1.16	10.19
1908	5237917	42865	493021	5773803	90.72	0.74	8.54
1909	4246740	42614	461500	4750854	89.39	0.90	9.71
1910	6387609	39199	556880	6983688	91.46	0.56	7.97
1912	11847849	43223	682000	12573072	94.23	0.34	5.42
1913	11666270	39360	730277	12435907	93.81	0.32	5.87
1914	8379830	35907	562891	8978628	93.33	0.40	6.27

续表

年份	出口值 蒙自	思茅	腾越	合计	所占比例 蒙自	思茅	腾越
1915	9809128	33615	747000	10589743	92.63	0.32	7.05
1916	9387913	25628	628000	10041541	93.49	0.26	6.25
1917	12865668	29635	794000	13689303	93.98	0.22	5.80
1918	11398818	31419	1425547	12855784	88.67	0.24	11.09
1919	9886638	32997	2029375	11949010	82.74	0.28	16.98
1920	12252083	61443	1605280	13918806	88.03	0.44	11.53
1921	7156397	38865	1931631	9126893	78.41	0.43	21.16
1922	9240969	43220	1523174	10807363	85.51	0.40	14.09
1923	9042543	42868	1536611	10622022	85.13	0.40	14.47
1924	9976363	42000	2071753	12090116	82.52	0.35	17.14
1925	13642029	28323	1755263	15425615	88.44	0.18	11.38
1926	10210913	134478	1419725	11765116	86.79	1.14	12.07
1927	9583858	164477	2212143	11960478	80.13	1.38	18.50
1928	11257660	23308	973177	12254145	91.87	0.19	7.94
1929	10929384	21562	1282878	12233824	89.34	0.18	10.49
1930	10790611	22803	1492235	12305649	87.69	0.19	12.13
1931	10773617	57986	1262588	12094191	89.08	0.48	10.44
1932	3118517	44920	1310815	4474252	69.70	1.00	29.30
1933	20399280	191918	3078641	23669839	86.18	0.81	13.01
1934	12727190	177642	2520747	15425579	82.51	1.15	16.34
1935	16946449	284087	2989074	20219610	83.81	1.41	14.78
1936	23662794	414911	3923046	28000751	84.51	1.48	14.01
1937	34179137	466126	3579794	38225057	89.42	1.22	9.37
1938	40718090	227637	3761062	44706789	91.08	0.51	8.41
1939	34925798	376655	3311967	38614420	90.45	0.98	8.58
1940	60289816	982564	4768610	66040990	91.29	1.49	7.22
1941	234826068	1087130	7017916	242931114	96.66	0.45	2.89

说明：(1) 根据《宣统华洋贸易情形论略》《中华民国华洋贸易情形论略》(中国第二历史档案馆、中国海关总署办公厅：《中国旧海关史料 (1859—1948)》第16—139册，京华出版社2001年版) 各年资料整理制作。其中腾越关1911年只有定性描述，没有具体数据，故未纳入统计；1942—1945年没有记载。

(2) 货币单位：1902—1932年为海关两，1933—1941年为国币元。

第三章　清代晚期的滇缅贸易　81

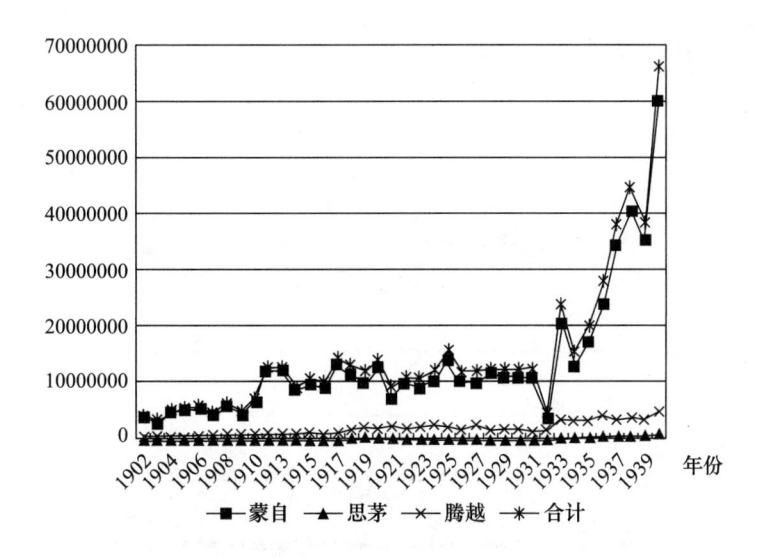

图 3-14　1902—1941 年云南三关及全省出口总值变化趋势

注：1902—1932 年为海关两，1933—1941 年为国币元。
资料来源：据表 3-6 绘制。

从进出口总值的发展变化来看，根据表 3-7 和图 3-16，忽略前后货值单位的不同，仅从数值来看，1902—1941 年，腾越、蒙自和思茅三关及云南全省的进出口值总体上看依然是在剧烈的波动中呈现出增长的趋势，其中，蒙自关与全省的曲线走势同出口贸易一样吻合和贴近。在峰值的出现时间上，蒙自关和全省的进出口总值略有所不同，两者的最高峰都为 1941 年（蒙自关 240920195 国币元，全省总值 341637426 国币元），最低峰蒙自关为 1903 年的 6435578 海关两，全省为 1902 年的 8120180 海关两，尽管如此，不管是最低值还是最高值，蒙自关所占比重都是最高的。再结合图 3-17 来看，因为各关进、出口值在全省进、出口值中所占比例差距悬殊，故其进出口总值也表现出明显的差距。蒙自关每年的比例在 64.27%—90.83% 之间波动，平均值为 83.07%；腾越关每年的比例在 8.15%—33.77% 之间波动，平均值为 15.45%；思茅关每年的比例在 0.45%—3.51% 之间波动，平均值为 1.48%。亦即腾越、思茅两关进出口总值的平均数加起来在全省的比值中为 16.93%，也远远不及蒙自关。因此，从进出口总值的对比来看，1902—1941 年的云南对外贸易，蒙自关稳居第一位，完全左右着全省的对外贸易，且在货值上远远超出腾越关和思茅关，腾越关在全省进出口贸易中所占比重虽远不及蒙自，但稳居第二位。思茅关在全省的比重可谓非常小，其对全省对外贸易的影响可谓微乎其微。

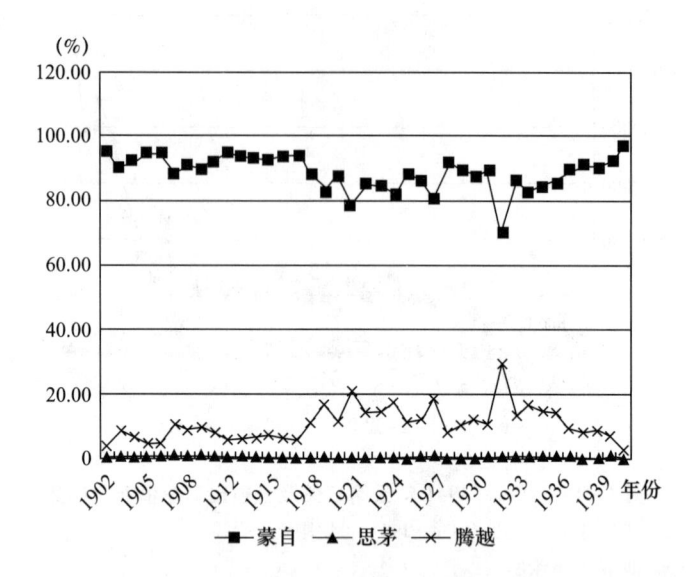

图 3–15　1902—1941 年云南三关出口值占全省出口总值比例变化趋势
资料来源：据表 3–6 绘制。

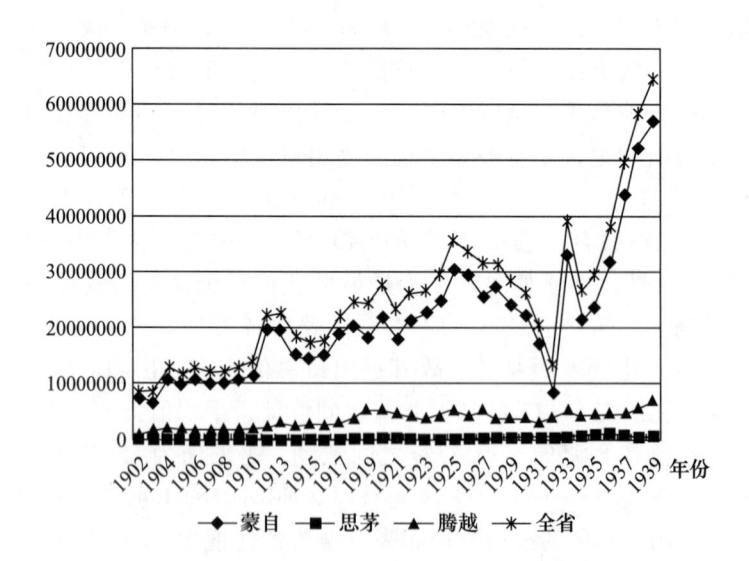

图 3–16　1902—1941 年云南三关及全省进出口总值变化趋势
注：1902—1932 年为海关两，1933—1941 年为国币元。
资料来源：据表 3–7 绘制。

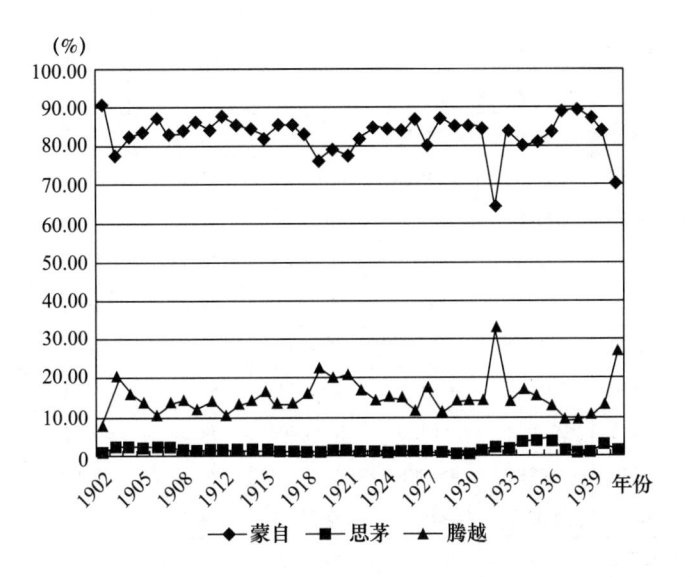

图 3-17　1902—1941 年云南三关进出口值占全省进出口总值比例变化趋势

资料来源：据表 3-7 绘制。

表 3-7　　　　　1902—1941 年云南三关进出口总值占全省进出口
　　　　　　　　总值比例变动统计

年份	进出口总值				所占比例（%）		
	蒙自	思茅	腾越	合计	蒙自	思茅	腾越
1902	7375485	83000	661695	8120180	90.83	1.02	8.15
1903	6435578	203942	1715653	8355173	77.03	2.44	20.53
1904	10747292	266983	2085504	13099779	82.04	2.04	15.92
1905	9592936	246848	1679999	11519783	83.27	2.14	14.58
1906	10805000	226082	1397877	12428959	86.93	1.82	11.25
1907	10036444	265467	1732212	12034123	83.40	2.21	14.39
1908	10095114	181787	1765868	12042769	83.83	1.51	14.66
1909	10943248	205767	1563360	12712375	86.08	1.62	12.30
1910	11464929	199772	2003280	13667981	83.88	1.46	14.66
1912	19569689	262801	2506000	22338490	87.61	1.18	11.22
1913	19388270	224250	3132066	22744586	85.24	0.99	13.77
1914	15262830	261635	2572572	18097037	84.34	1.45	14.22
1915	14281616	207901	2949412	17438929	81.90	1.19	16.91
1916	14983807	184175	2344000	17511982	85.56	1.05	13.39

续表

年份	进出口总值				所占比例（%）		
	蒙自	思茅	腾越	合计	蒙自	思茅	腾越
1917	18787017	265008	2996000	22048025	85.21	1.20	13.59
1918	20426529	240187	3952883	24619599	82.97	0.98	16.06
1919	18409898	222334	5534646	24166878	76.18	0.92	22.90
1920	21853331	346970	5647850	27848151	78.47	1.25	20.28
1921	18030770	301322	4946784	23278876	77.46	1.29	21.25
1922	21438830	265644	4491549	26196023	81.84	1.01	17.15
1923	22668173	226922	3901308	26796403	84.59	0.85	14.56
1924	24800110	194198	4519083	29513391	84.03	0.66	15.31
1925	30406812	260255	5456412	36123479	84.17	0.72	15.10
1926	29255772	350184	4025074	33631030	86.99	1.04	11.97
1927	25609493	403233	5644436	31657162	80.90	1.27	17.83
1928	27365315	172136	3852694	31390145	87.18	0.55	12.27
1929	24224373	129158	4090803	28444334	85.16	0.45	14.38
1930	22363330	126658	3854411	26344399	84.89	0.48	14.63
1931	17337758	232879	2962629	20533266	84.44	1.13	14.43
1932	8690905	265084	4565952	13521941	64.27	1.96	33.77
1933	32982419	711330	5589405	39283154	83.96	1.81	14.23
1934	21239438	824249	4345374	26409061	80.42	3.12	16.45
1935	23587808	1027026	4620095	29234929	80.68	3.51	15.80
1936	31780106	1271598	4967558	38019262	83.59	3.34	13.07
1937	43790846	889280	4720796	49400922	88.64	1.80	9.56
1938	52182927	537726	5795726	58516379	89.18	0.92	9.90
1939	56868071	723206	7083716	64674993	87.93	1.12	10.95
1940	81305279	2614836	12576773	96496888	84.26	2.71	13.03
1941	240920195	5242238	95474993	341637426	70.52	1.53	27.95

说明：（1）根据《宣统华洋贸易情形论略》《中华民国华洋贸易情形论略》（中国第二历史档案馆、中国海关总署办公厅：《中国旧海关史料（1859—1948）》第16—139册，京华出版社2001年版）各年资料整理制作。其中腾越关1911年只有定性描述，没有具体数据，故未纳入统计；1942—1945年没有记载。

（2）货币单位：1902—1932年为海关两，1933—1941年为国币元。

六　小结

经过以上比较，对于自腾越关开关以来到 1941 年的云南对外贸易情况，我们至少可以得出如下结论。

第一，蒙自关得益于滇越铁路的修成，锡矿出口贸易繁盛，进口洋货也多，常年进出口总值占云南省的比例不低于 60%，平均值甚至达到 80% 多，远超腾越和思茅两关之和，稳居三关之首。云南对外贸易的中心已完全由腾越转移到蒙自。

第二，腾越关的对外贸易不论出口值、进口值、进出口总值，还是这些货值在全省的比例，都远不及蒙自关，说明其对外贸易远不如蒙自关发达。但是，腾越自古就是滇缅贸易最重要的通道，地理位置有其优势所在，加上棉纱的大量进口和生丝的大规模出口等因素的共同作用。腾越关在其存在的 50 年内，进出口货值虽远不及蒙自关，但是，远多于思茅关，在三关中的地位仅次于蒙自关，位居全省第二。

第三，思茅关开关时间虽然早于腾越关，但是，由于人烟相对较少、瘴疠盛行、路途艰险等因素的影响，在三关中的地位一直不高，其对云南省对外贸易的影响也非常微弱，历年进出口总值的平均数仅占全省的 1.48%。

第四，就贸易收支情况来看，蒙自关的情况要远胜于腾越关。在 1902—1941 年的 40 年间，腾越关绝大部分时间为入超，蒙自关出超和入超的年份基本持平。

第五，从进口值、出口值和进出口总值分别占全省的比例来看，腾越关与蒙自关呈现出此消彼长的走势。这说明腾越关对外贸易的规模虽然远不及蒙自关，但是，两者却一道左右着云南对外贸易的规模。

第六，由于腾越关和蒙自关的对外贸易都是在比较大的波动中实现不断增长的，所以，也左右着云南全省的对外贸易呈现出相同的发展趋势，均非平稳发展。

第六节　云南商帮及其商号在滇缅贸易中的作用

进入近代以来，随着西方资本主义经济的不断渗透，云南成为资本主义世界市场的一个链条，这也促进了云南商品经济的发展，民间商业资本在滇缅贸易中发挥了重要作用。

清代，在滇缅贸易中，资本庞大的商帮主要有鹤庆帮、喜洲帮和腾越帮，一般总称为"迤西帮"。直至民国，这些商帮在滇缅贸易中依然发挥着重要作用。其中，著名的商号有：

（1）三成号。道光初年（1821）由腾越和顺乡民李茂、李茂林、蔺自新在其家乡创立。总号创立后，又在缅甸阿瓦①、八莫、密支那及国内永昌、下关、昆明设立栈号。三成号专营棉花、玉石、丝绸等进出口贸易。②

（2）永茂和。道光三十年（1850）前后，由腾越商人李永茂创设于缅甸。商号创立初期，曾在缅甸抹谷设坐店，后在曼德勒设立总号，并开设有8家分号，在国内的总号设于腾越，分号分别设立于永昌、下关、昆明以及上海、香港等地，通过商贸网络的设置，永茂和沟通了从缅甸仰光到云南昆明、上海、香港之间的商业贸易。其经营业务包括生丝、紫胶、牛皮、棉花、棉纱、茶叶、大米、木材、食盐、水火油、烟、酒、白银、汇兑等行业。③

（3）福春恒。光绪二年（1876）由清朝腾越镇总兵官蒋宗汉（鹤庆人）及当地商人明树功、董益三合伙创办。该号曾在瓦城④、昆明、蒙化、鹤庆、镇南、昭通、漾濞、弥渡等地先后设立了购销机构，以经营滇缅进出口贸易为主。随后，又将业务扩展到川康一带，并在重庆、宜宾、泸州、成都开设分号。号务以经营粉丝、乳扇、弓鱼、核桃、火腿等土特产品出口和缅甸棉花、棉纱、布匹进口为主。⑤

（4）洪盛祥。由腾冲人董绍洪创办，前身为洪兴照、洪兴福，光绪十四年（1888）成立，主要从事滇缅进出口贸易。在腾冲、保山、下关、八莫、瓦城等地设分号，经营进出口贸易。随着业务的扩大，1903年，洪兴福更名为洪盛祥，并在上海、武汉、广州、香港及缅甸仰光、印度加尔各答等地设立分号。洪盛祥在经营石黄的同时，还经营生丝、茶叶、鸦片、金银、外汇、土产、羊毛、皮革出口业务，经营棉纱、棉花、棉布、百货、玉石、琥珀进口业务。洪盛祥业务繁忙，商品种类繁多，与其有直接业务往来的商号、商铺就有：（宾川）炳泰号、宝裕号、宝兴祥、秉义号、彩春园、

---

① 今缅甸曼德勒。
② 伊广和：《云南最古老的华侨商号——三成号》，《云南文史资料选辑》第42辑，第227—229页；施次鲁：《福春恒的兴衰》，《云南文史资料选辑》第42辑，第46、53—55页。
③ 李镜天：《永茂和商号经营缅甸贸易简史》，《云南文史资料选辑》第42辑，第66、71—75页。
④ 今缅甸曼德勒，缅甸第二大城市。
⑤ 施次鲁：《福春恒的兴衰》，《云南文史资料选辑》第42辑，第46、53—55页。

从德堂、长发祥、德顺号、德兴祥、德和祥、德美号、德昌和、福庆店、（鞋铺）福顺号、福春店、福春和、福春源、福裕和、福盛号、福和翔、富春斋、富有号、復和号、（丽江）丰和昌、聚源号、建昌和、金轮号、高陞记、（喜洲）复泰兴、（喜洲）和美号、（喜洲）美盛号、（喜洲）美兴号、美盛源、（皮匠）和义号、和春号、鸿盛号、鸿庆源、鸿兴号、鸿泰兴、利济和、茂兴号、仁顺祥、谦泰号、乾元号、荣茂昌、三元号、三茂和、双盛号、泰祥号、天德堂、天福祥、天济祥、天宝当、同兴和、同庆和、万顺号、新华记、熊大顺店、义兴祥、兴顺祥、源盛祥、异香园、永益斋、永庆昌、永兴隆（鼓楼外鞋帽铺）、永兴福、裕昌和、永源裕、裕昌和、元昌和、正兴号、正兴和、芝兰轩、珍茂号、致美号、致中堂等70余家。① 涉及的商品除上述货物之外，还包括鞋靴、础石、棉毡、火锅、神曲、广针、墨、首饰、天平品珠（平）、二仙品珠、玉镯、铜钮、药（老龙品蓝、春花药）、盐菜、鱼肚、大虾、荔枝等传统商品；还有与近代社会密切相关的商品，主要是纺织品，包括花标布、锦花布、追鹿布、白底版布、洋布（分有鸡、鸭、象、虎、钟、人、水渍、破吔等号），有宽剪绒、呢（有灰呢、油绿呢等）、哔叽等毛料，有绫绸、锦缎（有人担、色竹等号）、南缎等货物，以及纺织品的原材料如白洋纱、干纱。其他还有一些洋货，如洋伞、洋油、洋虫药、洋头绳、洋火、洋烟以及膏子（大烟）等进口货物。② 从洪盛祥的经营方向和商品种类可以看出，其经营的进出口贸易以直接或间接的滇缅贸易为主，贸易联系"不仅与南亚、东南亚国家的市场相关，也与遥远的西方殖民国家对世界原料市场的需求相关"。③

（5）兴盛和。由鹤庆人舒金和、舒卓然、舒程远等族人于光绪年间合建而成，总号先设鹤庆，后迁至下关，并于四川建昌、叙府、雅安、嘉定、成都、会理及本省昆明、腾越、永昌等地设立分号，还在缅甸曼德勒设有商品销售点。到光绪末年，兴盛和分为怡和兴、鸿盛昌、义通祥、联兴昌、恒通裕及日新德六家商号，除联兴昌外，其余五家的贸易领域仍以川滇缅印进出口贸易为主，其主要营销业务包括采购川丝出口，进口缅甸棉花、棉纱、洋布、印度绸缎等货物。④

---

① 吴晓亮：《20世纪前期云南与世界经济的互动——以云南省博物馆藏商号"洪盛祥"的两部账册为个案》，《中国经济史研究》2009年第4期。
② 吴晓亮：《20世纪前期云南与世界经济的互动——以云南省博物馆藏商号"洪盛祥"的两部账册为个案》，《中国经济史研究》2009年第4期。
③ 同上。
④ 舒自志：《博南古道上的鹤庆舒庆商号》，《云南文史资料选辑》第42辑，第232—234页。

（6）永昌祥。创立于光绪二十九年（1903），是"大理帮"的主要代表。创始人为严子珍、彭永昌和杨鸿春，总号设于下关，分号广设于大理、昆明、丽江、腾冲、保山、维西、会理、叙府、上海、武汉、广州、重庆、西昌、嘉定、拉萨等省内外各地，并在缅甸仰光、曼德勒、新街、腊戍、印度噶伦堡、加尔各答等处设立国外分支机构。永昌祥主要经营的业务范围包括棉纱、布匹、茶、生丝、猪鬃、鸦片、金银、外汇、药材、土产等商品的国内外贸易，其中往缅甸、印度、香港的贸易主要以生丝、猪鬃、金银为主，并转销英国、美国等国。民国时期，该商号也在四川叙府、嘉定开办抽丝厂，生产的纺丝直接出口缅甸。

（7）恒盛公。它是云南鹤庆商帮中实力较强的一个商号，在云南商贸的史册上曾写下了辉煌的篇章。原系鹤庆兴盛和商号于光绪三十三年（1907）在汉口创办的一个专营麝香等名贵中药材的"子号"，创办人张泽万。民国二年（1913），兴盛和"子号"与总号分号，另创商号恒盛公，由张泽万家族独立经营。恒盛公商号的"号史"，即以此时而始。此时商号经营的货物，仍以麝香等名贵中草药材为主，兼营云南地方土特产品和茶叶。随后，在国内外一些城市相继建立分号，发展贸易业务。

此外，在云南缅甸之间往来的还有一支不容忽视的商业队伍，那就是回族商帮。回族本就有经商的传统，吃苦耐劳，长于养马，善于经营。清代中期，尤其是近代以来，涌现出了一批回族商帮。比较有代表性的有以下四家：

（1）三盛。腾冲的三盛商号久负盛名。三盛的创办者为明清宠、马如灏、朱大椿三人，以合股的方式创办，其经营的主要商品为花纱、布匹和玉石贸易，在省内的昆明、下关、保山及省外的四川、广东等地都设有分号，发展得很不错。明清宠当时富甲一方，被称为"明百万"。[①] 1840—1850年，明清宠等3人首倡捐修潞江惠仁铁索桥，工程历时十年，共计花费数十万两银子。三盛不但拥有百匹以上马帮，而且商业实力雄厚，与巍山、大理、永平商帮联系密切。

（2）福春、裕顺、泰来。这是下关回民马名魁在当地创办的3个商号，后来马名魁又在宜宾、昆明及缅甸的仰光、曼德勒等地开设商号，共计13个，并拥有一个专门往来于云南和缅甸之间进行贸易的大马帮，骡马有100多匹。此外，马名魁还从事缫丝、印染等手工业及开采石黄等，

---

① 张竹邦：《滇缅交通与腾冲商业》，《云南文史资料选辑》第29辑，云南人民出版社1986年版。

产品直接销往国外，是当时滇西较有影响的对外贸易和工商大户之一。

（3）永丰祥。马润五在保山县创办。资本达三五万银洋，主要从事外汇和进出口贸易。自己有汽车和雇工，以进口棉花为主要的货物。

（4）鉴记。腾冲观音塘明绍林创办。主要经营进口棉花、洋纱等，在保山、下关、昆明、重庆和境外缅甸曼德勒等地开设有分号。①

此外，还有不少回族商帮或在缅甸设有玉石加工厂，或往来于云南缅甸之间经营进出口贸易。

上述商号除国内有业务外，大多在国外如缅甸、印度等国设有分号，以鹤庆商帮为例：该帮有大商号十家，如福春恒、兴盛和、恒盛公、日心德、南裕商行、泰德昌、庆丰、庆正裕、福兴、复协和。与这些大商号同时并存的还有中小商号300余户，围绕这些商号聚集了数百家中小商业资本家。② 这些大商号除在昆明设有总号外，省内的下关、腾冲、丽江、鹤庆、蒙自、昭通、思茅、勐海和省外的上海、武汉、成都、叙府、重庆、拉萨、香港等地，以及国外缅甸的瓦城、八莫、仰光、曼德勒，印度的加尔各答、新德里、噶伦堡等地，都是这些商号设立分号的重点城市。

又如，以滇缅进出口贸易为主的著名商号——福春恒，不仅先后在缅甸曼德勒、滇西、四川、山东等地设立购销机构十多处，并在上海开展汇兑业务，每年的营业额高达400万—500万银元。之后又成立缫丝厂18座，年产5000多箱，制丝工人最多达到6000多人，所产生丝全部出口缅甸。再如洪盛祥，从事滇缅进出口贸易，1910年前后，开始经营石黄出口业务，并以此实现了资本的急剧膨胀。20世纪二三十年代，平均每年仅石黄出口一项盈余就达70多万元。到1928年前后，其资本积累达滇银币半开3000多万元。永茂和在1897年就已经积累资本缅币卢比10万盾，后规模不断扩大，仅生丝一项年出口就达2000余担，茶叶年购销1000多担。这些商号经营的商品，如丝、石黄等都是世界市场中的重要商品。与此同时，这些商号有以下五个突出的特点。

（1）基本上都以同族、同乡为纽带建立。

（2）历史悠久。追根溯源，很多大小商号都经营了两三代人，好几十年。例如，永茂和就经营了100多年，历经五代而不衰。

（3）商业资本雄厚。喜洲帮、鹤庆帮、腾冲帮的商人都积累了雄厚的商业资本，富甲一方，独领风骚。据杨煜达统计，到新中国成立前夕，滇

---

① 申旭：《回族商帮与历史上的云南对外贸易》，《民族研究》1997年第3期。
② 昆明志编纂委员会编：《昆明市志资料长编》卷12，1984年编印，第338—342页。

西的民族商业资本总额当在一亿到一亿两千多万半开银元，成为云南民族商业资本的主要代表。①

（4）贸易路线长、经营范围广。著名的大商号不仅在滇西设立商号，在中国的上海、广州、汉口、四川、西藏、山东、香港等地设立购销机构，而且远赴缅甸、印度设立分支机构。小的商帮也须人背马驮，艰苦跋涉数千里，始得回还。

（5）进口多以棉货类等西方资本主义国家的工业制成品为主，出口多以本地特产土货为多，而且，多涉及烟土贸易。

随着滇缅贸易商帮的崛起和发展，积累了大量的民间商业资本。这些民间商业资本主要流向以下三个方面：一是商业利润的更大化；二是产业化，主要集中在轻工业；三是不动产，包括土地和房产，很多商人大肆购置土地和房产，都成为大地主。其中，商业利润的更大化、产业化对促进中国社会转型，推动云南早期经济全球化发挥了重要作用，在一定程度上促使了滇西乃至云南的近代资本主义工业的发展，"从一个侧面反映了20世纪前期云南与世界经济的互动和交往"。②

总之，近代以来，从事滇缅贸易大大小小的商号仿佛雨后春笋般迅速发展起来。除开上述历史悠久、资本雄厚、有代表性的大商号以外，林林总总的小商帮更是数不胜数。民国二十九年（1940），仅腾冲一地的商号就发展到1239家。③商帮"就是在以商业资本为基础，不断加大对产业资本渗透的过程中，商号为发展云南的社会经济，创办云南、大理的近代企业，推动近代化进程做出了重要贡献"。④它们成为滇缅贸易的主体和生力军，为繁荣滇缅贸易做出了重大贡献，推动了中国与世界经济的互动。

第七节　滇侨的地位和作用

滇侨在清代滇缅贸易的发展历程中发挥了极其重要的作用。架起了祖国与所在国之间友谊和贸易的桥梁，促进了两国的贸易繁荣。1954年，

---

① 杨煜达：《滇西民族商业资本的转化与近代云南社会》，《云南社会科学》2001年第4期。
② 吴晓亮：《20世纪前期云南与世界经济的互动——以云南省博物馆藏商号"洪盛祥"的两部账册为个案》，《中国经济史研究》2009年第4期。
③ 杨立鑫：《腾冲——中国西南最古老的商埠》，《云南政协报》2005年5月10日。
④ 吴晓亮：《大理史话》，云南人民出版社2001年版，第156页。

国家统计局公布华侨及留学生总数为11743320人，其中95%集中在东南亚。① 滇侨的足迹遍布东南亚，以缅甸的滇侨人数最多。华侨迁入缅甸，最早起于何时，已不可考，大约在公元2世纪，即可能有少数中国商人及僧侣循太平江或龙川红河谷进入缅甸。② 由于地缘上缅甸与云南接壤，陆路交通便利；同时，滇缅边界民族大体相同，之间怀有深厚的传统友谊，故移民较多，与当地居民感情十分融洽。

明正统、景泰年间，在缅甸做把事的腾冲人郭春奴，"比先死在缅甸地方，他男郭景善即景贤，曾到缅甸三次，以此保他，替他父亲做把事"。③ 华人都有落叶归根的思想，若非久居他乡，一般都要送回故里。由此推断，估计不是做生意，而可能是定居缅甸。这可能是比较早的史料记载。黄泽苍《英属缅甸华侨之概况》一文写道："缅甸之有华侨，当在明末清初间。其入缅之道有二：一为陆路，即自云南而至者。当时桂王遁缅，吴三桂跟踪而至，缅人乃俘桂王以献。然桂王之左右，多有逗留是乡以相终老，蔓延繁殖，经200年之磨劫，此逃亡之遗臣乃自成村落，其地即今上缅甸 Fort Stedman 以上一带；今日旅缅之华侨，殆亦胚胎于彼时也。"④ 其推断的依据应该来自南明桂王从云南逃入缅甸，随行人员有一部分留在缅甸，成为侨民。这一推断是可信的，但据此得出华侨定居缅甸始于明末清初，可能有失偏颇。但可以肯定，清代有大量的侨民从云南入缅甸开矿打工、经商做买卖，而且不少人侨居他乡。

此外，清缅战争也是造成不少士兵流落缅甸成为侨民的原因。"缅甸华人可分为翻山华人和渡海华人两种。顾名思义，前者是翻越横断山脉从云南来的，为时已在千年以上……翻山来缅的华人，很多属云南摆夷族，他们和缅甸掸族原是一家。他们间有亲属关系，通过两边，时相过从。翻山华人有一部分是随各朝代军事行动而停留下来的；大部分属于随季节而来的生意人。"⑤ 还有不少开矿华工入缅。《清史稿》载云南大理永昌人："屯聚波龙以开银矿为生，常不下数万人。""缅甸已开发之矿，如南渡之银矿、密支那路之玉石矿，有华工两三万，滇侨最多……"⑥ 曼德勒的云南人于乾隆三十八年至三十九年（1773—1774），修建了阿瓦云南观音寺。

---

① 赵松乔：《缅甸地理》，科学出版社1958年版，第109页。
② 黄倬卿：《缅甸华侨移民史概述》，《新仰光报五周年纪念特刊》1950年。
③ （明）张萱：《西园闻见录》卷66《属夷前·往行》。
④ 陈翰笙主编：《华工出国史料汇编》第5辑，中华书局1984年版，第338页。
⑤ ［美］沈已尧：《东南亚——海外故乡》，中国友谊出版公司1985年版，第58、59页。
⑥ 陈翰笙主编：《华工出国史料汇编》第5辑，中华书局1984年版，第339页。

寺内刻有五百个玉石商人的名字,据尹文和先生考证,多数为腾冲人。①嘉庆十一年(1806)旅居缅甸的滇侨出资修建了八莫关帝庙和密支那关帝庙,并在关帝庙内组织侨商团体——丝花公会,起着腾越会馆的作用。②《缅甸的滇侨》这样描述19世纪30年代八莫的华侨:"八莫及其附近约有两千幢房子,其中至少有200幢为中国人所有,棉花完全由中国人经营,在八莫有好些棉花堆栈为中国人所有,经常住在八莫城里的中国人有500人。"③ "1835年,八莫共二千户,华人占一千二百户;人口一万数千,云南人居其大半。"④ 据统计,1911年为122834人,1921年增至149060人,1931年又增至193594人。⑤ 进入近代以来,正是因为滇缅贸易不断繁荣,缅甸华侨日趋增多。

留缅滇侨,以从事工商业为主,其次为矿业、交通运输业以及农业。具体的从业人员和占华侨总数的比例如下:商业为38400人,占41.7%;农牧业为21400人,占23.3%;工业为15400人,占16.7%;交通运输业为5840人,占6.3%。⑥ 据说有一本专门反映腾冲华侨生活片断的《阳温暾小引》中记载:"办棉花,买珠宝,回家销售,此乃是,吾腾冲,衣食计谋。""写汇款,到阿瓦,如数全收。"⑦ 可见,从事商业贸易是滇侨的主要谋生手段,因此,也极大地促进了滇缅贸易的繁荣。

纵观滇民入缅成为侨民的发展史,从桥梁的意义上说,就是一部滇缅贸易的发展史。其突出地表现在以下四个方面:一是历史悠久,源远流长;二是规模庞大,实力强盛;三是民族融合,感情至深;四是苦难辉煌,影响深远。在我们面前清晰呈现的是一幅滇侨移居缅甸,架起一条中缅友谊之桥、贸易之桥的绚烂历史画卷。

---

① 尹文和:《阿瓦云南观音寺》,《腾冲文史资料选辑》第3辑。
② 尹文和:《缅京云南会馆及其创始人》,《腾冲文史资料选辑》第3辑。
③ 云南省历史研究所:《缅甸的滇侨》,1961年(油印稿),第6页。
④ 张相时:《华侨中心之南洋》,《大理市文史资料》第8辑。
⑤ 赵松乔:《缅甸地理》,科学出版社1958年版,第111页。
⑥ 同上书,第114页。
⑦ 云南省政协文史资料委员会编:《云南文史资料选辑》第41辑,云南人民出版社1962—1997年版,第218—220页。

第四章 1910—1941年滇缅贸易发展

腾越一直是滇缅贸易的重要环节，曾是中国西南地区最重要也是规模最大的滇缅贸易市场。约开商埠以后，其优势地位逐步丧失，特别是滇越铁路通车后，腾越在云南对外贸易中的"老大"地位被蒙自关所取代。尽管如此，它仍是滇缅贸易中的一个坐标，是我们考察滇缅贸易的重要窗口。

第一节 滇缅贸易的阶段性特征

从1910—1941年35年间腾越海关的货值变动情况可以看到既有与云南对外贸易的整体特征相符的特点，也有滇缅贸易不同于总体状况的地域特色（见表4-1）。

表4-1　　　　1910—1941年腾越关进口货值变动统计　　　单位：海关两

年份	进口值	年份	进口值	年份	进口值	年份	进口值
1910	1446400	1919	3505271	1927	3432293	1935	1631021
1912	1824000	1920	4042570	1928	2879517	1936	1044512
1913	2401789	1921	3015153	1929	2807925	1937	1141002
1914	2009681	1922	2968375	1930	2362176	1938	2034664
1915	2202412	1923	2364697	1931	1700041	1939	3771749
1916	1716000	1924	2447330	1932	3255137	1940	7808163
1917	2202000	1925	3701149	1933	2510764	1941	88457077
1918	2527336	1926	2605349	1934	1824627	—	—

资料来源：根据《宣统华洋贸易情形论略》《中华民国华洋贸易情形论略》（中国第二历史档案馆、中国海关总署办公厅：《中国旧海关史料（1859—1948）》第52—142册，京华出版社2001年版）各年资料整理制作。其中，1911年只有定性描述，没有具体数据；1942—1945年没有记载。货币单位：民国二十二年（1933）后为国币元。

根据腾越关的资料，我们还可以将这一时期的滇缅贸易分为以下几个阶段：

（1）快速增长阶段：1910—1920年。这一阶段滇缅贸易发展十分迅猛，1920年腾越进口货值高达4042570海关两，与1910年1446400海关两相比，净增2596170海关两，增幅高达279%。其间，除1912年和1916年略低以外，其余各年均在200多万海关两。1916年前后两年进口总额都在220多万海关两，独有1916年为170多万海关两，这也与云南对外贸易的总体发展态势不相符合。究其原因，主要有二：第一，棉花、棉纱进口急剧下降。棉花由15600担减少至1800担；棉纱由37800担减少至32500担。货值共减少490300海关两。一是囤货较多，且缅甸所产棉花由印度商人把持，哄抬市价，"货数寥寥、购办不易"，无利可图。二是日本棉纱及匹头从香港运至昆明，由昆明分销各处。第二，除煤油和颜料以外，其他大宗商品都减少了。例如腾越独有的玉石业，也因劣玉居多而进口甚少。

（2）平稳发展阶段：1921—1928年。此一阶段没有大起大落，是比较平稳的发展阶段。进口值基本在300万海关两左右，高峰达370多万海关两，低值也有230多万海关两。

（3）陡然降低、急剧反弹阶段：1929—1932年。这一阶段，进口从1929年的2807925海关两陡然降至1931年的1700041海关两，降幅达50%。主要原因是受到世界经济危机的影响，银价惨跌，购买力疲弱，进口物价猛涨，导致进口陡降。1932年却急剧反弹，进口总值高达3255137海关两，这与云南对外贸易的整体态势背道而驰。为什么出现这样的状况？腾越关在这一年相比中国其他各处较为安宁，"盗匪敛迹、劫夺不闻、商旅称便"。其次，得益于领事签证货单的施行，取消了领事签证费，大大降低了进口货物的成本。

（4）日益衰落阶段：1933—1937年。从1932年开始，腾越关进口呈逐年下降趋势，到1937年，已经下降至1141002海关两。较之1932年的3255137海关两，降幅高达65%。这与全省对外贸易这一时期平稳发展的特点不相吻合。究其原因，主要在于腾越僻处滇西，贸易主要与缅甸往来，进出口兴衰与缅币卢比有直接的关系。这与滇洋与卢比比价处于劣势直接相关。1922年以前，100卢比仅值50滇洋，1931年100卢比兑换180元滇洋，1932年已经涨到100卢比兑换230滇洋。为什么增长那么快？主要原因应该是旅缅滇侨大多失业，汇款回滇金额大减，市面卢比周转不过来，比价因此而激增。

（5）迅速激增阶段：1938—1941年。这一阶段的进口贸易与云南对外贸易的下降态势相比，大相径庭。每年都在增长，而且增幅很大。从1938年开始，逐年与头一年比较，增幅分别是78%、85%、107%、1032%。究其原因，主要有两个方面：

第一，抗日战争爆发，腾越成为最重要的国际大通道。上海等沿海港口被日军占领，只有转向缅甸陆路购运。以棉纱、棉花为例，腾越关棉纱进口从1938年进口9462公担增加至1939年的20511公担，增长翻了两倍多；棉花也由6236公担增加至7875公担。货值激增至380多万国币元，增长了两倍多。

第二，滇缅公路通车。1938年开始修建，1938年8月即告通车。在滇越铁路全部停运后，滇缅公路的货运量与日俱增。棉纱1939年进口20512公担，1940年增至34825公担；棉布货值由10252国币元增至1104000国币元，马达车辆自55件增至427件；汽油自21136公升增至1398161公升。滇缅公路通车以后带来的货运剧增彰显了运输条件改善对滇缅贸易的促进作用。

第二节　交通条件的改善促进了滇缅贸易发展

民国时期，云南的交通运输条件得到很大改善，这在一定程度上促进了滇缅贸易的发展。

一　滇缅贸易仍然以陆路运输为主导

云南特有的地形地貌决定了滇缅贸易的交通运输方式主要是陆路运输。滇缅贸易路线以迤西线为主干道，包括迤西和迤西北两条干线。

迤西商道大体可以分为三段：第一段由昆明起运，经安宁、禄丰、楚雄到下关，全长481.5千米，行程约为13天；第二段从下关分流至保山、腾冲，距离481千米，约需12天；第三段自腾冲南下到缅甸八莫，路程377千米，约为8天的行程。总计昆明至八莫共1172.5千米，需要33天的行程才能到达。[①]

滇缅驿路计程情况如表4-2所示。

---

① 龙云、卢汉修，周钟岳等纂，李春龙、江燕点校：《新纂云南通志》卷56《交通考一》，云南人民出版社2007年版。

表 4-2　　　　　　　　　　滇缅驿路计程情况

驿路	重要站口	站间距离 日程	站间距离 里程 千米	站间距离 里程 华里	与昆距离 日程	与昆距离 里程 千米	与昆距离 里程 华里
昆明八莫间	禄丰	3	119	207	3	119	207
	楚雄	3	87	151	6	206	358
	下关	7	275.5	478	13	481.5	836
	保山	8	314	544	21	795.5	1381
	腾冲	4	167	290	25	962.5	1671
	八莫	8	210	365	33	1172.5	2036
昆明车里间	玉溪	3	125.6	218	3	125.6	218
	元江	4	172.9	300	7	298.5	518
	普洱	10	282.2	490	17	580.7	1008
	思茅	2	69.1	120	19	649.9	1128
	车里	6	241.9	420	25	891.8	1548

注：本表里程以 1 千米等于 1.7361 华里计算。本表系驿路里程，与千米里程不同。

资料来源：据龙云、卢汉修，周钟岳等纂，李春龙、江燕点校《新纂云南通志》卷 56《交通考一》（云南人民出版社 2007 年版）资料统计。

从缅甸八莫可通过铁路到曼德勒和仰光，也可以通过伊洛瓦底江航道至仰光。[①] 由缅甸八莫往西北方向可以到达印度雷多。迤西北线以下关为起点，是滇西北地区进入西藏的主要交通线。大致可以分为两段：一段由大理到丽江至中甸、德钦；一段经由中甸、德钦进藏。此条商道与昆明至车里的交通线相连，经过思茅关到车里，出境后可到缅甸、泰国、老挝、越南。主要购销货物为茶叶、棉纱、布匹、铁器及日用百货，每年马帮规模在 1.2 万—1.5 万匹。[②] 昆明西昌间驿路，也为滇省与川康间之重要路线，由西昌十日至雅安，再六日至成都。由雅安八日至康定，再九日至理化，又五日至巴安。来自川康土产货物运缅销售者，均由西昌会理经永

[①] 龙云、卢汉修，周钟岳等纂，李春龙、江燕点校：《新纂云南通志》卷 56《交通考一》，云南人民出版社 2007 年版。
[②] 根据杨毓才《云南各民族经济发展史》第 309—311 页，王明达、张锡禄《马帮文化》第 125—126 页，董孟雄、郭亚非《近代云南的交通运输与商品经济》，《云南社会科学》1990 年第 1 期统计。

仁、宾川而抵下关，再转运至八莫。由缅甸或滇西运入川康货物也取道于此。① 从缅甸进入云南也大致如此，史料云："由缅入境货物，自保山至顺宁，计程六日，共二百三十千米，合四百六十华里。又由顺宁至下关，计程八日，共三百千米，合六百华里，为运茶要道。"②

滇西一带地形极为复杂，道路崎岖不平，没有现代的运输工具是主要原因，再加上滇缅贸易繁荣发展的刺激，马帮运输更为兴盛。

二 马帮在滇缅贸易中仍然发挥着不可替代的作用

"直到二十世纪中期，民间运输仍以人背为主。"③ 在蒙自和腾越关口，背子与马帮一同报关入货，可知马帮在对外贸易中的作用。急剧增长的对外贸易客观上刺激了马帮的不断发展，马帮的发展也为进出口贸易的繁荣创造了条件。

早在明清时期，马帮运输已颇具规模。"清代前期，云南的普洱茶、猛库茶、凤庆茶的年产量为 10 万—12 万担，其中，80% 外销到四川、西藏、缅甸、越南、老挝、印度等地，运输这些茶叶，大约需要 5 万匹驮马。"④ 清代乾隆年间，每年运输京铜 600 多万斤，分 6 次运完，每次运 100 万斤左右，需 8000 匹驮马。⑤ 仅此茶、铜两项货物，每年至少需要 6 万余匹驮马才能满足运输要求，再加上其他商品购销，对当时的马帮驮马总量需求是很大的。

近代以来，国门洞开，云南被迫卷入西方资本主义国家贸易旋涡，成为世界市场的重要组成部分，进出口贸易剧增，马帮运输仍是滇缅公路上重要的运输工具。他们少则十数匹，多则上千匹，从事长途贩运和对外贸易，不少实力强的大马帮则常年往来于缅甸、印度。

民国初年，云南各地的大马帮有：凤仪帮、蒙化帮、云龙帮、鹤庆帮、喜洲帮、丽江帮、中甸帮、保山帮、腾冲帮、临安帮、迤萨帮、阿迷帮、石屏帮、沙甸帮、顺宁帮、景东帮、思茅帮、磨黑帮、寻甸帮、玉溪帮、通海帮、峨山帮、鲁甸帮、宣威帮、曲靖帮、会泽帮、昭通帮、开化

---

① 龙云、卢汉修，周钟岳等纂，李春龙、江燕点校：《新纂云南通志》卷 56《交通考一》，云南人民出版社 2007 年版。
② 同上。
③ 杨聪：《大理经济发展史稿》，云南民族出版社 1986 年版，第 192 页。
④ 黄恒蛟主编：《云南公路运输史》，人民交通出版社 1995 年版，第 73 页。
⑤ 申旭：《中国西南对外关系史研究》，云南美术出版社 1994 年版，第 245 页。

（文山）帮、广南帮等 20 余个。[1] 上述大马帮按照地理区域和云南贸易主干道划分为迤西、迤东、迤南三大马帮，贸易主干道也以迤西、迤东、迤南三条线为主。

迤西马帮由昆明经下关、保山、腾越至八莫一线，常有四五千匹骡马来往运输。[2] 仅龙陵一县，每年前往德宏少数民族地区以及缅甸进行贩运贸易的，就有千余户。冬去春还，年年如此。[3] 仅腾越一个口岸，马帮每年的过往量就达两万余驮。[4]

有学者统计，1912 年约 1.2 万驮，到 1919 年就猛增到 4.1 万驮。[5] 不到十年时间，规模增长了 242%。作为腾越出口缅甸的大宗商品——石黄，仅此一项，驮马的数量就已经很大。1909 年石黄开始外销的当年，销售数不过百驮，而 20 年后，其销售额已达每年六七千驮，每次启运，都需组织四五百匹驮马。[6] "民国初年，仅官方统计，滇西马帮有 9000 多匹牲口，昆明至缅甸八莫常有四五千匹牲口往来，黄丝输出每年约 1.5 万包，缅甸花纱输入每年 2 万多驮。"[7]

其他从下关经祥云、镇南、弥渡、蒙化、景东等地的马帮，深入缅甸、泰国、老挝从事跨国贸易，每年有 3000 余匹骡马往返；由玉溪、通海、蒙自、建水、石屏、新平、元江、墨江而来的马帮规模也不小，仅玉溪一地就达 1000 余匹；还有从维西、中甸来的藏族马帮，冬季少一些，有 1000 匹左右，开春以后则汇集了更多的马匹，数量 3000 余匹。由此推断，在思茅一线，运输规模常年也在万匹以上。[8]

迤南一线，滇越铁路通车以前，货物运输多靠马帮及红河水运。例如，大锡均由马帮从个旧运输至蛮耗，由蛮耗装船从水路出境。云南 1909 年出口大锡 70842 担，所需驮马数量十分可观。[9] 1912 年，仅就官方记

---

[1] 王明达、张锡禄：《马帮文化》，云南人民出版社 1993 年版，第 88—89 页。
[2] 解乐三：《云南马帮运输概况》，《云南文史资料选辑》第 9 辑，云南人民出版社 1989 年版，第 185 页。
[3] 董孟雄、陈庆德：《近代云南马帮初探》，《经济问题探索》1988 年第 6 期。
[4] 中国科学院历史研究所第三所编：《云南杂志选辑》，科学出版社 1958 年版，第 178—179 页。
[5] 王明达、张锡禄：《马帮文化》，云南人民出版社 1993 年版，第 89 页。
[6] 董彦臣：《凤尾山石黄发展简况》，《云南文史资料选辑》第 42 辑，云南人民出版社 1993 年版，第 320 页。
[7] 云南省地方志编纂委员会：《云南省志·交通志》，云南人民出版社 2001 年版，第 563 页。
[8] 刘瑞斋：《思茅商务盛衰概况》，《云南文史资料选辑》第 16 辑，云南人民出版社 1982 年版，第 92 页。
[9] 苏汝江：《云南个旧锡业调查》，国立清华大学国情研究所 1942 年版，第 48 页。

载："蒙自海关通过的驮马有 109264 匹，运量为 6000 多吨。1913—1918 年，出入蒙自海关的驮马保持在 2000—8000 匹之间。"[1] 滇越铁路全线通车以后，传统的人背马驮的运输方式成为现代交通运输链条中的辅助环节，驮马匹次虽然有所减少，但马帮驮运依然十分频繁。滇越铁路在云南境内没有支线，也没有其他铁路干线与之相连，云南输出的商品同样需要马帮驮运至火车站经铁路出口。云南进口的货物经滇越铁路到站后仍然依靠马帮运输到省内各地。由于铁路运量大、速度快，反而增加了对马帮的需求。[2] 传统运输方式与现代交通工具双轨并行，共同促进了蒙自关进出口贸易的繁荣。

迤西北线以下关为起点，是滇西北地区进入西藏的主要交通线。大致可以分为两段：一段由大理到丽江至中甸、德钦；一段经由中甸、德钦进藏。这条商道与昆明至车里的交通线相连，经过思茅关到车里，出境后可到缅甸、泰国、老挝、越南。主要购销货物为茶叶、棉纱、布匹、铁器及日用百货，每年马帮规模在 1.2 万—1.5 万匹。[3] 这条商业线路所依靠的运输方式仍然是马驮。

由腾越去缅甸，必须翻越高黎贡山、怒山、云岭，还要跨越怒江、澜沧江、漾濞江等激流险滩。史料中有这样的记载：路面可分土面、石面两种，土面多为黄泥，也有矿质及风化岩石者。黄泥路每被骡马践踏成沟，越久越深。如腾冲龙陵间有一段山路，既经驮马践踏，复被雨水冲刷，其状竟如人挖之渠道。小平河至禾木树间有一段山坡，被马踏出横沟多条，状如水波，波距等于马行一步之距离，雨季行走殊难。比较平滑之山坡，在雨季也因泥滑坡陡，上下困难。其他如保山下关间路线所经澜沧江西岸，有水石坎，其地者路面险峻而常湿，稍有一点不慎即有滑倒谷中之虞。石面路在滇省之铺砌法，各县皆略同。以滇西干线言，铺砌部分在三四公尺间，普通于中线铺条石一道，宽度三十公分，两旁则以乱石镶填之，石下无基础，年久则崎岖不平。在西线中，除各线平坝中尚有完好路面外（腾冲境内完好者最多），其在较远之地区，已多残缺。以保山至腾冲一段为例，以石路所铺设的长度，大约还达不到全段的四分之一，其中完好能够顺利通行的又不及一半。

---

[1] 云南省地方志编纂委员会：《云南省志·交通志》，云南人民出版社 2001 年版，第 563 页。
[2] 王文成：《清末民初的云南驿路、铁路与马帮》，《云南财经大学学报》2009 年第 5 期。
[3] 根据杨毓才《云南各民族经济发展史》第 309—311 页，王明达、张锡禄《马帮文化》第 125—126 页，董孟雄、郭亚非《近代云南的交通运输与商品经济》，《云南社会科学》1990 年第 1 期统计。

总的来看，昆明至八莫的老路上交通路线依然存在着极大的障碍，虽然通行马驮，但是，马帮运输之艰险，比登天还难。当时人记载："大江之上，很少有桥梁之便，行人马帮要通过，一般只能借助于摆渡和溜索。在江面宽阔、江水平缓的地方，有平底木船可将人、骡马和货物渡过去，没有太大的危险。如滇西方向惠人桥、惠通桥之间的土城坝渡，在新城东北十七点五千米格拉寨附近，渡河工具为当地私人所编之竹筏一支，系用当地所产毛竹八根，并列编扎而成。中有长者四根，长度十二米，短者四根，长七至八米，竹径十至十五厘米。筏最宽一端阔一点一米，通常以用渡附近村寨来往之乡民。每次能容六至七人，由一人划桨推进，江面虽宽（约一百米）水尚平缓，过江需时约十分钟。"① 而竹筏通行不便的地区，人们只能靠固定在江岸两边的溜索来实现人和货物的运输：溜索"一高一低，形成一定的坡度，人或骡马或货物靠坡度形成的惯性滑到对岸。篾索上抹酥油，用一块类似滑轮的带槽的栗木木块卡在篾索上，再以一根皮条固定木块，最后将兜住人或骡马或货物的皮条挂在木块上，滑过江去。"但是，这样的运输方式存在着极大的风险："过溜索时，只要绳子出点问题，人或骡马或货物就会摔下江里，这样的事情随时都会发生"。② 滇缅贸易在如此艰险的自然条件下，能够不断繁荣进步，实属难能可贵。

上文提及，滇西一带地形极为复杂，道路崎岖不平，没有现代的运输工具是主要原因，再加上滇缅贸易繁荣发展的刺激，马帮运输更为兴盛。马帮作为云南近代经济社会发展中最活跃的经济因素之一，改变了进出口商品的结构、规模，决定着商品流转的范围、速度，甚至左右着市镇的繁荣和对外贸易的兴衰，对云南近代商品经济的发展产生了深刻的影响。马帮的兴盛，促进了骡马养殖业的迅速发展。云南马匹的饲养量在1919年还只有三十万零七千头，到1941年，则增加为四十六万八千零八十一头，增长了百分之五十二。③ 大理、蒙化、保山、鹤庆等地均有大的牧场以供养殖。抗日战争时期，全省骡马存栏数高达五十点七万匹。④ 养殖业的发展也促进了骡马交易大会的繁荣，大理三月街是其中的典型代表。"大理三月街几天街期内每次约有五百到八百匹骡马成交，最大成交数可达一千匹以上。"⑤ "每年农历八月举行的剑川、鹤庆、丽江骡马会，其成交数也

---

① 王纬：《滇西驿运调查报告书》，1941年4—6月，云南省档案馆卷宗号 L55—1—27。
② 李旭：《藏客——茶马古道马帮生涯》，云南大学出版社2000年版，第145页。
③ 王明达、张锡禄：《马帮文化》，云南人民出版社1993年版，第100页。
④ 云南省建设厅编：《云南建设》第10卷，云南省建设厅1944年编印，第30、72页。
⑤ 杨毓才：《云南各民族经济发展史》，云南民族出版社1989年版，第48页。

在七八百匹左右。"① 随着商品经济的不断发展，单纯的骡马交易逐渐发展成为商品种类非常广泛的经济交流活动，骡马大会也成为十分重要的经济交流平台。商品琳琅满目，种类繁多，交易兴旺，热闹非凡，已经成为一年一度的物资交易盛会。

马帮运输也促进了商路沿线旅店业的发展。例如，下关属于交通枢纽、商业重镇，马栈云集，服务业发达。"源庆昌、福庆店、永昌祥、洪盛祥等商号，在下关都建有堆店，马帮货驮可在堆店里寄存，每驮仅收费三至四毫（角）钱的保管费。堆店既负责存货，也负责为货主推销，货主凭清单即可结算，手续简便。福庆店商号的堆店，可容纳四五百匹骡马的马帮食宿。源庆昌堆店，可供三四百匹骡马的马帮食宿。洪盛祥商号设在西大街的马店，也可容纳四五百匹骡马的马帮食宿。而且，沿下关以西至保山驿道，也设有马店，专供驮运石黄的马帮食宿。"② 马栈不仅接待食宿，而且兼有贸易中介职能，商品经济观念已经根植于西南边疆人民的头脑中。

马具制造业也获得了很大发展。"早在南诏大理时期，马鞍、甲胄等皮革制品的精良已经闻名天下。"③ 晚清民国以后，下关的手工业有了更是大发展。另据有关史料记载："1945年通海开设的6个马鞍铺有工人20余人，年生产出售马鞍6000余个，当天看马配鞍及时交货数占1/3。配鞍者有思茅、普洱、建水、蒙自、石屏、宣良、峨山、新平、县的马帮队。"④ 其他诸如钉掌、兽医等店铺各地都有。而且，在长途贩运过程中，各民族文化得到了碰撞、交流和融合。

面对恶劣的气候、崎岖的道路，马帮在克服重重的艰难险阻中迸发出顽强的生命力。马帮伴随着滇缅传统贸易的产生而产生，伴随着近代云南商品经济的发展而发展，规模巨大，遍布全省，"在清末民初进入了空前的鼎盛时期"。⑤ 活动区域远至缅甸、印度等他国异邦，融入云南商品经济的每一个环节，促进了地方经济的发展，以云南所独有的区域特色，实现了传统贸易方式与经济全球化在艰难困苦中的结合。熙熙攘攘、成群结队、浩浩荡荡、铃声悠扬的马帮往来于云南和缅甸的崇山峻岭之中，支撑

---

① 王明达、张锡禄：《马帮文化》，云南人民出版社1993年版，第103页。
② 王应鹏口述、常泽鸿整理：《民国时期大理、凤仪的马帮》，《大理市文史资料》第二辑，1988年，第42页。
③ 吴晓亮：《大理史话》，云南人民出版社2001年版，第138页。
④ 张家录：《看马配鞍》，《通海文史资料》第3辑，第56页。
⑤ 王文成：《清末民初的云南驿路、铁路与马帮》，《云南财经大学学报》2009年第5期。

起了滇缅贸易的昌盛繁荣。

　　1942年，缅甸沦陷，滇缅公路被阻断，汽车运力严重不足，战略物资的运送迫在眉睫。为抗日大义所昭，蒙化、永平、漾濞等县回民聚居，马帮较多的地方，很快就召集了蒙化驮马700匹、永平驮马500匹。马帮投入运输后，原定保山1.5万吨存货，每月运输3000吨，计划用5个月运完，结果仅用120天，就全部运完；下关存货5000吨，组织马车1000辆，只用了72天就运完，比原计划提前了一个月完成。① 在运输紧张的时候，保山一县就召集了3万民夫、9000多匹骡马奔走运输紧缺物资。在抗战反攻阶段，保山县支前运输计征用民夫421.57万工日，骡马157.41万匹次，骡马死亡数千匹，民夫也有牺牲。② 整个抗战期间，在605千米的滇缅驿运路线上，共动用了驮马3700匹，马车1000多辆。据不完全统计，大约有两万吨兵工物资，由驿运处经畹町进口运输至国内，这些兵工物资由兵工署托运。此外，还有大量的民用物资，如由永昌祥、茂恒及兴云商行托运的棉纱、匹头87.5吨，小百货6吨，云南茶叶2.3吨。③ 可以说，云南各民族马帮在抗日战争中谱写了壮丽的篇章。

三　滇缅公路的历史地位与作用

　　滇缅公路由昆明至畹町，全长959千米。出境到缅甸境内的腊戍，境外长170余千米。在国内连接川、黔、康、桂四省，贸易联系可再向中国内地延伸。翻越横断山脉，跨越怒江、澜沧江、漾濞江等河道，经昆明、楚雄、下关、永平、保山、遮放、畹町可通缅甸的曼德勒、仰光。滇缅公路在国内分为东西两段，东段由昆明至下关，1924—1935年建成通车，全长约411.6千米；西段由下关至畹町，是抗战初抢修的，1937年12月动工，1938年8月即告通车，耗时9个月，举世瞩目，全长约547.8千米。④ 滇缅公路沿途崇山峻岭、深河幽谷连绵不绝，横段山脉中蜿蜒曲折的"二十四道拐"就是恶劣的自然环境、艰巨的筑路工程以及云南各族人民坚韧不拔的爱国主义精神的真实写照。

　　面对日本侵华战争的推进，1937年8月，国民政府在南京召开军事会议，龙云提出了马上着手修筑滇缅公路的建议。龙云分析认为："上海方

---

① 陆韧：《抗日战争中的云南马帮》，《抗日战争研究》1995年第1期。
② 《保山人民为滇西抗战做过巨大贡献》，《保山宣传报》1994年6月10日。
③ 《抗日战争时期西南交通》，第451—460页。
④ 徐以枋：《抗战时期几条国际和国内公路的修建》，中国近代经济史丛书编委会：《中国近代经济史研究资料》第5辑，上海社会科学出版社1984年版，第40页。

面的战争恐难持久,如果一旦沦陷,南京即受威胁,也难固守,上海既失,既无国际港口,国际交通顿感困难了。"同时,他指出:"日本既大举进攻上海,它的南进政策付诸实行,南方战区可能扩大,到那时,香港和越南铁路都有问题了","我的意见,国际交通应预先做准备,即刻着手同时修筑滇缅公路和滇缅铁路,可以直通印度洋"。① 龙云的分析远见卓识、极富战略眼光,得到了蒋介石的首肯。1937 年 11 月筑路方案确定,国民政府下拨 320 万元,12 月正式开工,限令云南省政府一年修通。

云南各族人民掀起了抗日救亡高潮,全线参与施工的彝族、白族、傣族、苗族、傈僳族、景颇族、阿昌族、崩龙族、回族、汉族等众多少数民族民工,每天大约有 11.5 万名,最多时达 20 余万人。② 根据龙云回忆,这些工人斗志昂扬,"他们发扬爱国主义精神,自带口粮,风餐露宿,栉风沐雨,跨越大山六座,穿悬崖峭壁八处,跨大江大河五条。在修路过程中,死亡民工 3000 多人……没有机械施工,全凭民工双手和血汗筑成,创造了筑路史上的奇迹。"③ 经过 9 个月艰苦卓绝的鏖战,完成了土方 1100 余万立方米,石方 110 多万立方米。修建大中桥梁 7 座,小桥 522 座,涵洞 1443 道,铺设路面 800 余千米。④ 1938 年 8 月 31 日滇缅公路全线修通,12 月 1 日正式通车。当时的《云南日报》曾有题为"滇缅公路修通了"的一篇社论这样报道:"曾经有不少的征服自然的男女战士粉身碎骨,血肉横飞,怪可怕的死于无情岩石底下,怪凄惨的牺牲于无情大江之中,还有不少开路先锋则死于恶性疟疾的暴力之下。据大约统计,牺牲于上述种种缘故的男女不少于两三千人。"⑤

滇缅公路的修通,是云南各族人民以血肉铸成的中华民族精神的不朽丰碑。

滇缅公路最初由云南省公路总局负责筑路及管理两项职责,包括省内行驶车辆的管理。之后,战事紧张、云南战略地位凸显,国民政府即实行管制全国交通,在云南先后设立了管理机构:西南运输处、中缅公路运输总局、滇缅公路运输工程监理委员会、汽车牌照管理所、滇缅公路运输

---

① 谢自佳:《抗战时期的滇缅公路》,《云南文史资料选辑》第 37 辑,1965 年,第 6 页。
② 《云南省政府公报》1938 年 10 月 13 日。
③ 吴显明:《远征缅印述略》,《昆明文史资料选辑》第 11 辑,1978 年编印。
④ 中国公路交通史编审委员会:《中国公路史》第 1 册,人民交通出版社 1992 年版,第 297 页。
⑤ 《滇缅公路修通了》,《云南日报》1938 年 9 月 21 日。

局、云南省道区间公路联运处。同时在昆明、下关等交通枢纽设立管理站①，不断健全管理机构，提高运输效率。1937年为供应军需，国民政府计划筹建军运机构，西南运输处应运而生。"民国二十六年秋，沈昌氏奉命赴粤筹设运输处，筹备月余，规模粗具，广州市市长曾养甫氏受命兼该处主任，确定名称为军事委员会西南进出口物资运输总经理处，对外因有关军运秘密，别称兴运公司，不久，改为西南运输公司。"② 简称西南运输总处或西南运输处。在抗战时期这样极其艰难的社会环境和滇缅相当恶劣的自然环境下，西南运输总处将大量急需的枪械弹药、汽油等战略物资运入了大西南，为整个后方的军工生产及交通运输建设提供了紧缺的物资来源，对支援前线作战和鼓舞军心、民心都起到了极大的作用。滇越铁路交通中断后，滇缅公路成为西南运输处全力经营的唯一对象。西南运输处有11个大队配驶于滇缅公路上（分别是第一、第二、第五、第十、第十四、第十五、第十六、第二十、第二十一、华侨第一、华侨第二大队），共计拥有车辆1166辆。新购之车亦均配编于各车队。③ 因此，滇缅公路上的运输车辆数量猛增。据统计，达2001辆，而全年运入物资共132193吨，最高为3月13896吨，最低12月8727吨，平均月运11016吨。④ 滇缅公路在抗战中发挥了巨大的作用。

西南运输处还担负着战时国民政府易货贸易的重任，它将钨、锡、锑等战略矿产品及桐油、茶叶、猪鬃等农牧产品经滇缅公路运出销售以换取国民政府所需的外援⑤，成为抗战时期国内战场急需的外援军需物资的重要承运者和供给者。在西南运输处经办滇缅沿线运输期间，经滇缅线出口物资共计大约有两万吨，其中，钨砂9000吨、大锡4250吨、桐油6600吨，此外还有少量锑块和少量猪鬃等。西南运输处在国民政府的军需运输中扮演了重要的角色，其虽然只存在了四年，但通过西南运输处直接运进军需物资总量却达到了36万吨左右。与之相对比，1938—1941年，国民政府的中央直属公路运输单位才完成货运量47.1万吨。同时，西南运输处也是战时中国重要战略矿产品和农牧产品的主要输出者，并在学校、机关、厂矿的内迁，送粮运兵支援前线，并为华侨归国抗战及战时国内外人

---

① 云南通志馆编：《续云南通志长编》卷54《交通一·公路·公路建设概述》第986页。
② 黄菊艳编选：《战时西南运输档案史料》，《档案与史学》1996年第5期，第16页。
③ 同上书，第19页。
④ 中国公路交通史编审委员会编：《中国公路运输史》第1册，人民交通出版社1990年版，第276页。
⑤ 夏兆营：《论抗战时期的西南运输总处》，《抗日战争研究》2003年第3期。

员互访交流等方面提供了重要的交通保证。①

滇缅公路修通以后,苏联6000吨援华物资于1938年11月通过英国"斯坦霍尔"货轮经大西洋、印度洋运抵缅甸,之后,从仰光运至八莫入滇境,经由滇缅公路进入内地。这是滇缅公路开通后的第一批物资,"抗日输血管"的大幕由此拉开。据不完全统计,1938—1942年,美国共援华6.96亿美元,整个八年抗战中,先后共有13.7亿美元的援华贷款;苏联从1938—1940年,共援华4.5亿美元;英国援华6050万英镑;而爱国侨胞在抗战头四年中,对祖国的献金却高达15.63亿国币元,购买公债6.8亿国币元。② 通过以上巨额贷款、捐款购买的援华物资,大部分是由滇缅公路进出。在1938年年底又有几匹军用物资运抵仰光,过八莫入境,经滇缅公路运入昆明。"自二十八年十一个月运入量为二七九八〇吨,二十九年为六一三九四吨,三十年为一三二一九三吨。"③ 滇缅公路通车后的1939年11个月中,平均每月输入物资2544吨。1940年一年平均每月输入5116吨,激增101%。1941年平均每月的运输量就达11016吨。另外,根据朱振明统计,1939年9月到1940年6月,滇缅公路第一次关闭之前,每月输入的军用物资高达1万多吨,占同期滇越铁路运力的31%。④ 还有学者统计,仅在1940年6月一个月之内,滇缅公路的输入量就占中国方面当月输入总量的16%,这还只是在当时运输量并不很大的情况下的统计结果。⑤ 自1939年2月至1941年12月,由滇缅公路输入的外援物资达到221567吨,而同期全国公路总货运量为422788吨,滇缅公路输入的已经超过了50%。⑥ 仅1941年一时间,就有7852辆军车、公车和商用汽车奔驰在滇缅公路上,每天过往保山的汽车就达800辆之多,在畹町桥每分钟就有一辆汽车经过。⑦ 日夜兼程运送的货物多为战略物资,但诸如棉纱、棉花、布匹、锡、钨、锑、桐油、生丝、皮革、猪鬃等矿产

---

① 夏兆营:《论抗战时期的西南运输总处》,《抗日战争研究》2003年第3期。
② 张家德、蔡泽民、张愚:《滇缅公路的修建及作用》,《云南文史资料选辑》第37辑,1965年编印。
③ 广东省档案馆:《抗战时期的西南运输总处》,第39页。
④ 朱振明:《抗日战争时期的滇缅公路》,载德宏州经济研究所编《缅甸现状与历史研究集刊》,第104—105页。
⑤ 陶文钊、杨奎松、王建朗:《抗日战争时期中国对外关系》,中共党史出版社1995年版,第229页。
⑥ 中国第二历史档案馆:《中华民国档案资料汇编》第五辑第二编,江苏古籍出版社1997年版,第121页。
⑦ 杨立鑫:《论滇缅公路的伟大功绩》,《保山师专学报》2005年第4期。

品、农副产品和手工业品等进出口商品，也不在少数。滇缅公路从全线通车到1942年5月缅甸陷落、滇缅公路中断为止，共计有油类15万吨、军需品7万吨等军工物资运入了中国，运入的各类物资总计达到45.2万吨，运送出口的矿砂及桐油等物资共计十多万吨。①

1938—1940年，腾越棉纱的进口增长速度是惊人的。棉纱进口规模从1937年开始逐年攀升，五年间，每年的增幅分别为104%、117%、70%、313%。发展速度非常惊人。其最重要的原因是：抗战爆发以后，腾越成为最重要的国际大通道。腾越关棉纱进口从1937年进口4620公担增加至1939年的14379000公斤，折合143790公担，增长了30倍还多；棉花也由6236公担增加至7875公担。货值激增至380多万元，增长了两倍多。

从出口来看，除传统的大宗商品生丝、皮革等货物依然保持增长的势头以外，其他诸如锡、铅、锌、铜、钨、锑等有色金属及桐油出口都有较大幅度的增加。1938—1940年3年间，通过滇缅公路的货物进出口总值分别为5795726国币元、7083716国币元、12576773国币元。逐年增长，幅度很大，1939年比1938年增长22.23%；1940年比1939年增长77.5%。1938—1940年3年间增长了117%。这一时期，滇缅贸易的快速增长主要得益于滇缅公路成为中国唯一的国际大通道。

经过抗日战争的洗礼，滇西交通技术要素实现了革命性的变革。滇缅公路通车以后，滇西、滇川、滇黔之间的公路网络初具规模，贸易往来更为密切，滇西成为全国市场的重要组成部分。特别是云南与缅甸之间，贸易联系更加紧密，公路一线市场更加繁荣，行业更为兴盛，加快和扩展了滇西与世界经济互动的步伐与范围。

随着交通运输条件的不断改善，商品的运输范围和流转速度有了质的飞跃，在传统运输方式下，曾经繁华的市场开始逐步衰落，其中，主要是在短距离运输过程中处于中转地位的市镇首先受到冲击。而在滇缅公路沿线，与近代交通条件改善同步发展，处于交通枢纽地位，以及能够服务于快速贸易往来的更大的商品集散市场开始出现，例如，楚雄、下关、保山、芒市、畹町商旅云集，获得了较快发展。滇缅公路通车后，楚雄"过往车辆人员日多，北门街和城外新辟了汽车站。车站附近的汽车修理业、旅店、饮食业营业兴旺。坐商购销扩大，行商收购大米、皮张、药材、蚕丝等运销昆明，运回棉纱、布匹、百货等商品在本地销售"。②保山则表现为："人口激增，

---

① 陆仰渊、方庆秋：《民国社会经济史》，中国经济出版社1991年版，第619页。
② 李珪主编：《云南近代经济史》，云南民族出版社1995年版，第508页。

其自足自给之经济状况突被打破，致百物飞腾，生活日高，百货遂应时输入，市面日渐繁荣。"① 因滇缅公路开通而发生翻天覆地变化的市镇莫过于畹町。畹町有边境"袖珍城市"之称。全市面积95平方千米，国境线全长28.64千米。被誉为"西南国门"，是滇西陆路通往缅甸和东南亚国家的主要通道。明清时期，分属勐卯安抚司和遮放副宣抚司。民国二十一年（1932），设置畹町镇。滇缅公路通车以前，这里仅有一条羊肠小道和一间破茅屋，满眼蛮荒景象。一条小道就是通往缅甸的"驿道"；一间破草房则为过往商贩饮马歇脚的"驿站"。"仅有一家人卖茶水。"② 可以看作当时唯一的商业活动。1938年，滇缅公路成为沟通国际的唯一陆上通道。畹町就成了中国、美国、英国三国盟军的大本营，物资集散地，也成为最重要的运输孔道，成千上万的货物从这里进出，畹町一跃成为滇缅边境的重要口岸。时人曾这样描述："为了方便进口的车辆登记，公路局在这里兴建了一个办事处，房子、银行及政府办公室都有了。楼房耸立在山坡上。晚上，看着静静的河和建筑物，就像是香港的一个缩影。"③ 工商业的繁盛是畹町最主要的成因和最显著的特征，而这一切的发展的最直接的原因则是交通运输条件的改善。公路的开通，极大地促进了城镇的繁荣。

第三节　商业重镇的崛起

一　交通枢纽与滇缅贸易

下关，距大理30里，原非商业重地。但其地控扼滇西和大理的交通，"从这里东走昆明，西去腾冲，南到景谷，北达丽江、石鼓。东经昆明可去南宁、广州、香港，经南华又可去会理到叙府，再沿长江而下，直达重庆、武汉、上海。西经腾冲或保山直达缅甸瓦城（曼德勒）、仰光。北过丽江去中甸、维西，经维西可至拉萨，再进印度"。④ 元明清政府着力经

---

① 吴志虹、夏强疆编选：《抗战时期滇缅公路沿线部分地区经济调查》，《云南档案史料》1994年第3期，第43页。
② 李志正：《畹町撤退经过》，《云南文史资料选辑》第19辑，1982年编印，第218页。
③ 汤汉清、邵贵龙：《驼峰（1942—2002）》，云南人民出版社2005年版，第45页。
④ 国家民委《民族问题五种丛书》编辑委员会、《中国民族问题资料·档案集成》编辑委员会编：《中国民族问题资料·档案集成》第5辑《中国少数民族社会历史调查资料丛刊》第84卷《〈民族问题五种丛书〉及其档案汇编》，中央民族大学出版社2005年版，第339页。

营，元代设为赵州，明清因之，"其州为往来孔道，控苍洱之要冲，山川萦抱，原显沃衍"。① 雍正以前，下关的商业活动主要通过乡村集市贸易进行。雍正至道光年间（1723—1850），随着云南与缅印及川藏贸易的不断开展，地处通衢的下关，商业逐渐兴起，省内昆明、临安、鹤庆、腾冲、丽江等地商人，开始陆续到下关定居，开设堆店和商号，专门从事商贸活动。其中，腾冲商帮以及鹤庆商帮文华号、喜洲商帮锡庆祥等均曾专门经营滇缅贸易。下关取代大理成为滇西北新的集散中心，这是清代滇西北内部市场结构发展的重要变化。

近代以来，蒙自、思茅、腾越相继开埠后，下关更成为几条重要商路的交会之处。当时下关的商路有 4 条：下关—保山—腾冲—新街—瓦城—仰光；下关—南华—昆明—昭通—叙府—重庆—武汉—上海；下关—石鼓—维西—拉萨—印度；下关—昆明—百色—南宁—广州—香港。在这 4 条商路中，又以前两条为主。第一条商路即滇缅商道，说明当时下关成为滇缅贸易的又一重要窗口。随着滇缅贸易的日益扩大，洋货的大量输入，加之当时社会秩序较安定，物价比较稳定，更多商人商帮都纷纷在下关设号。从缅甸进口的洋货，由腾越运到下关，然后转销滇西北和昆明。从四川购进的生丝、滇西北收购的土特产和药材，均需运到下关经腾越出口。从思茅进口销往滇西北的各种洋货，也要运集下关后转运。运四川会理、嘉定等地的茶叶、药材、皮毛和其他土特产品，也在下关集中北运。滇西北地区与香港、广州、南宁的来往贸易，也需经下关中转。下关遂成为滇西的中心市场，也成为滇缅贸易的重要通道。下关的商号也由同治年间的40 多家发展到清末的 80 多家，增加了 1 倍。当时下关交易的商品，以棉花、洋纱、匹条、黄丝、鸦片、春茶、山货药材为大宗。②

滇缅公路和滇藏公路通车后，在下关交会，下关作为滇西交通枢纽的优势更加显著。尤其是抗战期间，由于中国内地各大城市先后被日军所侵占，于是滇缅公路成为全国唯一的对外交通运输线，这使这条通道上的运输达到了空前繁荣，各大商号纷纷抢运物资，形成了"走印度、跑缅甸"的格局。滇缅公路也因此成为"抗战输血管"和"抗日生命线"。1939年，国民政府交通部滇缅运输管理局对滇缅公路沿线地区经济进行了一次调查，并在这次调查报告中建议："繁荣大理、下关之间运输，不拘其工具为骡马或汽车，以联络此路之交通……由省邀请国货公司或各大商家来

---

① 《道光云南志钞》卷 1《地理志·大理府》。
② 参见李珪《云南近代经济史》，云南民族出版社 1995 年版，第 131—132 页。

此组织消费合作社国货公司已向中国银行表示此意，诚为改善滇西生活程度及饭桶分局客货运输之要则。"① 下关的贸易地位逐步提升，从滇缅公路通车之后，下关逐步取代原先滇西地区以腾冲成为贸易中心的格局。到1949 年，下关发展成为云南省仅次于昆明的商品贸易与经济中心，拥有大小商号商店2000 余家。②

二 市场及商品种类

从明代到清雍正（1723 年）以前，下关虽有交易市场，但仍是农村集市贸易的性质。大致从雍正到道光年间，随着滇川、滇藏贸易加强，下关逐渐成为滇西的商业交通要口，才陆续有商人定居于此，开设商号和堆店。自1875 年以后，随着英国、法国帝殖民势力的渗透，各种洋货的输入，尤其自蒙自、思茅、腾冲先后开埠以来，云南和大理白族地区的主要商路有了改变。从缅甸八莫、密支那和腊戍进口的各种洋货，经腾冲关运到下关，然后转销滇西北和昆明。从四川收购的生丝、滇西北收购的土特产品的药材，都要运到下关，然后由腾冲关出口。从思茅进口，销滇西北的各种洋货，经景谷、缅宁、云州、蒙化（今巍山）运到下关集中，然后转运各地。云南和滇西运往四川的茶叶、药材和其他土特产品，也在下关集中，然后经丽江、永胜运至四川会理、嘉定等地；从四川运回的会理布和日用品，也在下关集中，然后转销各地。从香港、广州、南宁进来的物资，要运销滇西北，经昆明运到下关，才能行销各地；滇西北运往昆明及南宁、广州、香港的物资，也要在下关起运。这样，无论从缅甸、印度进口的洋货和出口的物资，还是从四川、西藏、广州、昆明运来的物资和运往这些地区的物品，也都要以下关为交汇点，下关遂成为滇西北商品集散的主要中心市场。因而在清末民国初，下关市面扩大，兴建了西大街、文献街、启文街3 条街道，商店增加到180 多家。从1920 年后，特别是抗战以来，又先后兴修了振兴街、南华街、鸳浦街、仁民街等。新中国成立前，仁民街是下关的主要街道，下关的商店发展到300 多家，仅次于省城昆明，成为云南第二大商业城市。

与固定市场并存的还有赶街。明代下关是十天一街，1875—1911 年，随着商业的发展，街期也有缩短，逐渐由十天一街变为六天一大街、两天

---

① 萧钟耿：《关于调查下关大理等处经济及运输情形呈》，《云南档案史料》第45 期。
② 杨育新、张锡禄：《喜洲白族商帮的形成及其文化遗产保护》，云南省归国华侨联合会编：《云南侨乡文化研讨会文集》，2005 年，第88 页。

一小街。大街天有祥云、大理、宾川、巍山、弥渡等地商人和农民前来交易，小街天多是附近农民来赶街。到1912年以后，除六天一大街、两天一小街外，又增加了三天一中街。

从下关商业活动的范围来看，历年来也在不断开拓扩大。在1875年以前，下关商人活动的主要场所是滇西北各地，省外主要与四川、西藏、江浙、两湖等省发生贸易关系，国外主要与缅甸有贸易往来。自1875年以后，西方经济势力渗透到云南和白族地区，下关各帮商人都纷纷经营与缅甸、印度甚至南洋诸国有关的商贸活动。其中，缅甸成为各帮商人在国外活动的主要市场和立足点。与此同时，与成都、重庆、拉萨、上海、武汉、广州、香港等地的商业来往大大加强，活动的范围也大为扩展，几乎遍及长江以南诸省。自抗战以来，各帮商人，特别是大商号，都以昆明为国内的活动中心，因而总号一般都迁移昆明。随着国内外市场的不断扩大，促进了商业的发展，而商业的发展又使下关市场不断扩大。

自1902年腾越关开埠以后，各种洋货由缅甸大量涌入下关，下关成为洋货集散地、滇西中心市场。下关各帮商人由以川藏贸易为主，变为以滇缅贸易为主。民国初期，下关商号发展到180多家、大小商店300余家。下关市场洋货充斥，民国《大理县志稿》卷6说："惟吾邑自咸同以前，初无所谓洋货。光绪初，洋货始输入，自越亡于法，缅沦于英，于是洋货充斥。近则商所售，售洋货；人所市，市洋货；数千年之变迁，未有甚于今昔。"[①] 仅英国的洋纱和洋布两项，1894年，日输入下关量最大时曾有千驮。云集于下关的商号在购进洋纱、洋布、瓦花、大烟和各种洋货的同时，把国内的川丝、药材、纸、酒、金、银、盐巴、日用品、布匹、火腿及其他土特产品输往缅甸和印度。

三　商帮与商业资本

下关作为滇西北的贸易中心，各地商人云集于此，并以地缘为纽带，形成了大大小小的商帮。下关先后有鹤庆、腾冲、喜洲、四川和临安五大帮。其中，四川、腾冲和临安三大商帮为外来汉商，鹤庆和喜洲两大帮是大理白族地区的本地商帮。下面介绍鹤庆、喜洲和腾冲三个商帮。

（一）鹤庆商帮

鹤庆商帮是白族地区最早形成的一个商帮。在清代后期，人们将该帮与腾冲帮一起，合称"迤西帮"，此后由于商号增多，才细分鹤庆、喜洲

---

① 民国《大理县志稿》卷6。

和腾冲三帮。但实际上在合称"迤西帮"时期，各帮的发展与经营状况也有不同。在 1875 年以前，鹤庆商帮仅次于四川商帮，与临安和腾冲两商帮不相上下。当时该帮势力不大，帮内大商号少，资金不多，活动范围窄。除日心德、兴盛和在下关、丽江等地设号外，一般只活动于鹤庆一带，发展缓慢。

1875 年以后，随着英国、法国等西方势力在云南的逐渐渗透，鹤庆商帮得到了较大发展，仅在 1875—1908 年间，新起的大商号就有十几家，如日心德、鸿兴昌、宝兴祥、宝天元、文华号、德兴隆、怡和兴、义盛公、德庆兴、益通祥等；其他中等商号发展到 20 多家，超过四川商帮、腾冲商帮，在清末成为下关的第一大商帮。到 1921—1931 年间，由于负债的原因，福春恒、兴盛和、怡和兴、日心德、德庆兴、洪盛昌等十多家大商号纷纷倒闭，鹤庆商帮衰落，其在下关商业上的核心地位由喜洲商帮取代。抗日战争爆发后，鹤庆商帮又有所发展，除一些倒闭的商号重新恢复外，新兴的还有前面提到的恒盛公等四五十家，大大充实和扩大了帮内的势力。抗战后，鹤庆商帮继续得到发展，仅次于喜洲商帮。

鹤庆商帮主要商号资本及其经营情况如下：

兴盛和，由汉族商人舒金和创办，在光绪年间逐渐发展起来，当时有资银四五十万两，是当时下关的大商号之一。1875 年以前，主要在迤西一带经营，主要经营药材、纸、酒、盐巴、日用品、布匹、火腿及其他土特产品等。光绪年间，开始在重庆、成都、保山、下关、昆明、丽江、西藏等处设商号。1910 年左右，在缅甸瓦城设号，共有商店十多处。以后，经营项目也有很大改变，主要从缅甸瓦城等地购进洋纱、洋布、瓦花、大烟和各种洋货，到昆明、下关等地销售；贩运金、银、山货、药材、火腿、黄丝等至缅甸，再卖给英国、法国等西方国家。为出口黄丝，专门在四川设黄丝加工厂，每年出口黄丝四五千箱（每箱 50 斤，下同）左右。在国外经营时，即向"启基"借款，1921 年前后，每次贷款达十多万卢比，年借款总额不下四五十万卢比。与英国、缅甸商人来往也很密切，能赊购洋纱、洋布等货物。1923 年左右，因负外债倒闭。

日心德，由白族李鸿康创办，该号经商历史较久，在杜文秀政权以前就是鹤庆的大商号，当时有资银十多万两，有"李百万"之称。清末民国初，该号广开分店于仰光、瓦城及香港、重庆、康定、汉口、上海、沙市、拉萨、昆明、下关、巴塘、鹤庆等地，总号有两家，分别设于下关和昆明。主要经营的是从康藏、丽江等地收购的大黄、麝香、鹿茸等山货、药材，运上海、香港销售，也将一部分子母、贝母、虫草等运销缅甸，并贩运金、银销往缅甸或香港。每年仅大黄外运量即在千驮以上。

福春恒，由彝族蒋宗汉创办，主要是清末民国初发展起来的。到1920年左右，有资本三五百万元半开，是当时的大商号之一。1930年左右曾倒闭，抗战以来又恢复经营，但资本不大。该号在瓦城、印度及昆明、香港、武汉、上海、西藏、重庆、下关、丽江、鹤庆等处设有商号，并与卢汉等合伙经营。主要经营花、纱、布、山货、药材、黄丝、猪鬃、黄金、白银、外汇等，在四川开黄丝厂。花、纱、布、毛呢和其他洋货多从缅甸、印度及香港、上海等地运至昆明、下关等地销售，金、银、黄丝、猪鬃、山货、药材等运缅甸、印度和上海、香港等地销售，每年输出的黄丝有四千箱左右。

复协和，由资本家周守正、蒋仰禹、李岳嵩、赵如九合办，主要在抗战期间起家，抗战前只有资本四五万元半开。该号与地方政府要员来往密切，并合伙经营。周守正曾任兴文银行经理、云南统运处长，还投资劝业银行、富滇银行等。分号分布于缅甸、印度及香港、上海、武汉、广州、重庆、成都、桂林、拉萨、昆明、下关等地，有店员百余人。主要经营金、银、花纱、布匹、外汇、山货、药材、大烟、百货等。抗战后，在昆明做黄金买卖，每次交易额达几百两、几千两，甚至几万两。

恒盛公，由张相如、张相诚、张相时三兄弟创办，该号经营时间较长。在光绪末年设号，抗战前有几万元（半开）资本。抗战后有四五百万元资本，是鹤庆商帮最大的商号之一。在加尔各答、噶伦堡、仰光及上海、武汉、勐海、拉萨、昆明、下关、丽江、鹤庆等地都有商号，总号设在昆明。主要经营印度、西藏生意，将滇茶运销西藏，在西藏收购羊毛、皮杂销印度，再从印度运洋布、洋纱和其他洋货来滇。

南裕商号，由白族李懋柏创办，1930年左右，有资本三四十万元（半开）。该号在腊戍、昆明、下关、鹤庆、重庆、上海等地设号。主要经营洋纱、洋布、金、银、百货、大烟、川烟、茶叶等，有"川销滇茶，滇销川烟"之说。每年从缅甸运进的洋纱有千余驮，布匹有数千驮。

庆顺丰，由蒋砚田、蒋荣创办，主要是在抗战期间发展起来的，是鹤庆商帮的大商号之一。在上海、香港、广州、昆明、保山、下关等地设号，并在昆明开设织布厂。

德泰昌，由罗顺臣所办，主要是在抗战时期发展起来的。1940年左右，有资本十多万元半开。在上海、广州、香港、昆明、下关、保山及印度设有商号。主要经营棉纱、棉布、百货、金、银、大烟、火腿等。

文华号，由汉族商人杨钟秀创办，1885年左右设号，主要在清末民国初发展起来，曾在瓦城及成都、会理、下关、德钦、康定、维西、中甸、丽江、鹤庆等处设号。在光绪年间有资银八万多两，到1920年左右，发展到二三十万元半开。光绪年间，主要做康定、维西生意，民国初年改做滇缅生意。主要经营洋纱、洋布、茶叶、黄丝、山货、药材、大烟、金、银、外汇等。民国初年向"启基"贷款，每次达七八万卢比，1923年因黄丝跌价，债款无法偿清而倒闭。

（二）喜洲商帮

喜洲商帮起于鹤庆商帮，约在光绪末年形成。第一次世界大战期间，该帮虽有发展，但仍不及资金雄厚的鹤庆商帮和腾冲商帮。自1921—1929年鹤庆、腾冲等商帮的许多商号因负外债而垮台后，特别是第二次世界大战以来，喜洲商帮得到了很大发展，成为下关和迤西资产最雄厚的第一大商帮。帮内的商人有严宝成、董澄农、杨炽东、尹辅成，即严、董、杨、尹"四大家"。除"四大家"外，在抗日战争前后又新出现了"八中家"和"十二小家"，共二十四家。这二十四家中以"四大家"为首。而"四大家"中又以严、董两家最大。"四大家"的主要情况阐述如下。

永昌祥，由严宝成、严燮成、杨克成合办，成立于1902年，当时有资银白银1000两。1903年，彭永昌本银是4400多两，严子珍本银是3500多两，杨鸿春是3400两，共有资本万余两。1912年资金扩大到41000多两。1923年，永昌祥有35万多元半开的资本，到1925年达69万多元。1931年左右，资金达160万元半开，1937—1938年，资金达二三百万元半开。1941年，资金有所萎缩，为法币2058万元。永昌祥主要经营棉纱、布匹、茶叶、黄丝、猪鬃、大烟、金、银、外汇、山货、药材等业务。经营地区遍及长江以南诸省，曾在上海、武汉、香港、广州、重庆、成都、嘉定（今乐山）、宜宾、西昌、万县、柳州、保山、腾冲、昆明、拉萨、下关、丽江等70多处设号；国外在缅甸的仰光、曼德勒、新街、腊戍，印度的噶伦堡、加尔各答等地设号。在缅甸开有丝厂，还远涉重洋到美国贩运货物。此外，曾先后开办昆明茶厂、下关茶厂、喜洲猪鬃厂、四川黄丝厂，投资在个旧开采锡矿。

锡庆祥，1930年由白族董澄农创办，当时有资银半开37万元，主要经营大烟、药材、靛精、棉纱、沙金等，总号设于昆明，分支机构仅下关1处。1937年，投资7万多元，在昆明开办锡庆祥火柴、肥皂厂，生产"双瓢牌"火柴、"花王牌"肥皂，曾畅销一时。1936年，国民党政府颁布火柴统制专卖法令后，火柴厂被收为官办，接着肥皂厂也由于技术管理不善而结束。第二次世界大战期间，主要经营个旧钨矿，并联合陆崇仁、李西平、张西林等,共集资半开20万元,组成钨锑公司。在抗日战争时间,锡庆祥开始从事滇缅进出口生意。1941年,董澄农与张瑞之、张军光等人另组成澄和公司,资金共为法币100万元,两年后资金增为1000万元。缅甸被日本帝国主义侵占后,又改做印度生意,但战后因印度运输不便而结束。锡庆祥的经济实力,仅次于喜洲商帮的永昌祥。

鸿兴源,由白族杨炽东、杨丽东、杨亚东三兄弟创办,是喜洲商帮第三号巨商,主要在抗战以来发展起来。总号设在昆明,在上海、下关、丽江等处设有分号。主要经营茶叶、药材、棉纱、布匹、金银等。

复春和,由白族尹辅臣、尹业成、尹嘉成、尹良成四兄弟创办,是"四大家"中最小的一家。总号设在下关,在上海、武汉、昆明、丽江等处设分号,在下关开有茶厂。主要经营棉纱、布匹、茶叶、药材、金银等生意。

(三) 腾冲商帮

腾冲商帮在下关经商的历史较久,早在1875年以前,就有茂恒等商号在下关经营,行商小贩经常来往。特别是在1875—1908年间,该帮商人更是纷纷而来。1880年左右,在下关设商号的有洪盛祥、永生源、中和记等十多家,并在缅甸瓦城等地设分号,主要从事滇缅间的进出口贸易。自此以后,腾冲商帮在经营滇缅贸易中得到很大发展,到光绪中期和末期,已成为一个独立商帮,经济实力仅次于鹤庆商帮。到光绪末年,腾冲商帮在下关已有20余家较大的商号,有几千两、万余两资银的行商,增加到三四十家。到1918年左右,腾冲商帮的商号,仅住在洪盛祥堆店的就有四五十家之多,在其他堆店内,还有不少腾冲商帮的商号和商人。此时是腾冲商帮的鼎盛时期。1919年,以洪盛祥为首的腾冲商帮(还有其他帮的商人参加),组成了一支驮烟马队,贩运500余驮(计百余万两)大烟到广东,在下关每百两收购价格为450余元半开,大烟运到广东后,烟价连续暴跌,除成本和沿途税收、运费等外,每百两只剩下本钱24元半开,整个腾冲商帮这次共损失500余万元,许多商号都因此伤了元气,有的甚至垮台。接着,在1925年左右,腾冲商帮因无法偿还"启基"的贷款,又倒闭了一批大商号。从此,腾冲商帮经济实力大衰。直到抗战前夕,才恢复和发展到50余家商号。但抗日战争爆发后,由于腾冲沦陷,保山失守,腾冲商帮除少数商号有所发展外,多数商号因受战争影响,商店被炸,货物被毁被劫,损失惨重,有些倒闭,有些停业。因而到新中国成立前夕,腾冲商帮在下关设号的只有20余家商号。腾冲商帮在1875年以前,主要是做腾冲、保山、下关、昆明一带的生意。此后则是以经营滇缅间的进出口贸易为主。

茂恒,由董爱庭、王少岩、金绍和三家合办,在1875年以前,就在下关开春延记,1920年左右,改为茂延记,1929年间,改为顺昌茂,1935年前后,改为茂恒。原是小本经营,在腾冲、下关之间贩运土特产品、药材、茶叶等。到1880年时,已有资银三四万两,是当时下关的大商号之一。此后,转营滇缅贸易,主要经营洋纱、洋布、瓦花、黄丝、茶叶、大烟、金、银、外汇生意。1875—1908年间,是下关的主要进出口商,将黄丝、金、银运往缅甸,从缅甸或印度贩运洋纱、洋布、瓦花入滇。为了加强滇缅进出口贸易,光绪年间,先后在上海、武汉、香港和瓦城、仰光等处设号,在四川嘉定等地开黄丝加工厂。1924年左右,又从四川雇来工人,在下关开黄丝加工厂。上海分号主要收购泡丝,武汉分号主要收购沔阳丝,在四川收购和加工纺丝、条丝、嘉纺、渝纺等,将上述三地的黄丝运至下关,再从腾冲出口供销缅甸。每年出口黄丝不下2000余驮,也大宗出口金银,从缅甸、印度运进的洋纱、洋布、瓦花等,在抗战前,每年有一两万驮。抗战期间,滇缅公路通车,该号自备有20余辆汽车,奔驰在滇缅公路上。该号在经营进出口贸易中,资本积累发展较快,到光绪末年,资银增加到一二十万两,抗战期间增加到3000多万元半开。自光绪以来,茂恒就是腾冲商帮的最大商号之一,也是下关的大商号之一。

洪盛祥,由汉族商人董耀庭创办。在1875年前后,董耀庭就赴缅甸八莫、瓦城经商,从事滇缅进出口贸易。到光绪初年,先后在腾冲、保山、下关及八莫、瓦城等处设分号,从缅甸运瓦花、棉纱入滇,运黄丝和土特产品出口。随着经营业务的不断扩大,到光绪末年,将洪兴福改为洪盛祥,并在仰光、印度及香港、上海等地增设商号。到宣统年间,业务进一步扩大,除做洋纱、洋布、瓦花、黄丝、玉石、水晶、琥珀等进出口生意外,并开始经营石黄。1910年成立洪盛石黄有限公司,开采石黄统一运缅销售。从此,洪盛祥垄断了石黄外销权。随着石黄销路的扩大,洪盛祥在1919年以后,将杨家厂、马家厂、苏家厂、许家厂、学校公洞等6个石黄矿租来自己生产,夺取了石黄的开采权,并将6矿并为3矿。改良石黄开采技术后,洪盛祥雇工大量开采,工人由1919年以前的百余人,增至1928年左右的六七百人,年产量由原来的几千驮,增至三四万驮,外销量由原来的二三千驮,增至两万余驮。1929—1939年,正是洪盛石黄公司发展的鼎盛时期。到1939年以后,云南省政府将石黄矿收为国营,实行官办官销,洪盛祥被迫停止经营。石黄运销印缅,利润一般较大。民国初年，每驮出厂价格为3元半开，运仰光每驮脚费20元半开。而缅甸每4400两（折275斤），售价为180个卢比，以每个卢比值半开3角计，折54元半开，每驮180斤合36元半开。除去成本运费，每驮石黄运缅获利13元半开。若在缅甸将石黄款购成洋纱运回下关，还可以再赚一笔钱。洪盛祥除经营石黄、洋纱、洋布、瓦花外，还大宗经营黄丝、茶叶、大烟、金、银、外汇、玉石等。为了黄丝出口，在四川嘉定、叙府、重庆等地开黄丝加工厂，将黄丝改纺成"叙条""渝条""嘉纺"三种，运销缅甸；并在武汉收购沔阳泡丝，在上海采购洋纺泡丝，运销印度。每年外销黄丝约两三千驮。该号每年各种出口物资，平均不下三四万驮，进口的洋纱、洋布、瓦花和其他洋货，也在万驮以上。到新中国成立前夕，共有大小分号28处，有职工2000余人。在光绪初年，有资金三四万两白银，到抗日战争前后，增加到三四千万元半开，成为下关的最大商号之一。

第四节 滇缅进口贸易分析

一 进口商品种类

这一时期，腾越关每年进口的货物主要包括棉纱、棉花、洋布（包括原色布、扣洋布、斜纹布、意大利布、棉绒布、缅甸布、土染布、哔叽、多罗呢），还有各种羽绸羽绒、玉石、人造靛、纸张、干荔枝、咸鱼、假金线、美国火油、日本自来火、羊毛制成品、纸烟、洋伞、火柴、香皂、肥皂、瓷盆、洋瓷碗钉、铜铁什件、螺丝钉、水桶、缝针、花纽扣、陶瓷器、海芥海味、燕窝、药材、他类毛棉呢、衣帽类、干果及颜料等商品。

棉纱和棉花进口历来是占绝对优势的货物。[①] 此外，布匹、各种羽绸羽绒、玉石、煤油、火柴、陶瓷器、海芥海味、燕窝、药材、他类毛棉呢、衣帽类、干果及颜料13类商品，合计平均约占进口总值的14.8%。[②] 可以看出，在进口商品中，大宗货物为棉纱和棉花。

二 进口大宗商品的规模及货值

这一时期，腾越关进口的货物以棉纱和棉花为大宗（见表4-3）。

---

① 钟崇敏：《云南之贸易》，手稿油印本，1939年版。
② 云南省公署枢要处第四课编：《云南对外贸易近况》，云南省公署枢要处第四课，1926年拓印本。

表4-3　　　　1910—1941年腾越关大宗商品进口规模变动统计　　　　单位：公担

年份	棉纱	棉花	年份	棉纱	棉花
1910	20290	1973	1927	30104	7326
1911	28700	1098	1928	25795	4489
1912	32002	—	1929	27201	7374
1913	36902	3800	1930	20927	7125
1914	30500	8900	1931	13737	8699
1915	37811	15600	1936	1865	3344
1916	32500	1800	1937	4620	4885
1917	36926	3439	1938	9436	6236
1918	33665	600	1939	20512	7875
1919	39150	—	1940	34825	—
1924	减少甚巨	减少甚巨	1941	14379000	6310
1925	增9769	增2844			

资料来源：根据《1911—1920年腾越关贸易报告统计册》《宣统华洋贸易情形论略》《中华民国华洋贸易情形论略》（中国第二历史档案馆、中国海关总署办公厅：《中国旧海关史料（1859—1948）》第52—142册，京华出版社2001年版），云南省志编撰委员会办公室编《续云南通志长编》（下册，省志办编校1985年印行，第599页）各年资料整理制作。1941—1946年棉纱计量单位为千克。

棉纱每年平均进口约1.5万公担，价值200多万元。进口最多的年份是1919年，达2.367万担，价值400余万元，占进口总额的75%；进口最少的年份为1936年，仅2093公担，价值20余万元，占进口总值的19%。棉花进口历来占有绝对优势的地位，年均进口4000—5000公担，价值40余万元。输入最多的年份为1920年，达1.3万余公担，价值100余万元，占进口总额的18.5%；进口最少的年份是1918年，仅600余公担，价值5万余元，占进口总额的2%。[①] 棉纱、棉花两项进口值常年占据滇缅贸易的大半江山，最旺的年份甚至占当年腾越进口总值的90%。而所占比例特别低的年份则不是常态，其特殊原因在后面的分析中加以阐述。

1910—1941年腾越关大宗商品进口的规模及货值，史料中没有比较系统的统计。笔者查阅了1911—1920年腾越关贸易报告统计册（《中国旧海关史料（1859—1948）》）《续云南通志长编》《宣统华洋贸易情形论略》

---

① 李珪主编：《云南近代经济史》，云南民族出版社1995年版，第355页。

《中华民国华洋贸易情形论略》《云南近代史》《新纂云南通志》《云南之贸易》等资料整理制作了表4-3。笔者的分析以棉纱进口为主，原因有二：一是棉纱进口常年占据大头，对进口值的波动影响最大；二是统计数据相对较全。统计过程中碰到很大困难，关于这方面的记载，不仅不系统，记录不完整、不统一，而且一些年份没有找到具体数据。例如，《云南近代史》引用《云南之贸易》的数据："进口最多的年份是1919年，达2.367万担。"就与《中华民国华洋贸易情形论略》民国八年39150公担的数据不相吻合。好在出入尽管较大，但"最多年份"的判断一致，并且这一差别与发展趋势也是基本吻合的。所以，只能以表4-3不太全面的数据做一分析，以期能反映出当时的基本面貌，力争概括出发展的基本规律和突出特征。虽然缺乏详细而全面的数据支撑，但从中可以得出一个基本的结论：纺织品交易为大宗说明其与中国市场、世界市场的同步。

三 棉纱进口贸易特征分析

1910—1919年为快速增长的第一阶段。1910年，腾越棉纱进口总额仅为20290公担，之后基本是逐年增长的态势，平均每年都有3.5万担左右。峰值出现在1919年，进口总量高达39150担，净增18860担，增幅达93%，可谓增长快速。十年间，逐年增长比例最高的年份当属1912年。该年进口32002担，与1911年进口21231担相比，净增10771担，增长比例达50.7%。并且，该年32002担棉纱货值128万海关两，占当年进口总值的70%。

1920—1937年为快速下滑的第二阶段。从1920年开始，棉纱进口呈现出陡然下降、幅度巨大、偶有回升、总体下滑的特征。其中，1920—1927年8年间没有具体的统计数据，只能根据史料中的定性描述做一推断。1920年开始，棉纱进口开始下滑，并且呈逐年下降的趋势。至1924年"惟棉花及印纱之进口则减少甚巨"。原因是"不敌土货，失其销场"。[①] 1928年、1929年略有反弹后开始直线下降。一直降至1937年的4620担，与1919年的39150担相比，近二十年来，波峰波谷相较，减少34530担，最低值仅为1919年的11.8%。究其原因，主要受到两方面因素的影响。一是1929—1932年的世界经济危机不可避免地波及滇缅贸易；二是滇洋与缅币卢比比价处于劣势。

---

① 《中华民国十三年通商海关各口全年贸易总论》，中国第二历史档案馆、中国海关总署办公厅：《中国旧海关史料（1859—1948）》第98—99册，京华出版社2001年版。

1938—1941年为迅猛增长的第三阶段。这一阶段，腾越棉纱的进口增长的速度是惊人的。棉纱进口规模从1937年开始逐年攀升，每年的增幅分别为104%、117%、70%、313%。发展速度非常惊人。其最重要的原因是抗日战争爆发和滇缅公路全线通车。抗战爆发以后，腾越成为最重要的国际大通道。腾越关棉纱进口从1937年进口4620公担增加至1939年的14379000千克，折合143790公担，增长30倍还多；棉花也由6236公担增加至7875公担。货值激增至380多万元，增长两倍多。

通过以上分析可以看出，大宗货物的进口多寡直接决定着腾越关进口贸易的兴衰。棉花进口的规律与棉纱进口的规律同起同落，大体上保持一致，但有两个特殊年份有所不同。1930—1931年棉纱进口从20927公担下降至13737公担，而棉花则由7125公担上升至8699公担。其原因还有待考证。1939—1941年棉纱进口从20512公担升至143790公担，而棉花进口则从7875公担下降至6310公担。其数量减少，可能因为价格昂贵，而人民购买力太弱的原因。

难怪时人发出进口棉纱、出口土丝"此两宗货物进出之多少便知本口一年商务之盛衰"[①]的感慨。

第五节　滇缅出口贸易分析

一　出口商品种类

腾越关出口商品以生丝和皮革为大宗，其中，生丝居于支配地位。历年生丝出口，平均占全关出口总值的82.05%。其中，1933年所占比例最高，达94.03%；其次为1907年，占腾越关出口总值的34.94%。皮革为腾越关出口的又一大宗商品，有牛、羊、鹿麂等皮，多为生皮，以黄牛皮、水牛皮和未硝山羊皮为主。该商品出口货值占全关出口总值平均数的4.08%。其中，1907年所占比例最高，达21.05%；其次为1908年，占21.03%。其他主要出口商品还包括皮革制品、石黄、铁锅、箆帽、纸张、牛、羊、鸡、鸡蛋、鸭、黄牛角、水牛角、麝香、土毡等。另外一些商品也有着重要影响。商品的种类包括土布、茶叶、绳索、猪、火腿、核桃、

[①]《中华民国十三年通商海关各口全年贸易总论》，中国第二历史档案馆、中国海关总署办公厅：《中国旧海关史料（1859—1948）》第98—99册，京华出版社2001年版。

板栗、雄黄、纸张、纸烟、纸伞、绸缎、棕片、粉丝等十多种。每年出口量总货值与腾越关全关每年综合的平均出口货值相比，占全关出口总货值的9.97%。最低占比也达到2%左右，其中，1912年占1.43%，1913年占2.32%。而最高占比竟然达到16.06%，出现在1916年，1920年也较高，达到15.98%。[①] 生丝、皮革出口的大宗地位无法撼动，同时，出口商品种类繁多，结构日趋丰富。

二　出口贸易的货值变化及贸易特征

分析这一时期的腾越出口贸易的状况，可以归纳为：增长快速、发展平稳、区域特征十分明显。其突出特征表现在以下四个方面（见附录表4）。

（一）快速增长（1910—1919年）

1910—1919年十年间腾越出口贸易发展十分迅猛。1919年，腾越出口货值高达2029375海关两，与1910年的556880海关两相比，净增1472495海关两，增幅高达264%。十年间，规模波动不大，但1917—1919年的增长值得关注。1917年出口额794000海关两，1918年大幅攀升至1425547海关两，一年增幅高达79.5%；次年更是飙升至2029375海关两，两年增长155.6%。增长速度之快、规模之大，令人吃惊。主要有赖于黄丝出口极盛，黄丝3183担的出口规模占当年出口总值的89%。与前一年相比，净增1350担。黄丝出口骤增的原因有两个：一是上海到缅甸的船只无容纳江苏黄丝之地，缅甸、印度只能以川丝代替；二是川丝成色改良，制作之法较以前大为精妙，所有黄丝都出口缅甸。这就是为什么其他货物出口减少，而出口总额剧增的缘故。

（二）平稳发展（1920—1928年）

1920—1928年这一阶段，腾越关出口资助起伏不大、波动较小，总体规模基本维持在150万—200万海关两左右。其中，1927年、1928年的变化引人关注。1927年出口值2212143海关两，至1928年却下滑至973177海关两，仅为上年度的44%。究其原因有二：一是腾越遭遇天灾人祸，自然灾害与盗贼猖獗双重影响。重要货物出口在时局飘摇、运费高涨中几乎陷入停顿；二是人造丝与生丝竞争，致使出口雪上加霜，日益减少。

（三）区域特征突出（1929—1932年）

1929—1932年，因受世界经济危机的影响，云南进出口、腾越商品进

[①] 根据《云南省志》《云南近代经济史》《光绪华洋贸易情形论略》《宣统华洋贸易情形论略》《中华民国华洋贸易情形论略》和《云南对外贸易史》不完全统计。

口均受重大影响。腾越关出口却未受多大影响，实属稀奇。以1932年为例，在云南进出口总体状况及腾越关进口规模几乎都降至冰点的这一年，腾越关出口仍有1310815海关两，甚至比1931年还增加了48227海关两，实在难得。原因有二：一是政府为救济中国丝业，豁免生丝出口税；二是缅甸生丝需求量大增。因此，腾越关当年生丝出口量增加35%。

（四）日趋增长（1933—1941年）

在1933—1941年十多年间，腾冲关出口货值偶有年份下降，但总体呈现快速增长的态势。1933年出口达3078641海关两，比1932年净增1767826海关两，增幅高达135%。这主要是因为货币比价的影响。十年以前，每100卢比仅值滇洋50元，1933年比价已升至100卢比230元，前所未有。因此，给商品出口以极大的鼓励。之后各年稳步增长，到1941年已经达到7017916元。

三 生丝出口贸易特征分析

云南生丝出口历来为大宗，多由腾越关输出至缅甸，在腾越关历年出口总额中始终是第一大宗商品。其余诸如皮革、皮革制品、石黄等也是重要的出口货物，但在规模和货值上比较，生丝出口占有绝对的支配地位。所以，本书主要分析生丝出口状况（见表4-4）。

表4-4　　　　　1889—1937年川丝通过云南出口情况　　　单位：海关两、%

年份	云南省出口总值	川丝	比例	其他出口货物	比例
1889	137	—	—	137	100
1890	730	—	—	730	100
1891	908	—	—	908	100
1892	1147	—	—	1147	100
1893	1145	—	—	1145	100
1894	1469	—	—	1469	100
1895	1609	—	—	1609	100
1896	1324	—	—	1324	100
1897	1696	7	0.41	1689	99.59
1898	1955	4	0.20	1951	99.80
1899	2999	11	0.37	2988	99.63
1900	3855	10	0.25	3845	99.75
1901	4833	5	0.10	4828	99.99

续表

年份	云南省出口总值	川丝	比例	其他出口货物	比例
1902	6033	171	2.83	5862	97.17
1903	4360	234	5.37	4126	94.63
1904	7895	351	4.45	7544	95.55
1905	7900	248	3.14	7652	96.83
1906	8483	232	2.73	8251	97.27
1907	6361	262	4.12	6099	95.8
1908	8996	262	2.91	8734	97.09
1909	7402	280	3.78	7122	96.22
1910	10880	359	3.30	10521	96.70
1911	11262	456	4.05	10806	95.95
1912	19589	718	3.67	18871	96.33
1913	18439	790	4.28	17649	95.72
1914	13989	609	4.35	13380	95.65
1915	16497	707	4.28	15790	95.72
1916	15646	673	4.30	14973	95.70
1917	21329	985	4.62	20344	95.38
1918	20030	1980	9.89	18050	90.11
1919	18616	2680	14.40	15936	85.6
1920	21685	1939	8.94	1946	91.06
1921	14220	2467	17.35	11753	82.65
1922	16837	1901	11.29	14936	88.71
1923	16551	1875	11.33	14676	88.67
1924	18836	2782	14.77	16054	85.23
1925	24032	2285	9.51	21747	90.49
1926	18330	2010	10.97	16320	89.03
1927	18634	3138	16.84	15496	83.16
1928	19092	1001	5.24	18092	94.76
1929	19060	1469	7.70	17591	92.3
1930	19174	1814	9.46	17360	90.54
1931	18844	1474	7.82	17370	92.18
1932	19624	1788	9.11	17836	90.89

续表

年份	云南省出口总值	川丝	比例	其他出口货物	比例
1933	27880	2701	9.69	24979	90.31
1934	18786	2207	11.75	16577	88.25
1935	23767	2464	10.79	21203	89.21
1936	31315	3529	11.27	27786	88.73
1937	40135	2961	7.38	37174	92.62
合计	634485	52141	5.22	582344	91.78

注：货币单位：1902—1932年为海关两，1933—1941年为国币元。

资料来源：民国资源委员会经济研究室编：《云南经济研究报告》第20号，第27—28页，表5b。

云南生丝出口主要来自四川，其次来自湖南和江浙，主要通过腾越销往缅甸。其中，川丝所占比重最大，年平均出口额约占出口总值的70%左右。1902—1909年间，云南省年平均出口总值717.9万元，其中，川丝为25.5万元，占3.55%；1910—1937年间，云南省年均出口总值1975.3万元，其中，川丝为178.8万元，占9.05%。[1]

进入近代以来，随着大锡出口猛增，生丝出口降至云南大宗商品出口的第二位，但出口规模仍然不断扩大。特别是1902年腾越开关以后，出口规模猛增，由1901年的7公担增至266公担，货值增长了30多倍。出口最多的年份是1936年，达到4395公担，货值3516000国币元，占当年腾越关出口总值的94%。云南生丝出口几乎全部集中于腾越关出口缅甸，历来占据第一位，并且，所占比例极高。1926—1927年间，因为迤西地区治安状况极差，正常的贸易往来几乎不能进行，才转由思茅关输出。

在1910—1919年十年间，生丝出口可用突飞猛进来形容。1910年仅有913担，1919年即达到3846担，货值达1720031海关两。两年相比，

---

[1] 吴兴南：《云南对外贸易史》，云南大学出版社2002年版，第149页。笔者在查找1910—1941年腾越关大宗商品出口的规模及货值时，史料中记载很少，有关数据零散记录于1911—1920年腾越关贸易报告统计册（《中国旧海关史料（1859—1948）》）《续云南通志长编》《宣统华洋贸易情形论略》《中华民国华洋贸易情形论略》《云南近代史》《新纂云南通志》《云南之贸易》等史料中。统计中碰到了与上述考察大宗进口时同样的困难。所以，同样只能以上表不太全面的数据做一分析，以期能反映出当时的基本面貌，力争概括出发展的基本规律和突出特征。笔者以生丝出口为例考察腾越关大宗商品出口状况，主要是因为生丝出口始终占据腾越关出口总额的首位，并且其出口数额成为仅次于大锡的云南出口的第二位。

数量增加近 3000 担，增幅高达 321%。其间，几年很少有低于 1300 担的年份，多数在 1500 担以上。在 1920 年以后的 20 多年里，随着技术不断改进，成色进一步改良，质量得到很大提高。加上江苏黄丝由上海输出缅甸的数量减少，腾越关出口的生丝规模不断扩大。其间，有涨有跌，但最低年份也有 2000 多担，多数在 4000 担左右，最高达 4500 余担。由于数据缺乏，不宜妄加猜测，仅凭定性描述，难以准确，所以，分析难免以偏概全，但可以从出口总额中得到一些启示，因为生丝出口毕竟决定着腾越关出口贸易的兴衰。

结合腾越关出口总额变化分析，1929—1932 年生丝出口体现出与云南进出口、腾越商品进口均受重创，贸易额急剧下降的状况截然相反的区域特征。腾越关生丝出口不降反升，实属稀奇。以 1932 年为例，腾越关当年生丝出口量增加 35%。一是得益于政府豁免生丝出口税；二是缅甸的生丝需求量大幅增加。之后的十多年里，生丝出口一直保持着旺盛的增长态势。除市场需求较大以外，受货币比值的影响，也极大地鼓励了生丝出口。1940 年为唯一特殊年份，该年生丝出口仅为 987 公担，比 1939 年下降了 2753 公担。相关资料记载："出口川丝一落千丈，客岁为三千七百四十公担，本年则仅九百八十七公担而已。"[①] 究其原因，应当是日本侵略中国，倾销人造丝挤占了云南生丝出口，供销双方出现特殊情况之故。

第六节　抗日战争时期的外贸统制

抗日战争全面爆发后，中国东部沿海的对外贸易通道丧失殆尽。1940 年以后，随着滇越铁路中断，日本入侵东南亚，对云南对外贸易造成了严重影响，但滇缅贸易却因为滇缅公路成为中国抗战时期唯一的国际贸易通道而昌盛发达。太平洋战争爆发后，日本相继攻陷缅甸仰光、云南腾冲，1942 年滇缅公路被阻断，云南与缅甸进而与国际世界联系的唯一陆地通道就此断绝，滇缅贸易落入低谷，直至第二次世界大战结束后才有所恢复。

---

① 《中华民国二十九年通商海关各口全年贸易总论》，中国第二历史档案馆、中国海关总署办公厅：《中国旧海关史料（1859—1948）》第 140、141、142 册，京华出版社 2001 年版。

一 战时外贸统制机构

抗战之初，为巩固财政金融基础，确保长期抗战的需要，"控制资源、管理贸易"成为国民政府战时政策的基本指导思想。为此，国民政府在《总动员计划大纲》中明确规定："我国所产大宗而适于各国需要之物品，得由政府办理输出，交换战时必需之入口货品。"[①] 以出口换取战略物资、国内工业生产和民用必需品。

1937 年成立"国际贸易调整委员会"，隶属军事委员会。一年以后更名为"贸易委员会"，隶属财政部，行使进出口贸易管制等六项职能。下设出口贸易处、进口贸易处、财务处、外汇处、技术处、储运处、"外销物资增产推销委员会"七个职能处室和一个专门委员会负责行使具体管理职能。并且，"贸易委员会"在后方各省都设立了分支机构，用以加强各地对外贸易统制。此外，贸易委员会为了加强除矿产品以外出口物资的外贸统制，成立了中国茶叶公司、富华贸易公司和复兴贸易公司专营矿产品以外的出口物资。

二 进出口贸易政策

这一时期，国民政府的政策以 1941 年为界分为两个部分。1941 年以前，规定了六项制度，即实行进口许可制、重要商品优先进口制、进出口差额汇率制、按市场汇率供给外汇制、进口限额制和禁止进口日本货六项制度，目的主要是减少进口。1941 年 12 月太平洋战争爆发，对外贸易的水陆交通中断，仅靠空运难以解决物资奇缺、物价飞涨的问题。1942 年，国民政府解除进口禁令，鼓励进口，这是抗战后期的基本进口政策。这一政策"虽然起到了一定程度的促进作用，但商品的输入反而比实行限制进口政策时为少"。[②]

出口贸易政策。国民政府在战时采取的贸易政策始终是鼓励扩大出口。在这一政策的指导下，针对国内实际，大体经历了两个阶段的变化。第一阶段：协调出口（1937 年 8 月至 1938 年 2 月）。贸易调整委员会的主要任务是协调产销，"并予以资金运输之协助及补助其亏损"；第二阶段：自行组织（1938 年 2 月至 1945 年 8 月）。贸易调整委员会改组为贸易委员会以后，主要任务由协助转为自行收购及外销，开始施行易货贸易，主要

[①] 《国民党政府财政金融动员计划大纲》，《民国档案》1987 年第 1 期，第 33 页。
[②] 石伯林：《凄风苦雨中的民国经济》，河南人民出版社 1993 年版，第 354 页。

由委员会下属的三个贸易公司负责。在这一政策的鼓励下，战时外贸出口经历了三次高峰。1937年出口总值达8.38亿元①，比1936年增长20%，此为第一个出口高峰；1941年增加到29.01亿元，比1938年增长了近3倍，此为第二个出口高峰；1945年滇缅公路重新打通后，当年外贸出口总值增至44.85亿元②，此为第三个外贸出口高峰。

三　外贸统制的特点及影响

从进出口商品的种类、结构及货值分析，战时的外贸统制具有以下三个特点：

（一）生产资料进口处于首位

战时进口货物以工业原材料、设备和燃料为主，满足了抗战的需要，生活急需以及后方工业基地建设。"与工业有关的进口货物在战时外贸进口总价值中所占比例高达80%以上，比战前提高了50%左右"。③ 1941年以后进口减少，统制政策的影响相应缩小。

（二）生活必需品进口处于重要位置

大后方社会稳定也是国民政府在战时必须考虑的重要问题，所以，满足人民日常的生活需要被摆在了重要位置。"棉花、棉纱、面粉、米谷、小麦、棉织品、绒线制品、生丝、糖等，平均每年进口占到进口总价值的15%左右"。④ 生活必需品的进口，既解决了老百姓的衣、食民生问题，也调节了市场供求关系，为大后方的社会稳定，支持抗战做出了积极贡献。

（三）贸易方式以易货贸易为主

国民政府利用国内丰富的资源出口换回战略、生活必需品。例如，美国向中国提供军火、钢铁、铜、汽车、汽油、柴油、煤油等货物，我国输出矿产品、桐油、生丝、棉花等资源。要获得苏联的援助，中国须以矿产品、茶叶、猪鬃、粮食、皮货偿还。英国供给机器设备、化工原料、五金、纺织品，中国以生丝、茶叶换回。在这一时期输出的货物中，生丝比例最大，棉纱次之，茶叶、桐油、猪鬃、矿产品大体相当。⑤ 虽然外贸统制起到了积极的作用，但还存在机构不完善、机制不健全、收购价格过低、挫伤工农积极性等诸多问题，这也是抗战后期出口贸易下滑的主要原因。

---

① 杨树人：《十年来之国际贸易》，《十年来之中国经济（1936—1945）》中册，第28页。
② 同上。
③ 石伯林：《凄风苦雨中的民国经济》，河南人民出版社1993年版，第360页。
④ 同上。
⑤ 同上书，第358—363页。

第五章　1942—1949年滇缅贸易的急剧衰落

抗日战争全面爆发后，中国东部沿海的对外贸易通道丧失殆尽。1940年以后，随着滇越铁路中断，日本入侵东南亚，对云南对外贸易造成了严重影响，但是，滇缅贸易却因为滇缅公路成为中国抗战时期唯一的国际贸易通道而昌盛发达。可惜好景不长，太平洋战争爆发后，日本相继攻陷缅甸仰光、云南腾冲后，1942年滇缅公路被阻断，云南与缅甸进而与国际世界联系的唯一陆地通道就此断绝，滇缅贸易开始逐步走向衰败。

第一节　进出口贸易的低迷状态

一　国际国内形势与对外贸易

（一）国际国内形势概述

1942年滇缅公路被切断以后，滇缅贸易一落千丈，相关的史料中有关滇缅贸易的专门记载很少，民国海关中对外贸易统计年刊至民国三十一年（1942）中断，之后三年均无更多记载，至民国三十五年（1946）太平洋战争结束才有海关记载，这也从一个侧面反映出这一时期滇缅贸易的衰落。《民国三十年至三十四年中国贸易概况》记载：民国三十一年（1942）一月八日及十一日，腾冲（原腾越关）与畹町支关，改为昆明关的分关。民国三十四年（1945）七月一日，腾冲关重新成为独立海关，畹町仍为其支关归其管理。进口贸易主要从印度空运货物，但都是政府官方订购。空运输出的商品主要是生丝、猪鬃及钨砂，全部为政府统制的商品。民国三十二年（1943）滇缅公路的云南境内一段，还可以通车，但大部分是承担运输军队以及运送给养的任务，商品运输为数极少，几乎不用记载。民国三十一年（1942）五月八日，日军自缅甸向云南西部进逼，腾冲关因之而撤退。五月十日，敌军占据腾冲，至民国三十三年（1944）九月十四日日军离去，这一时期的滇缅贸易几乎完全停顿。民国三十四年（1945）五月十七日，腾冲关重行开关，降为昆明关的分关。同年七月改为腾冲区总关。缅甸于1945年光复以后，在联军管制之下，腾冲与缅甸的边界贸易颇受限制。民国三十四年（1945）八月日军投降后，直接对外贸易恢复。至当年年底，进口洋货价值为39020万国币元，直接出口国货价值为3080万国币元。

（二）国内经济形势

滇缅贸易的衰落虽然没有详细的数据支撑，但仍然可以从当时处于风雨飘摇中的民国经济这一大的社会背景中得到一些证明。抗日战争全面爆发后仅仅一年，东北、华北完全沦陷，长江以南各省也处于水深火热之中，江浙沿海地区被完全侵占，大好河山惨遭蹂躏，国家经济命脉几乎被切断，侵略者企图从经济上摧毁中国抗战能力的狼子野心几乎得逞。战前中国工业90%集中在华北、华中、华南的大中城市，其中，江苏、浙江、安徽三个省份就占70%。上海、武汉、无锡、广州、天津的工厂占全国工厂的60%，而仅上海一地的私人资本工厂数量、资本额、生产额分别占全国私人资本工厂的50%、40%、46%。① 上述地区沦陷以后，工厂或被毁或被占有，国内经济尤其是工业遭到了毁灭性的打击。仅上海一地的工厂被毁的就达2270家，财产损失达8亿元左右；其他各地注册成立被毁的工厂3735家，财产损失7.4亿元，几乎占全国注册成立的工厂数量和资产额的50%以上。② 私人资本中被毁被占的比例，就行业而言，纺织业为70%、面粉业为50%—60%、火柴业为53%、缫丝业为45%、造纸业为84%，化学工业仅制碱就达82%，煤矿、钢铁等业的损失更是无法估量。③ 据战后统计，我国在抗战期间蒙受的直接损失（按1937年7月的价值折算）为121.1亿元，其中，工业48.1亿元，矿业9亿元，电业5.8亿元，商业5.8亿元；间接损失为79.87亿元，其中，工业29.4亿元，矿业1.9亿元，电业4.2亿元，商业4.4亿元。两项总计损失达201亿元，约合59.3亿美元。④ 此为中国工业遭受的重创。农业方面的损失比工业更为惨重，耕地面积急剧缩小；劳动力损失在1.3亿人左右，仅耕牛一项就损失800万头，占耕牛总数的40%；农产品产量大幅减少，如按江苏农民

---

① 陈伯彬编：《日本侵占区之经济》，资源委员会经济研究所，1945年，第56页；石伯林：《凄风苦雨中的民国经济》，河南人民出版社1993年版，第269页。
② 石伯林：《凄风苦雨中的民国经济》，河南人民出版社1993年版，第269页。
③ 同上书，第270页。
④ 于彤编：《抗战时期中国工业损失状况部分统计》，《历史档案》1990年第2期。

平均每户损失 220 元（占中国东部农民户均年收入的 75%）计算，全国农村损失共计 73 亿元左右。① 除开损失惨重以外，日军封锁了海路陆路交通，中国对外联系十分困难，民国经济处于风雨飘摇之中。

1937 年 9 月工厂开始内迁，前后历时三年多，1940 年基本结束，内迁厂矿约 450 家，按地域分布来看，四川 254 家，湖南 121 家，广西 28 家，陕西 27 家，云南、贵州等省 23 家。② 同时，大量的机关、学校、部队移往西南，促进了云南对外贸易的快速发展。1936 年，昆明人口为 14.2657 万，1937 年即增为 20.5396 万，1938 年净增 6.2 万，增长率为 43%。至 1945 年，昆明人口已近 30 万，比战前增加了一倍。③ 这一时期，驻扎在云南的军队为数众多，大量的物质需求刺激着贸易的繁荣，商业资本十分活跃，再加上滇缅公路成为中国唯一的国际贸易孔道，滇缅贸易抗战前期迈入了鼎盛时期。滇缅公路被切断以后，贸易往来由盛转衰，状态十分低迷，难以振兴。

二　滇缅贸易衰落的表现

（一）进出口贸易萎缩

这一时期的进口贸易中，政府减免税收，鼓励交通器材、机器、钢铁、药品以及战时必需品的进口。原属大宗进口商品的烟酒、丝织品、毛织品、化妆品、玩具、海菜等非生产、生活必需品或国内有能力生产替代进口的产品，均被禁止进口。④ 太平洋战争爆发后，进口规模开始下降，1942 年进口货值减少到 14.45 亿国币元，但 1943 年国币进口货值又开始上升，为 33.84 亿国币元，1944 年增至 44.18 亿国币元，1945 年至最高峰，达 143.83 亿国币元。⑤ 从单纯的数字分析，进口货值在不断增长，但据石伯林认为："因通货膨胀与法币购买力降低的关系，此种进口货值上升的曲线并不代表货物进口总量的增加……货物进口总量仍然是下降的，这是战时进出口贸易的共同特点。"⑥ 为什么会得出这一结论？从一些货物进口绝对量的减少可以得到证明：汽油进口，1937 年约为 21 万公升，

---

① 苏澄：《敌寇侵略下的我国农村经济》，《全民抗战》第 115 期，1940 年 3 月 23 日出版。
② 黄秉绶：《五十年来之中国工矿业》，载中国通商银行编《五十年来之中国经济（1896—1947)》，文海出版社 1948 年版，第 180—181 页。
③ 骆毅等：《昆明市历代人口的变迁》，《云南地方志通讯》1986 年第 2 期。
④ 陆仰渊、方庆秋：《民国社会经济史》，中国经济出版社 1991 年版，第 756 页。
⑤ 杨树人：《十年来之国际贸易》，《十年来之中国经济（1936—1945）》中册，第 28 页。
⑥ 石伯林：《凄风苦雨中的民国经济》，河南人民出版社 1993 年版，第 357—358 页。

1941年降为11.7万公升,1945年进一步降至0.7万公升;煤油进口,1937年为45万公升左右,1941年降至15.7万公升,1945年降至0.23万公升。① 云南对外贸易同样下滑十分厉害。蒙自关1942年进口货值总计119306国币元,出口货值总计890188国币元,出超8781882国币元,三项指标与1941年相比,分别下降5974821国币元、225924880国币元,出超减为219950059国币元,进出口货值降幅分别为98%和96.2%。思茅关的进口货值也从1941年的4155108国币元下降至1942年的85444国币元,出口货值从1087130国币元下滑至12455国币元。腾越关1942年的进出口数据无法找到,但可以肯定,进出口贸易下降是急剧的。滇缅贸易体现出同样的特点,以棉纱、棉花、汽油等为例:1939年腾越关棉纱进口为20511公担,1946年仅为1760公担;当年棉花进口为7875公担,1946年降为5721公担;1940年汽油进口为1398161万公升,1946年锐减为152475万公升。② 其他诸如煤油、烧碱等货物进口数量也在萎缩。

出口贸易因为太平洋战争爆发,交通封锁严密给贸易出口带来了严重的冲击。从1942年开始,我国出口贸易陡降至1.92亿元,1943年更是降到1.64亿元,1944年又升至9.97亿元,其中最主要的原因是滇缅公路重新打通。1945年贸易出口总额突增至44.85亿元。③ 单从货值来看,似乎出口贸易得到了突飞猛进的发展,但"根据当时法币购买力的指数来分析,其出口货物总量是呈下降趋势的"。④ 我们从具体货物出口数量来加以分析:桐油出口1937年为103万公担,1941年降为21万公担,1945年仅有0.1万公担;猪鬃出口1937年为4万多公担,1941年降为2.7万公担,1945年仅有0.6万公担;茶叶出口1937年约为40.7万公担,1941年降至9.1万公担,1945年降至0.5万公担;生丝出口1937年为4.08万公担,1941年降至2.9万公担,1945年降至0.12万公担。⑤ 腾越关出口贸易急剧下降更为严重。1941年腾越关出口猪鬃16637千克,茶叶892公担,生丝70438千克,较之上年已然开始下降。1946年生丝出口下降至21261千克,仅占1941年的30.2%。其余几项大宗均无海关记载。结合

---

① 谭熙鸿:《十年来之中国经济建设(1936—1945)》中册,文海出版社1974年版,第38—46页。
② 上海总税务司署统计科编印:《民国三十五年海关中外贸易统计年刊》卷一上册《贸易报告》,民国三十六年版。
③ 杨树人:《十年来之国际贸易》,《十年来之中国经济(1936—1945)》中册,第28页。
④ 石伯林:《凄风苦雨中的民国经济》,河南人民出版社1993年版,第356页。
⑤ 杨树人:《十年来之国际贸易》,《十年来之中国经济(1936—1945)》中册,第29页。

全国猪鬃、茶叶等减少的现实，可以肯定，腾越出口的传统大宗也是急剧下降的。1946 年海关贸易报告中记载：当年出口货物中，生丝为大宗，有 21261 千克，价值三亿六千八百九十万国币元，其他出口货物还有皮蛋 79000 只，货值 1930 万国币元，两项合计就达三亿八千八百二十国币元，与当年腾越出口总值五亿五千一百四十二国币元相比较，就已占总额的 70%，皮蛋的单价高达每只 244 国币元，再加上还有篾帽等出口货物，可见猪鬃、茶叶出口几乎没有，而滇缅贸易的传统大宗商品石黄早在 1940 年 6 月以后已告绝迹，滇缅贸易出口一落千丈。就连清末以来一直在云南出口贸易中独领风骚的大锡，在 1946 年仅出口 200 公担，与鼎盛时期相比也天壤之别。

（二）滇藏印贸易的兴盛

滇缅公路被切断后，滇藏印驿道得以重新开辟，使之成为当时唯一可用的陆路国际贸易线，古老的茶马古道再度兴盛。"云南原来主要经营滇缅贸易的各大商号，如茂恒、永昌祥、恒盛公、洪盛祥、永茂和等，以及丽江的恒和号、仁和昌、达记、裕春和、长兴昌，北京的兴记，山东的王云宝等商号纷纷在印度噶伦堡、加尔各答等地设立分号，经营滇藏贸易。在康藏，也有数十家中小资本家和拉萨、昌都等地的中上层官商参与中印贸易。"[①] 铸记商号在抗战期间每年经营的滇缅印贸易额为 20 万—60 万盾；[②] 西藏邦达仓总号从 1942 年开始的 5 年间，汇往印度购买战时内地急需物资的费用就达 1000 万盾；[③] 仅丽江一地，在 1943 年前后就有中央和地方银行分支机构 9 家，大小商号 1200 余家；[④] 1943 年达记商号一家的货物就有 3000 驮从印度起运至内地销售。[⑤] 他们通过输出黄丝、药材、瓷器、猪鬃、羊毛等土货，换回棉纱、布匹、呢绒、染料、药材、牛黄、海产品、日用品等国内短缺物资[⑥]，就连"当时中小寺庙和僧俗商人，凡影响所及，纷纷前往拉萨或噶伦堡办货，分别运送到康定和丽江等地，回程又购办茶叶等物运回拉萨等地，在康藏间掀起了大办商贸、经济支援持久

---

① 李珪、梅丹：《云南近代对外贸易史略》，《云南文史资料选辑》第 42 辑，云南人民出版社 1993 年版，第 37 页。
② 马家奎：《回忆先父马铸材经营中印贸易》，《云南文史资料选辑》第 42 辑，云南人民出版社 1993 年版，第 203 页。
③ 仲麦·格桑扎西：《康藏商业界支援抗战亲历记》，《抗战时期内迁西南的工商业》，云南人民出版社 1998 年版，第 323 页。
④ 李珪主编：《云南近代经济史》，云南民族出版社 1995 年版，第 520 页。
⑤ 杨毓才：《云南各民族经济发展史》，云南民族出版社 1989 年版，第 447 页。
⑥ 陆韧：《云南对外交通史》，云南民族出版社 1997 年版，第 419 页。

抗战的高潮。"① 他们为支持抗战做出了不朽的贡献。滇藏印贸易的繁荣也从另一个侧面反映出滇缅贸易的衰落。

（三）云南商帮的兴衰与经营转向

茂恒于1928年创建于腾冲，1938年迁往昆明，主要经营滇缅贸易。分支机构曾一度发展到30多个，省内包括腾冲、龙陵、凤庆、巍山、下关、祥云、丽江、德钦、维西、昭通；省外包括上海、汉口、广川、重庆、成都、宜宾、乐山、筠连、西昌、康定、拉萨；境外有香港；国外包括缅甸曼德勒、仰光、腊戍、密支那、八莫、邦海、缪萨、鸠谷，印度加尔各答、大吉岭、噶伦堡，越南海防等。1942年，缅甸、腾冲、龙陵沦陷，其滇缅沿线积存的外贸物资遭受巨大损失，越南、缅甸等国外市场先后放弃。经营范围转向省内贸易，对外贸易致力于经营滇藏印贸易。该贸易路线的转向始于1942年8月，以棉纱、布匹进口和紧茶、羊毛出口为主要经营业务。该商号先在下关加工紧茶运往拉萨等藏区销售，将所得款项就地购买羊毛出口印度，又从印度购买大量的棉纱、布匹经马帮运到西藏境内。货物入藏后，经拉萨往昌都到邦达，在此将货物分成两路内运：一路雇马帮运经打箭炉、雅安抵成都销售；一路由邦达运货入云南，经德钦、维西到丽江，大部分商品运往昆明出售，但贸易规模十分有限，业务未有多大扩展。② 以经营传统滇缅贸易为主的著名大商帮的兴衰是滇缅贸易衰落的最直接反映。

永昌祥是抗战前后迅速发展起来的喜洲商帮中著名的商帮，后成为下关实力最为雄厚的第一大帮，主营滇缅贸易。民国六年（1917）开始至1937年20余年里，资本由3万多银元增加到180多万银元，扣除货币贬值的因素，资本增值仍然在30倍以上。1942年滇缅公路截断以后，生丝、茶叶等进出口贸易被迫停顿，对外贸易大受影响。永昌祥开始调整经营方向，把商业资本主要投向黄金和美钞市场，采用法币套做的办法，赚取暴利。③ 同时，积极开展滇藏印国际贸易，该商号于1943年在印度加尔各答设立分号，从下关组织货源、加工商品销往西藏，并用所得货款收购药材、山货、猪鬃、土杂等货物销往内地。还在西藏收购羊毛运销印度，然后又从印

---

① 仲麦·格桑扎西：《康藏商业界支援抗战亲历记》，《抗战时期内迁西南的工商业》，云南人民出版社1998年版，第320页。
② 云南省政协文史资料委员会编：《云南文史资料选辑》第42辑，云南人民出版社1993年版，第77—78、94页。
③ 董承汉、常泽鸿：《永昌祥的经营之道》，《大理市文史资料》第八辑，1999年编印，第44页。

第五章　1942—1949 年滇缅贸易的急剧衰落

度进口咔叽布、棉纱等洋货，途经拉萨、丽江、下关运回昆明销售。但终因路途遥远、资金回笼慢、风险大、利润率低等原因，永昌祥于 1943 年后逐步退出了滇藏印贸易，经营转向国内贸易。① 1937—1949 年，从经济发展的角度来看，永昌祥不仅没有发展，反而倒退缩小了。其资本总额在 1938 年年初为 1293537 国币元，1940 年年初的资本总额是 3452400 国币元，从账面来看，资本聚集有了大幅度的提高，但结合通货膨胀、法币贬值的因素，1940 年年初的资产实质上仅有 70 万国币元，与 1938 年年初相比，反而缩小了 60 万国币元左右。② 1951 年，永昌祥的资本总额为旧币 113 亿国币元，根据币值测算，与 1938 年相比，其经济实力大为削弱。

永茂和从 1850 年创立之初就以经营滇缅贸易为主业。1940 年以前，商号已经积累了比较雄厚的资本，规模不断扩大。太平洋战争爆发后，缅甸被日军占领，其存放在缅甸腊戍、曼德勒的货物落入敌手，损失惨重。遭此重大变故以后，商号被迫调整业务方向，资金投放从以滇缅贸易为主转而投向省内及四川。这一时期，永茂和的贸易路线为两条：一是从事滇川省际贸易，从四川重庆、宜宾采办土纱、土布、绸缎运往昭通销售，又在四川自贡经营煤炭业务；二是对外贸易转向滇藏印方向，从印度采办棉纱、咔叽布、卷烟纸等货物运回云南丽江。但因路途遥远、运输困难，损失惨重。③ 不仅滇缅贸易难以为继，转向其他对外贸易也是举步维艰，这也反映出滇缅贸易地位的重要性。

庆正裕成立于 1931 年，之前与福春恒合伙经营。庆正裕以经营生丝、猪鬃、皮革出口缅甸为主；进口贸易主营棉纱，从缅甸进口运销迤西。十年间，庆正裕的业务蒸蒸日上，到 1940 年，资本已达 1400 余万国币元，平均每年盈利 130 多万国币元，十年间资本增值 17.5 倍。1941 年太平洋战争爆发后，日本占领缅甸，庆正裕丢失 30 万余元卢比的货款，1943 年缅甸市场完全丧失，滇缅贸易业务基本停止。④ 以经营滇缅进出口贸易为主业的庆正裕商号，同样经历了不可避免的衰败。

其他著名商号诸如恒盛公、洪盛祥等也在滇缅贸易进一步衰落中及时调整经营路线，投身于滇藏印贸易。恒盛公创立之初，以经营麝香为主要

---

① 云南省政协文史资料委员会编：《云南文史资料选辑》第 42 辑，云南人民出版社 1993 年版，第 131、132、136 页。
② 杨克成：《永昌祥简史》，《大理市文史资料》第八辑，1999 年编印，第 25—26 页。
③ 钟崇敏：《云南之贸易》，手稿油印本 1939 年版，第 86 页。
④ 云南省政协文史资料委员会编：《云南文史资料选辑》第 42 辑，云南人民出版社 1993 年版，第 117、120、121、127 页。

业务，后经营西藏、印度贸易，以麝香、木香、紧茶、羊毛、药材以及印度银卢比和康藏汇兑业务。滇缅公路中断后，恒盛公利用数十年的藏印贸易关系，全力利用印度商业活动的有利时机，不断地扩大贸易规模。1941年开始，印度发货量已经从原来的数十驮增加至数百驮；资金积累也从9万余盾扩充至320万盾。① 洪盛祥商号是腾冲帮在下关设立的较大的庄口之一，由腾冲商人董绍洪创办。以滇缅贸易为主，主要经营石黄、玉石、棉纱、棉花、茶叶、黄金、白银以及汇兑业务。抗日战争以前是洪盛祥发展的鼎盛时期，滇缅公路被封锁以后，立即调整经营方向，充分利用在西藏、印度的商号以及熟悉滇藏印贸易、地理等有利条件，开辟从印度的加尔各答，经西藏拉萨、云南德钦和丽江到下关的陆路贸易交通线，既发了财也支援了抗战，抗战胜利后逐渐衰落。② 纵观滇西大商帮的兴衰历程，以滇缅公路中断为"分水岭"，以滇缅贸易转向滇藏印贸易为主要调整方向，滇藏印贸易的繁荣从另一个侧面见证了滇缅贸易的衰落。

（四）易货贸易方式及商品结构变化

抗日战争爆发后，军用战略物资需求急剧增长，为满足抗战的需要，确保战略物资的供应，增加外汇收入，国民政府开始实施以农矿产品出口换取维持抗战需要的外国军用物资、工业生产物资以及民用生活必需品。时人评论易货贸易对于"急需巩固国防和发展重工业的中国，对于贸易入超甚大、国际收支过分不平衡的中国，易货贸易有着重大意义"。③ 在这样的特殊背景下，易货贸易成为抗战时期对外贸易的主要方式。

抗战时期，国民政府对外贸易的管理机构是贸易委员会，其职责是易货偿债、出口外汇管理以及一切国际贸易业务。贸易委员会下属三个公司，即复兴贸易公司、富华贸易公司和中国茶叶公司，除矿产品仍然由资源委员会管理外，其他出口物资均由上述三个公司经营。与国民政府最早签订易货贸易协议的国家是德国，1936年双方协议以中国的钨砂、锑、桐油、猪鬃等农矿产品换取德国的军火等战略物资。1938年7月和1939年6月间，国民政府与苏联签订了3个贷款易货协定，苏联政府向中国提供2.5亿美元贷款，供中国向苏联购买工业品，中国以钨、锑、锡、汞、桐油、丝绸、茶叶等农矿产品各半偿付本息。④ 1938—1941年，又与美国

---

① 张相时：《恒盛公商号史略》，《大理市文史资料》第八辑，1999年编印，第108—123页。
② 黄槐荣：《洪盛祥商号概况》，《大理市文史资料》第八辑，1999年编印，第134—143页。
③ 章友江：《论易货制》，《贸易月刊》1942年9、10月号，第4页。
④ 王铁崖：《中外旧约章汇编》第3册，生活·读书·新知三联书店1982年版，第1118—1135页。

先后签订了 16 项易货借款、贸易合同，合同金额 2.478 亿美元，均以农矿产品偿付。① 抗战八年间，生丝出口 208157 公担，价值 97560.7 万国币元；茶叶 147846 公担，价值 25722.2 万国币元；桐油 2513949 公担，价值 33386 万国币元；猪鬃 195303 公担，价值 77492.6 万国币元；棉花 2050095 公担，价值 21717.5 万国币元；棉纱 542037 公担，价值 26363 万国币元；棉织物 619492 公担，价值 34191 万国币元；煤 1191 公担，价值 24735 万国币元；铁矿砂 75.35 万吨，价值 6161 万国币元；钨矿砂 2.63 万吨，价值 25000 万国币元；锑 1.58 万吨，价值 3465 万国币元；锡 2.44 万吨，价值 30600 万国币元。② 出口货物中，以美国、英国、苏联等欧美国家急需的原料为主。进口商品方面，1937—1945 年间，棉花进口 216 万公担，价值 69453 万国币元；布 42413 万米，价值 153972 万国币元；小麦 819 万公担，价值 11515 万国币元；面粉 1295 公担，价值 51153 万国币元；米谷 2.7 万余公担，价值 66277 万国币元；煤 630 万吨，价值 1422 万国币元；水泥 253 万公担，价值 1499 万国币元；燃油 182 万余吨，价值 62448 万国币元；钢铁货值 28271 万国币元；铜材货值 2889 万国币元；机械设备货值 50602 万国币元；车辆货值 31128 万国币元。③ 战略军用物资和民用生活必需品进口有明显增长。

（五）出口货物去向国

再从出口货物去向分析，1942 年至抗战结束，国民政府国统区出口的货物，大部分去往美国、苏联，1942 年，出口美国和苏联两国占出口总值的比例合计为 50.7%，通过广州湾出口占 38.4%；随着国民政府易货贸易的深入和外贸统制的加强，加之广州湾被日军封锁，1943 年出口两国货物比例高达 92.6%，发往印度、广州湾和其他国家地区仅占 7.4%；1944 年比例有所下降，但仍然占 86.5%，当年出口印度的货物有所增加，达到 9.5%，其他国家地区仅为 4%；1945 年抗战胜利时，出口美国和苏联两国货物比例为历年最高，占 93.1%，印度为 6.5%。④ 滇缅贸易在官方贸易中的地位已经微不足道，到滇缅公路恢复通车以后，才逐渐恢复了贸易往来，进出口规模也已大不如前，繁盛景象已经一去不复返。民间贸易在这一时期也以走私为主，诸如生丝、桐油、猪鬃、茶叶、

---

① 陆仰渊、方庆秋：《民国社会经济史》，中国经济出版社 1991 年版，第 639 页。
② 同上书，第 638 页。
③ 秦孝仪：《中华民国经济发展史》中册，当代中国出版社 1983 年版，第 670—672 页。
④ 笔者根据《抗日战争时期国民政府财政经济战略措施研究》（西南财经大学出版社 1988 年版）资料计算。

羊毛等货物仍有一些未经政府许可擅自输出，因无官方可靠记载，不知其出口规模究竟有多大，但可以肯定的是，数量一定不大。

抗战爆发后，经济衰退、社会凋敝。随着战事推进，半壁江山落入敌手，国家危亡、生灵涂炭，经济处于崩溃的边缘。伴随着政府西迁，经济中心很快西移，军队、机关、学校、单位大量迁往内地，尤其是工厂大规模迁往西南数省，滇缅公路成为唯一陆上国际贸易通道，至1941年滇缅贸易发展到鼎盛时期。

太平洋战争爆发后，交通封锁日益加剧，国民政府进出口贸易急剧下滑，1942年滇缅公路被切断，滇缅贸易一落千丈。迤西商帮纷纷调整经营方向、商品结构，转向滇藏印贸易，一时间，滇藏贸易欣欣向荣，但终因路途遥远、道路坎坷、资金周转慢等原因，滇缅商帮随即衰落，这正是滇缅贸易衰败的缩影。同时，滇缅贸易的低迷状态还体现在贸易方式转变为以易货贸易为主，商品结构中战略军用物资和民用生活必需品进口有明显增长；出口货物则以美国、苏联等欧美国家急需的原料为主，滇缅贸易在官方贸易中的地位已经微乎其微，民间贸易的繁盛景象也已风光不再。

第二节　贸易政策及经济状况的影响

滇缅贸易的兴衰与战时国民政府的政策导向紧密相关。以出口为例：腾越关滇缅贸易出口货值，1937年为3579794国币元，1941年迅速增长至7017916国币元，到了抗战胜利后的1946年更是达到了551429000国币元，滇缅贸易的发展情形与全国外贸出口高峰是吻合的，可见，政策对贸易产生的影响是巨大的。国民政府实行的战时外贸统制政策将在后面有关部分中论述。

一　日本对缅殖民政策

1942年3月，日军占领仰光，5月占领缅甸全境。日本的殖民方针就是"迅速获得重要的国防资源，确保作战部队的供给"。[①] 于是，占领仰光后，15军当即发布了《林集团占领地统治纲要》和《林集团军政措施要领》，明确了日本对缅甸的殖民统治政策，主要目标之一就是"控制矿

---

① 《南方占领地区行政实施要点》，载［日］外务省编《日本外交年表和外交文书（1840—1945）》下卷，1969年再版本，《文书》第562—563页。

山、工厂，加强发展石油、锡、棉花等重要资源的生产"。① 把缅甸及西太平洋等国同中国一道列为日本的"资源圈"，把澳洲、印度等地列为"补给圈"，并制定了从这些国家搜刮石油、铁矿石、煤炭、铝矾土及粮食被服资源的15年计划，把缅甸列为新的石油开发地带。② 把原属于英国的土地、工厂、矿山、设备等资产全部吞并，重要的企业、工厂和矿山由三井、三菱株式会社等日本垄断组织接管，至1943年，日本的48家大公司在缅甸登记注册③，缅甸经济被日本全面控制。

1942年，日本大本营政府联席会议报告关于《南方甲地区经济对策纲要》中，日本又对缅甸及东印度群岛、菲律宾、马来西亚等东南亚国家的资源掠夺做了更加详细的规定。明确提出：南方甲地区经济对策的要点在于首先迅速开发和取得重要国际资源。在"资源的开发和取得"中规定：石油开发和取得应作为开发资源的重点。至于其他资源的开发，则依据帝国军事需要而定：铝矾土、铜矿、镍矿、钨矿、锑矿、锌矿、铬矿、石灰石、云母、水晶、金刚钻、水银、稀有金属、石棉为应竭尽全力开发者；煤、硫黄为必须开发者；锡、铁矿、磷铁矿及黄金为准备开发者。对于农村生产资源，则谋求纤维资源（棉花、黄麻）、蓖麻子、牛皮、丹宁材料（栲树等）、树脂类（松脂等）、鱼藤属根、奎宁皮、棕榈油、马尼拉麻、椰子（椰子油）、橡胶、香料及辛香材料、木棉、砂糖、缅甸米、茶、咖啡、雪茄烟草、粮食（包括畜产及水产食物）、盐、木材等最大限度取给。④ 日本于1941年12月入侵缅甸，至1945年5月仰光解放，其殖民统治不过短短的三年时间，却对缅甸人民造成了深重的灾难，对缅甸经济造成惨重的破坏，对滇缅贸易造成了沉重的打击。

二　缅甸经济状况的影响

日本占领缅甸后实行的殖民掠夺政策，给缅甸经济造成了空前的灾难。工矿业的打击最为严重。缅甸战前，日产石油709360加仑，年量为3亿加仑，输出5500万加仑。到1944年年初，仅日产44640加仑，只为战前的6.7%；有色金属开采急剧下降，包得温矿区战前年产铅锌镍银等

---

① 温佐荣：《1941—1945年日本占领下的缅甸》，博士学位论文，纽约大学。
② 吴兴南：《云南对外贸易史》，云南大学出版社2002年版，第210页。
③ ［英］简·贝克：《1941—1945年日本占领时期的缅甸》，伦敦，1945年英文版，第86页。
④ 吴兴南：《云南对外贸易史》，云南大学出版社2002年版，第211页。

8.1万吨，1943年4—7月仅产6285吨①，产量下降惊人。加工工业遭受严重破坏。1942年，缅甸没有一吨柚木出口；②至1944年，仰光只有一半碾米厂开工。③公路、铁路、桥梁被毁，运输船只损毁严重，仅伊洛瓦底江航运公司650艘船只中，就有550艘毁于战火；④铁路遭到破坏达48%。⑤农业生产萎缩，稻谷产量急剧下降。日本出于军事目的，强行扩大棉花、麻等作物的种植面积。棉花的种植面积从1941年的40万英亩增加到1944年的52.8万英亩⑥，但产量并没有增加。由于社会全面衰退，经济状况恶化，导致物价飞涨、物资奇缺，对外贸易几乎断绝，缅甸经济全面崩溃，滇缅贸易处于极度萧条的境地。

第三节　全面衰落的原因分析

一　外贸统制及战后美国独占中国市场的深刻影响

抗战时期，国民党财政经济的总政策是实行"战时统制经济"，在全国推行各种强制的经济政策。1939年4月，国民党五届五中全会《宣言》中指出：这"不仅为抗战胜负所系，亦为建国成败所关。必当依于战时人民生活之需要，分别轻重缓急，实行统制经济"。⑦1940年7月，国民党七中全会又通过《加强统制经济力量，以应非常局势案》和《集中财力物力以利抗战建国案》。此后，战时统制经济的方针、政策、体制、机构都进一步完备和强化。与此同时，国民党的官僚资本也凭借和运用政权统制的强制力量而得到迅速发展和集中，进而对国民经济各个部门实行垄断。

国民党的"战时统制经济"包括金融统制和外贸统制。其中，在外贸统制方面，1937年9月，军委会设立贸易调整委员会。1938年2月改名

---

① [英]简·贝克：《1941—1945年日本占领时期的缅甸》，伦敦，1945年英文版，第217—218页。
② 贺圣达：《缅甸史》，人民出版社1992年版，第424页。
③ [美]安德鲁斯：《缅甸经济生活》，美国加利福尼亚州斯坦福大学，1947年，第146页。
④ [英]阿利思特·麦克卡勒·阿兰·普郎蒂克斯：《伊洛瓦底江轮船公司》，第147页。
⑤ 贺圣达：《缅甸史》，人民出版社1992年版，第424页。
⑥ 同上书，第425页。
⑦ 荣孟源主编：《中国国民党历次代表大会及中央全会资料》下册，光明日报出版社1985年版，第548页。

贸易委员会。下辖孔祥熙所掌握的复兴、富华、中国茶叶三大公司，垄断丝、茶、桐油、猪鬃的出口贸易。贸易委员会则垄断钨、锑、锡、汞等稀有矿产的出口贸易。后来，又专设物资局、花纱布管制委员会，垄断棉花、棉纱、棉布等物资的贸易。国民党政府对重点物资实行统购统销政策，对重要的人民生活必需品实行专卖制度。

具体到抗战大后方，由于物资严重缺乏，自1941年抗战进入艰苦阶段后，对粮食、服装用品、燃料和日用工业品实行管制。1941年，首先颁布《非常时期取缔日用重要物品囤积居奇办法》，次年颁布《国家总动员法》，并明确规定，"政府对总动员物资之交易、价格、数量，均应加以管制"。1943年，由于物价上涨过快，政府难以控制物资，国民党五届十二中全会上又通过了《加强管制物价紧急措施方案》，更严格对粮食、棉花、棉纱、工业器材、食盐、食糖、火柴等各项主要物资进行管制。

（一）粮食管制

抗战初后方粮食可以自给，粮价尚且稳定。1940年后，四川天灾粮食歉收，引起粮价上涨，于是国民政府决定成立全国粮食管理局，各省成立相应机构，以调节产销储运，但并未见效。政府为扩大机构严行管制粮食，于1941年7月明令撤销粮食管理局，成立粮食部，并改行"田赋征实法"，规定田赋统由中央管理，原征之货币改为征实物，以便国家掌握更多的粮食。同时，对军民实行粮食配给制，公务人员"每人得按每斗基价六元购平价米二斗"，后来又改为公务人员食粮一律免费发给，"三十一岁以上者，月领米一石，二十六岁以上者八斗，二十五岁以下者六斗"。至于一般平民，可以到"民食供应处"购买。[①] 实际情况却是无法领到规定的粮食，平价粮根本没有办法买到，相应的是，黑市上的米价节节攀升。以1940年为基准，1941年的米价涨幅高达2691%，1942年的涨幅更是达到惊人的5922%[②]，其中虽不乏通货膨胀因素，但足可见粮价上涨之厉害。市场粮食十分紧张。

（二）棉花纱布管制

为了流通农村资金、调整农产品运销，国民政府成立了农本局，隶属经济部。同时，为了平抑物价，国民政府成立了平价购销处，也隶属于经济部管理。战时棉花纱布的管制，最早是农本局负责，同时，纱布的平价和购销则是平价购销处的职能。1940年8月11日，平价购销处根据纱价

---

① 秦孝仪主编：《中华民国经济发展史》第2册，当代中国出版社1983年版，第682页。
② 王洪峻：《抗战时期国统区的粮食价格》，四川省社会科学院出版社1985年版，第186页。

上涨、土布价格也是水涨船高的现实情况，公布了《放纱收布办法》："以定量之棉纱，供给渝市及附近织布机户，代为织成土布，藉以增加市场供应量，而遏制市价涨风。"① 结果收效甚微。鉴于此，国民政府于1942年2月成立物资局，仍隶属经济部管理。把农本局、平价购销处等部门的职能合并归入物资局，其主要职能仍是对棉花、纱布的管制。物资局确立的管制策略方法是十二字方针，即"以花控纱，以纱控布，以布控价"的办法。物资局成立伊始，便对主要纱厂的原棉存量进行调查统计、登记造册，统筹棉纱，建立分配供给的制度。为了确保公教人员的基本生活以使其安心工作，物资局规定，公教人员每人每次可购买平价布一丈五尺。此外，农本局福生庄负责其他普通平民购买平价花纱布。从8月底至12月，4个月共售出平价布12.6万多匹布②，虽然政府做出了相应的努力，但物价却依然不停地上涨。1942年，农本局改组为花纱布管制局，隶属财政部管理，同时，物资局宣告撤销。花纱布管制局加强了对花纱布的管理。首先，扩大了花纱布管制的地区，整个国统区全部纳入管制，而之前仅为四川一个省份；其次，扩大了花纱布管制的范围，采取了全面管制的强硬措施；再次，想方设法收购棉花、棉纱，包括川、陕、鄂、豫和游击区生产的土纱、土布也千方百计收购，导致大后方纱布奇缺，物价飞涨。据统计，1943年10月至1944年9月共收购棉花68万担，1944年共收进机纱100760件，土纱14722担③，收购到的布匹有40码宽布245万匹左右④，把其中80%的花纱布供应军需，而20%供应公教人员及一般人民，致使整个大后方纱布奇缺，物价不断上涨。1942年，重庆棉花售价，每担涨至1666元，比三年前增长19倍多。同年11月，每件20支纱黑市已涨至5万多元，为2月份限价时的7倍多，布价于1942年2月涨至807元，至年底黑市已涨至2800元，比年初时高出4倍。⑤

（三）工业器材管制

1938年1月，国民政府为了加强对经济的统一领导，改组原实业部为经济部，掌管全国经济行政事务。原军事委员会工矿调整委员会归并入经济部，成立工矿调整处，负责工矿业的行政事务。当时，并未对工业器材

---

① 秦孝仪主编：《中华民国经济发展史》第2册，当代中国出版社1983年版，第684页。
② 同上。
③ 同上书，第685—686页。
④ 谭熙鸿主编：《十年来之中国经济》下，中华书局1948年版，第41页。
⑤ 四川省中国经济史学会《中国经济史研究论丛》编辑委员会编：《抗战时期的大后方经济》，四川大学出版社1989年版，第344—345页。

第五章　1942—1949 年滇缅贸易的急剧衰落

进行管制。对工业器材进行管制，始于 1939 年成立的钢铁委员会，一年后又成立水泥管理委员会，两个委员会均隶属于经济部工矿调整处。经济部从 1942 年 1 月起，颁布了《管理工业材料规则》《钢铁材料登记办法》《管理钢铁材料实施办法》《管理工业机器规则》等一系列法令，对工业器材进行管制，明确管制的工业器材达 200 多种。

具体来说，可分为三大类：第一类为金属材料，包括金属初级制品、小五金杂件、机器配件及工具、电器材料等；第二类为非金属材料，包括染料及助染剂、酸碱、鞋剂、水泥等；第三类为工业器材，包括动力机、工具机、作业机等。几乎所有的重工业产品和原材料均由政府控制。为了达到稳定市场、控制虚耗的目的，工矿调整处制定了"存量登记—凭证购买—核定价格—颁发运照"的管理制度和程序。同时，不断扩大管制地区，将整个大后方细分为五个区，双管齐下，加强对工业器材的统制。在西安、昆明、桂林设立办事处，在益州、成都、宝鸡、衡阳、沅陵、曲江、贵阳等地设立专员办事处，以加强对大后方工业器材的统制。

（四）外销物资管制

战时外销的物资基本上是为了易货贸易及赔偿债务准备的，包括以下两大类。

第一类是含锡、锑、钼、铋、钨、汞六种在内的特种矿产品，均由经济部资源委员会管制。1939 年 12 月 2 日，经济部颁布《矿产品运输出口管理规则》，规定，"钨、锑、锡、汞、铋、钼各矿产品收购运销之管理，由经济部指定资源委员会执行之"；"矿产品采炼商人，应按定价直接售与资源委员会或其他委托机关"；"凡经指定之矿产品在内地运输时，应有资源委员会之运输护照。如系运输出口，须凭资源委员会填发之准运单报关"；"未经指定之矿产品运输出口时，采炼商人应向资源委员会或其委托机关请领出口许可证，并向银行结汇后始得报关"。① 资源委员会为执行这项管制业务，在江西、广东、湖南、广西、云南等省分别设有钨、锑、锡、汞等业务管理处暨分处，以及云南出口矿产品运销处等附属单位十处，另设有国外贸易事务所及纽约分所、西北分所，分别办理对美国和苏联的交货业务。

第二类为指定之统销特种产品，包括桐油、猪鬃、茶叶、生丝、羊毛，由财政部贸易委员会统制。由复兴、富华和中国茶叶三大公司统购统

---

① 重庆市档案馆编：《抗日战争时期国民政府经济法规》下，中国档案出版社 1992 年版，第 122 页。

销，不准其他任何机关、商号或个人经营。如 1940 年 10 月 24 日财政部公布的《全国桐油统购统销办法》规定，"全国各地桐油之收购运销事宜，指定由复兴商业公司统一办理"；"全国各地桐油价格，由复兴商业公司根据桐油之生产成本及运缴费用，参照国际市况，随时分别拟订，陈请贸易委员会核定公布，并转呈财政部备案"；"凡在复兴商业公司设有收货机关之市场，其他任何机关、商号或个人，均不得收购或贩运桐油"；"凡经贸易委员会核准登记之桐油业商号行栈，或受复兴商业公司委托代办收购业务之其他政府机关，得贩运桐油至最近之复兴商业公司设有收货机关之市场，依照当地牌价售与复兴商业公司或其收货机关"。[①] 整个抗战时期，贸易委员会共收购茶叶 100 多万公担，桐油 180 多万担，猪鬃 8 万多公担，生丝、蚕茧合计 7 万多公担，羊毛（包括驼毛）44 万多公担。[②]

（五）战时物资专卖

为了增加财政收入，国民政府于 1941 年成立了国家专卖事业设计委员会，并在财政部增设专卖司，对食盐、食糖、火柴和烟四项日用必需品实行专卖，由财政部负责执行。食盐专卖由财政部盐务总局办理，于 1940 年起对食盐采取"民制、官收、官运、民销"办法，即允许民间生产，但必须由政府统购后再分发到指定的专卖店或合作社销售，并按地区、人口实行"计口售盐"，每人每月以购 8 两为标准。食糖专卖自 1942 年 2 月开始，先成立川康区食糖专卖局，后在广东、广西、福建、江西、云南、贵州等省推行。于 1944 年夏取消专卖。火柴专卖自 1942 年 5 月实行，并成立火柴专卖公司。1943 年 7 月起，加强了对火柴原材料的管制，禁止生产黄磷火柴。烟类专卖于 1942 年 7 月先于川康和鄂西等地实行，后设立烟类专卖局，在整个后方实行专卖。1944 年后，由于实行专卖后并未取得较好的财政效果，所以，先取消食糖专卖，又将烟和火柴专卖局合并成立专卖事业管理局。一年后即全部取消专卖。

后方主要物资均由政府统制，真正的自由贸易受到极大的限制，商业得不到正常的发展，导致投机盛行，物价抬高，转手倒卖，畸形运转。

抗战以前，在华外国资本经济势力中，以英国和日本势力最大，法国和美国次之。抗战结束后，国际经济形势发生了巨大的变化：原来的世界两大强国——德国和日本战败，他们本国的工矿企业基本上被摧毁，在国

---

① 重庆市档案馆编：《抗日战争时期国民政府经济法规》下，中国档案出版社 1992 年版，第 313 页。

② 《财政年鉴》第 3 编第 11 章，中央印务局 1948 年版，第 13 页。

外的财产作为对战争的赔偿被没收。美国、英国、法国、苏联、中国都是战胜国,其中,除美国外,其他四国都遭受巨大的战争创伤。美国不但没有受到战争伤害,而且在战争中积累了更多资本,成为世界上最强大的国家。1945年,美国的工业生产占整个资本主义工业生产的60%,占世界对外贸易总额的1/3,黄金储备达200多亿美元,占资本主义世界黄金总储备的3/4。[1] 美国将其军事、政治和经济势力伸向世界各个角落,影响着一些国家和地区的政治和经济,中国就是受其影响最深的国家之一。

抗战结束后,为对抗力量日益增强的苏联和东欧,美国积极寻求与国民党的合作,制定了一系列的对华政策。其中,对中国外贸影响最大的就是控制中国的海关和中国的进出口贸易,以便美国货物占领中国市场。1946年,国民政府和美国订立了《友好通商航海条约》,明确规定:"对输入品或输出品所征税及各种附加费用及其征收方法者……不低于现在或将来……任何第三国之同样物品之待遇。""任何种植物、出产物或制造品之输入、销售、分配或使用,或对输往缔约彼方领土之任何物品之输出,不得加以任何禁止或限制。"[2] 1947年订立了《中美国际关税与贸易一般协定》,规定,美国有110项货物减免进口税,有些货物甚至免税进口,使美国的商品可随意在中国市场上倾销。于是许多美国洋行、公司纷纷涌到中国来。1946年,美国在中国沿海口岸城市开设的洋行达168家,仅上海一地就有115家。同年美国输华的剩余物资达3.2亿美元,占中国进口总值的57.2%,如果加上以联合国名义的援华物资,达4.4亿美元,占这年进口总值的61.4%。[3] 1947年、1948年,美国输华总值虽然有所减少,但仍占进口总值的50%左右。随着进口货物的增加,国民政府的外贸入超不断加大,1946年,全国的出口总值不到1.5亿美元,净入超4.12亿美元,使国民政府外汇储备大减,不得不于1947年发布紧急措施令,取消"自由进口"办法,采取"限额进口"和限制奢侈品进口。尽管1948年进口货值大为减少,但仍入超4062万国币元。[4]

二 财政金融"变态"对外贸的沉重打击

财政金融事关国计民生。战时的财政金融尤为紧要,关系到国家的生

---

[1] 陆仰渊、方庆秋主编:《民国社会经济史》,中国经济出版社1991年版,第782页。
[2] 王铁崖:《中外旧约章汇编》第3册,生活·读书·新知三联书店1962年版,第1439—1440页。
[3] 郑友揆:《中国的对外贸易和工业发展》,中国社会科学出版社1984年版,第228页。
[4] 陆仰渊、方庆秋主编:《民国社会经济史》,中国经济出版社1991年版,第785页。

死存亡，关系到一切军需物资能否接济。与平时财政金融不同，战时财政金融体现出直接为战争服务的明显特征。

国民政府在抗战时期正是建立这样一种财政金融体系："它运用管制手段，改革财政税制，增加财政收入；稳定金融物价，实行金融管制，统制外汇出口，加强对敌经济战，等等。试图把财政金融纳入战时轨道，最大限度地动员财政金融力量，保证战争的需要。"[1]

国民政府于抗战爆发前夕对币制进行了改革，完成了国家财政金融的统一。抗战开始后，军费开支巨大，财政支出猛增；东南沿海一带的金融中心为免遭摧毁和被敌人利用而被迫内迁。国民政府为了支付规模庞大的财政支出，同时也为了稳定大后方的金融秩序，制定了一系列相关政策。1937年8月30日，国防最高委员会召开会议，通过《总动员计划大纲》。1938年3月，国民党临时全国代表大会通过了《抗战建国纲领》。1941年，国民党召开五届八中全会，蒋介石提出："三分军事，七分经济"的口号，强调发展战时经济，解决财政危机对争取抗战胜利的意义，并通过《改订财政收支系统议决案》，提出了"改进财政系统，制定国家与自治两大财政系统"的要求，决定将全国财政分为国家财政和自治财政两大系统。国家财政"包括中央与省之财政通盘筹划，统一支配"；自治财政则"以县为单位，俾收因地制宜之效"。[2] 1941年6月，财政部召开全国第三次财政会议，根据国民党五届八中全会决议精神，制定《战时财政改革决议案》，共23条。这一系列决议和条文，是国民政府战时各项财政政策实施的基本依据。

在具体应对措施上，国民政府采取了增税、募捐、发行钞票等措施。其中，对滇缅贸易影响较大的措施主要体现在以下几个方面。

在调整税收方面，国民政府采取了扩充征税品目，改定征课标准及提高税率的措施。1938年1月，财政部通令各省税务机关，要求对上海及其他战区运入后方的统税货物一律实行移地接收，由入境第一道的税务机关照章补征。统税品目除原来的卷烟、棉纱等9种外，又增列饮料品、糖类、陶瓷、皮毛、竹木、纸箔等产品。征收统税地区，增加了云南、新疆、青海及西康等地。[3] 1941年7月，国民政府公布《货物统税暂行条

---

[1] 李隆基、王玉祥：《中国新民主主义革命史长编　坚持抗战　苦撑待变（1938—1941）》，上海人民出版社1995年版，第186页。
[2] 《抗战六年来之财政金融》，中国国民党中央执行委员会宣传部1943年编印，第15页。
[3] 延安时事问题研究会编：《抗战中的中国经济》，中国现代史资料编辑委员会，1957年，第382页。

例》，决定改订征课标准，规定间接税由从量计税改为从价计税，"每年分两次将完税货品评定其完税价格，作为依率计征之标准"。[①] 同时，还提高了印花税、土酒、土烟丝税的税率。

为增加中央财政收入，国民政府还实行了专卖政策，对上文提到的重要物资以及生活日常必需品进行专卖。兹不赘述。

国民政府在采取增税、专卖、募捐、举债等方式后仍无法摆脱财政赤字的困扰，采取了超额发行纸币的措施。自1939年起，国民政府就通过中央、中国、交通、农民四大银行大量发行纸币。"从10亿余元增加到20亿元，再从20亿元增加到30亿元。这是抗战开始一两年间的事情"。即两年内纸币的发行就增加了两倍。1939年，"国库支出为3062251985国币元，其中税款收入为483609126国币元，不过占16%，而极大部分则由增加通货发行来弥补，这一年银行垫款达2310588876国币元，占全部支出76%左右"。[②] 发钞虽然可以短期弥补财政赤字，稳定财政，但却加剧了物价的上涨，为通货膨胀埋下了隐患。

在金融方面，1937年8月15日，国民政府财政部公布了《非常时期安定金融办法》，共7条，并规定："自八月十六日起，银行钱庄各种活期存款，必须向原存银行、钱庄支取者，每户只能照其原存款余额，每星期提取百分之五，但每存户每星期至多以提取法币一百五十元为限。""自八月十六日起，凡以法币支付银行、钱庄续存或开立新户者，得随时照数支取法币，不加限制。""定期存款未到期者不得通融提取，到期后，如不欲转定期者，须转作活期存款，但以原银行、钱庄为限。""定期存款，未到期前，如存户征得银行或钱庄同意承做抵押者，每存户至多以法币一千元为限。其在两千元以内之存额，得以对折作押，但以一次为限。"[③] 这就限制了商业资本的自由流通。各地结合该规定以及当地的具体情况纷纷出台了自己的办法。

为了防止资金外流，国民政府在统制外贸的同时，对外汇实施管制。1938年3月12日，国民政府财政部颁布了《购买外汇请核办法》，旨在强化外汇管理、巩固法币的金融地位，具体规定如下："兹为巩固法币信用，保障外汇基金，维护人民利益，并补充上年中外银行所订之互助办

[①] 《抗战六年来之财政金融》，中国国民党中央执行委员会宣传部1943年编印，第9页。
[②] 朱偰：《我所亲眼看到的通货膨胀内幕》，《法币·金圆券与黄金风潮》，文史资料出版社1985年版，第93页。
[③] 重庆市档案馆编：《抗日战争时期国民政府经济法规》上，中国档案出版社1992年版，第74页。

法，增强其效能起见，特指定中央银行总行办理外汇之请核事宜，并规定办法三条如下：（1）外汇之卖出，自本年三月十四日起，由中央银行总行于政府所在地办理，但为便利起见，得由该行在香港设立通信处以司承转。（2）各银行因正当用途于收付相抵后，需用外汇时，应填具申请书，送达中央银行总行或其香港通信处。（3）中央银行总行接到申请书，应即依照购买外汇请核规则核定后，按法定汇价售与外汇。""银行因顾客正当需要，须购外汇时，除从其本行商业所取得及其自有者相抵外，如有不敷，得向中央银行总行或其香港通讯处申请购买。"① 至此，国民政府开始对外汇进行管制。由于政策规定的漏洞，给了一些不法投机者以钻营的机会。申请购买外汇获得批准的，就在黑市进行倒买倒卖，从中渔利。没有获得购买外汇的，则转而向外商银行做私下交易，因为政府的外汇管制规定不适用外商银行。为堵塞漏洞，加强管制，国民政府财政部先后颁布了《非常时期禁止进口物品办法》《进口物品申请购买外汇规则》《进口物品购买外汇加纳平衡费规则》《出口货物结汇领取汇价差额办法》等多个管理办法，试图通过强化对进出口贸易的统制来加强外汇管制。例如，办法规定：外汇由中央银行挂出法定汇价，同时由中国、交通两银行另行挂一牌价；凡进口物品非第一项办法所禁止的，名义上依法价申请，另缴纳法价与中国、交通两行牌价的差额；将原由中央银行负责审核外汇之权，改由财政部外汇审核委员会办理；出口物品，名义上照法价结汇，实际则补偿法币与中国、交通两行牌价的差额，即按中国、交通两行牌价售结。② 虽然规定的颁行降低了外汇的波动幅度，进出口商人的利益得到了一定程度上的平衡，却无法营造一个稳定的外汇秩序。外汇投机商更加疯狂地推动黑市交易，再加上其他一些因素，外汇市场更加混乱，外汇管制风雨飘摇，不知所终。

  国民政府在大后方采取的以上财政金融措施是在战时特殊背景下开展的，对于解决战时财政危机确实起到过极大的积极作用，为抗战的胜利提供了有力的支援，但是却埋下了很多隐患，战时大后方的外贸活动也受到了极大的限制，云南的对外贸易急速萎缩。

---

① 重庆市档案馆编：《抗日战争时期国民政府经济法规》上，中国档案出版社1992年版，第75页。
② 童蒙正：《中国战时外汇管理》，财政评论社1944年版。转引自李隆基、王玉祥《中国新民主主义革命史长编　坚持抗战　苦撑待变（1938—1941）》，上海人民出版社1995年版，第186页。

第六章　滇缅贸易在云南对外贸易中的地位

第一节　云南对外贸易考察

一　云南进口贸易状况及贸易特征

随着蒙自、思茅和腾越的开埠，云南的进口贸易发生了很多变化。其中一个显著的变化就是商品种类急剧增多，洋货蜂拥输入云南。根据《云南对外贸易近况》所载云南进口货物的不完全统计，蒙自关进口货物达260种以上；腾越次之，但也在220种以上；思茅最少，有80种。其中，虽有重复统计的品种，但云南进口商品种类之多已可见一斑。再加上通过边境贸易以及走私贸易等形式输入云南的商品，其数更多。这些进口商品大致可分为五个大类。

第一，棉丝织品。包括棉本色布、本色粗细布、漂白布、漂白纤花布、粗斜纹布、细斜纹布、32寸洋标布、36寸洋标布、12码洋纱、30码洋纱、洋罗布、他类花稀洋纱印花布、印花布、印花绉布、印花羽缎、席法布、洋红布、染色洋标布、玄素羽绸、玄素泰西缎、玄素羽绫、色素羽绸、色素泰西缎、色素罗缎、织花羽绸、织花羽绫、织花罗缎、紫色素布、香港染色素布、64寸冲毛呢、各种绒布、棉法绒、染纱织绒布、染纱织布、络地洋纱绉绒布、日本棉布、尺六绒、尺九绒、棉毯、手帕、面巾、他类棉货、棉纱、成珠棉线、轴棉线、呢子骆驼毛布、绵毛布、毛棉毯毡、各种羽纱、毛绵衣料、企关呢、毛棉呢、他类毛棉呢、绒毯绒毡、哆罗呢、冲衣著呢、羽毛旗纱布、呢绒衣料、法兰绒、毛羽绫、哔几、小呢（毛）、他类呢绒、绒线、帆布、细麻布、棉麻布、剪绒、绸缎、丝兼杂质织绸缎、他类杂质皮货、人造丝织绸缎、衣帽、床毯、台毯、地毯及材料、丝棉带、丝及丝货。

第二，金属及其制品。包括熟铝、黄铜各片丝、他类黄铜、各种紫铜杂料、他类紫铜、各种铁坯、三角铁、丁字铁、铁条、工字铁、钉条铁、铁钉、锅钉、生铁、铁砖、铁管、铁轨、铁螺丝钉、铁片、铁板、铁丝、他类铁、镀锌铁片、镀锌铁丝、未列名铜铁制品、铅块铅条、他种铅制品、生镍熟镍、竹节钢条匣片板、马口铁、白铜、锌片、他类五金及矿石。

第三，各类消费品。包括大麦、玉米、米谷、他种五谷、大豆、豌豆、棉花、槟榔、海参、菜蔬、燕窝、桂圆、罐头、炼乳、饼干、他种饮料、咖啡、汽水、泉水、蜜饯、鱼介海味、杂粮、他类食料、肉桂、干肉、卤肉、干果、鲜果、花生、鱼胶、洋菜、鹿角、犀、象牙、玉石、首饰、熟皮及制品、香菌、酱油、火油、浆料、白糖、冰糖、烟、烧酒、啤酒、汽酒、葡萄酒、红白酒、化妆品、玩物及游戏品、提箱衣箱、伞、纸烟材料、钟表、书籍、乐器、各种香料、家具、搪瓷器、各种袋包、纽扣、奶油、各种蜡烛、八角、茴香、豆蔻、汽油、肥皂及材料、家用杂物、针线。

第四，机器设备及材料。有铁路机车及煤水车、铁路客货车、汽车、自行车、手工器具、他类车辆、铁路枕木、未列各铁路器材、轧花机器、机器皮带、各色染料、油漆、电器材料及装备、人造靛、天然靛、军用炸药、水泥、润滑油、机器备件、织造机器、其他机器、缝纫机器、电话电板材料。

第五，其他：药品、未列各类商品。①

这些商品小到日常生活所需，大到机器设备等，可谓无所不包，且以各类洋货为主。随着这些商品的不断涌入，云南的进口贸易货值不断增长（详见附录表 4、表 17 和图 6-1、图 6-2）。从 1889—1932 年云南三关进口总值变化情况来看，1889 年即蒙自开关的当年，云南海关进口值才达到 62300 海关两，次年便增至 466089 海关两，增长 6.5 倍，到 1926 年的时候已达到 21916241 海关两，是 1889 年的 352 倍、1890 年的 47 倍，增长速度非常惊人；1926 年以后，进口总值虽有下降的趋势，到 1932 年下降至 8047689 海关两，但这个值仍远高于 1889 年和 1890 年，是 1889 年的 129 倍、1890 年的 17 倍。1933—1937 年，三关进口总值则经历了先下降后增加的变化，1935 年最低为 9015319 国币元，仅为 1933 年的 57.74%；

---

① 云南省公署枢要处第四课编：《云南对外贸易近况》，1926 年印行；吴兴南：《云南对外贸易史》，云南大学出版社 2002 年版，第 118—119 页。

此后进口贸易又迅速发展，到1937年发展到25380389国币元，是1933年的1.6倍、1935年的2.8倍，可见，在短短的五年时间内，云南进口贸易的变数非常大。

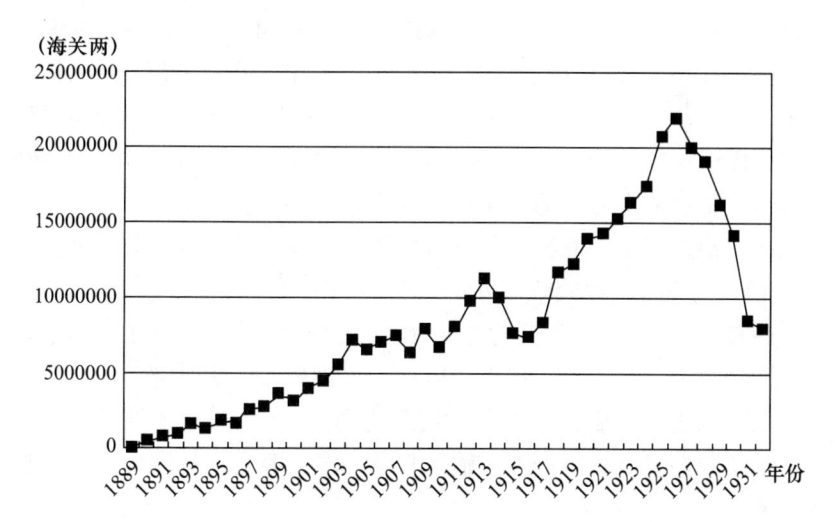

图 6-1　1889—1932年云南三关进口总值变化情况

资料来源：根据附录表4、表17绘制。

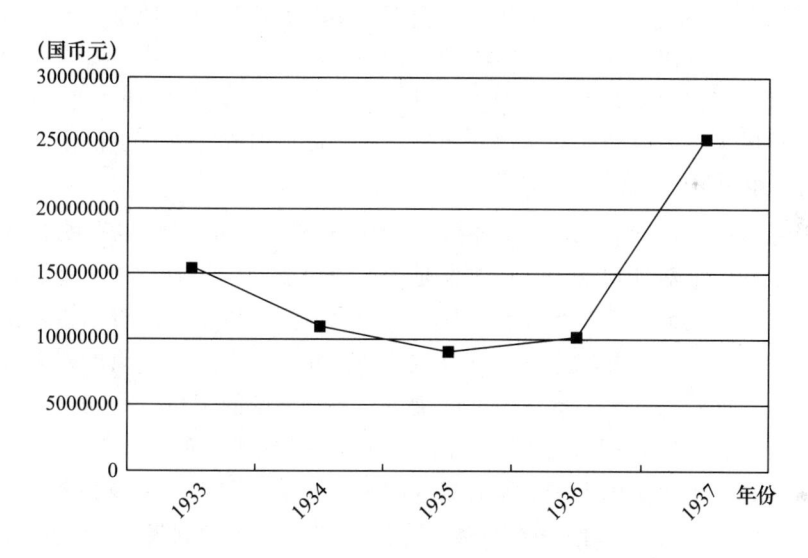

图 6-2　1933—1937年云南三关进口总值变化情况

资料来源：根据附录表17绘制。

从制约云南进口贸易的大宗商品来看，主要是棉纱、棉布、棉花、煤油、纸烟、烟丝、纸张、人造靛。各类大宗商品历年进口货值及其发展变化详见附录表18。

上述大宗商品在进口贸易中所占比例最大。1921年占64.05%；1919年次之，占62.34%，较低年份的1925年也占38.43%。在1910—1937年的28年间，棉纱进口货值各年平均占当年进口总值的47.9%。[①] 棉纱的进口主要来自印度、日本和安南，20世纪30年代前后，随着国内棉纺业的发展，国产棉纱开始输入云南，棉纱进口的增长速度也开始逐渐放慢，其在进口贸易总值中所占的比重也呈下降趋势。

棉布的输入仅次于棉纱。从进口的货值来看，有具体数值可查的年份里，除1912年为126276海关两外，1913—1937年间，均在20万海关两以上，1938年、1939年两年达到40万海关两以上。从棉布在云南进口贸易中的比例来看，20世纪20年代以前，比例较小，大体维系在2%，30年代以后比例逐渐增加，1936年时甚至达到14.7%。[②] 这主要是由于云南及国内棉纺业的发展，国产棉布输入日渐增多，即真正从国外进口的棉布其实不多。

棉花在近代云南进口贸易中也比较重要。三关未开埠以前，棉花作为纺织业的重要原材料，已源源不断地输入云南，曾是最大宗的进口商品。近代以来，随着棉花来源国缅甸、安南、印度等沦为殖民地，英国、法国等西方势力直接管控了这些国家的对外贸易。为了打开更广阔的中国市场，这些西方国家源源不断地将其机器制成品即棉纱、棉布输入云南，故而近代以来，云南的棉花进口货值虽有所增加，但其在进口总值中的比例却呈下降趋势。

随着西方机器制品的不断涌入，云南对外贸易的范围也有明显的扩大。云南传统对外贸易的对象主要是邻近的南亚、东南亚诸国或地区，其中，云南与缅甸的经贸活动在清代又更繁盛。近代以来，随着西方经济势力的渗透，三关的开埠通商，滇越铁路的修建，云南对外贸易的对象大为扩展，对外贸易的中心也由滇西的腾越转移到滇南的蒙自。民国《新纂云南通志》载："以贸易之国别而言，本省贸易范围遍及英国、美国、日本、法国等国，而以法国为主。至贸易区域则以安南、印度、中国香港为主要市场。"[③] 实际上，根据海关资料，近代云南进口商品来源口岸远不止这

[①] 吴兴南：《云南对外贸易史》，云南大学出版社2002年版，第123页。
[②] 同上书，第127页。
[③] 《新纂云南通志》七，牛鸿斌等点校，云南人民出版社2007年版，第111页。

些国家和地区。如据1931年海关贸易署对蒙自关进出口货物来去国别和地区的统计分析，云南进口商品来源地主要包括安南、中国香港、暹罗、法国、德国、美国、英国、日本、比利时、朝鲜、挪威、新加坡、荷属东印度、瑞典。再如腾越关1937—1939年间进出口贸易情况的分析，其进口商品来源地主要包括澳洲、比利时、印度、缅甸、法国、德国、英国、美国、日本、中国香港、挪威等国家和地区。[①] 可见近代云南贸易对象之广泛。其中，就进口商品来源口岸来看，香港输入云南的商品为第一位，大体占进口贸易值的60%左右；印度为第二位，占进口贸易值的18%左右；越南为第三位，占进口贸易值的15%左右；缅甸为第四位，占进口贸易值的7%—8%。[②]

二 云南出口贸易状况及贸易特征

与进口贸易不一样，近代云南出口贸易的商品仍然主要是农副土特产品和工业原材料。根据《云南对外贸易近况》所载云南进口货物的不完全统计，云南三关包括重复统计的货类，总品种可达295种。具体可分为以下四大类：[③]

第一，农林副产品。主要有：大麦、小麦、燕麦、青豆、绿豆、黄豆、白豆、他类豆、豆饼、花生、棉花、花生油、山薯、红茶、绿茶、他种子仁、野蚕丝、烟叶、烟梗、烟丝、雪茄烟、大头菜、萝卜干、未列名鲜干卤菜、粉丝、通心粉、核桃、核桃仁、染料、香料油、水靛、栗子、大麻、他类杂粮、未列名下果蜜饯、未列名鲜果、木耳、蒜、蜂蜜、席、香菌、他种植物油、梨、橘子、柿饼、棕、花卉小树、瓜子、茶末、木器、竹及竹器、干鱼、咸鱼、红枣、黑枣。

第二，畜禽产品。主要有：牛、马、山羊、绵羊、他种动物、猪鬃、鲜咸等蛋、鸡鸭等毛、他类兽毛、头发、火腿、牛角、猪油、牛油、牛皮胶、熟皮、熟皮器、干肉、咸肉、生牛皮、未硝山羊皮、已硝山羊皮、狐狸皮、生马驴骡皮、生绵羊皮、他类生皮、他类细毛皮、动物骨。

第三，初加工农副产品及原材料。主要有：土布、各种袋包、书籍、衣

---

① 《续云南通志长编》下册，云南省志编纂委员会编印，1985年，第586页；张竹邦：《滇缅交通与腾冲商业》，《云南文史资料选辑》第29辑，云南人民出版社1986年版，第152页。

② 参见董孟雄、郭亚非《云南地区对外贸易史》，云南人民出版社1998年版。

③ 云南省公署枢要处第四课：《云南对外贸易近况》，1926年印行；吴兴南：《云南对外贸易史》，云南大学出版社2002年版，第140—141页。

服靴鞋、各种便帽、焦炭、炭煤、染料、家具、他类纸、酒、黄丝、丝绣货、绸缎、酱油、石料、赤糖、白糖、冰糖、漆、白蜡、黄蜡、他类杂货、瓷器、各种绳、古玩、染料、石膏、爆竹焰火、瓦器、陶器、上等纸、次等纸、锡箔、他种丝类、杂货、玻璃器皿、腐乳、地毯、纸伞、肥皂。

第四，药材资源。主要有：土药、茯苓、药材、五倍子、大黄、人参、麝香、神香、樟脑。

此外，还有工矿五金产品出口，主要包括：生锑、纯锑、锑矿砂、紫铜锭、紫铜块、铁条、钢坯、条铁、铁锅、他种铁制料、生铁、铅、水银、锡块、锌、他类五金及矿石、他类矿砂、黄铜器、军械军火、煤等。

从出口货值来看，近代云南的出口总值是在增长的，只是这个增长比进口货值的增长波动更大（详见附录表5、表19和图6-3、图6-4）。从1889—1932年的情况来看，1889年的出口总值最低为87629海关两，次年增至461193海关两，增长4倍有余，到1925年达到最高峰为15425615海关两，是1889年的176倍、1890年的33倍多，增长速度虽比不上进口总值的速度，但也非常惊人。1926—1932年的7年内，出口总值总体呈下滑趋势，但即使是最低值的1932年（4474252海关两），也超出1890年近9倍。从三关出口总值的变化情况来看，1889—1932年，出口总值的波动非常明显，时有反复。从1933—1941年的变化情况来看，波动比之前小很多，总体是在不断增长的。

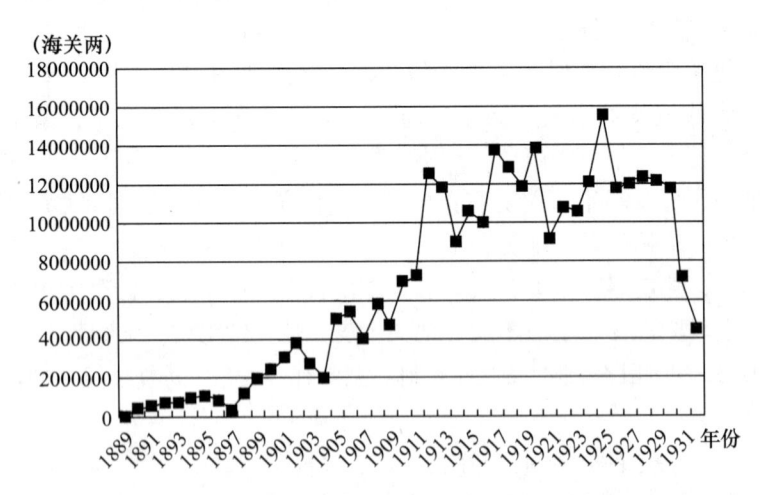

图6-3　1889—1932年云南三关出口总值变化情况

资料来源：根据附录表5、表19绘制。

从制约云南出口贸易的大宗商品来看，"以大锡为第一位，约占贸易总额百分之八十以上;黄丝次之;牛、羊皮又次之。他若茶、药材、猪鬃、火腿及零星土杂货,亦为主要之交易品"。①

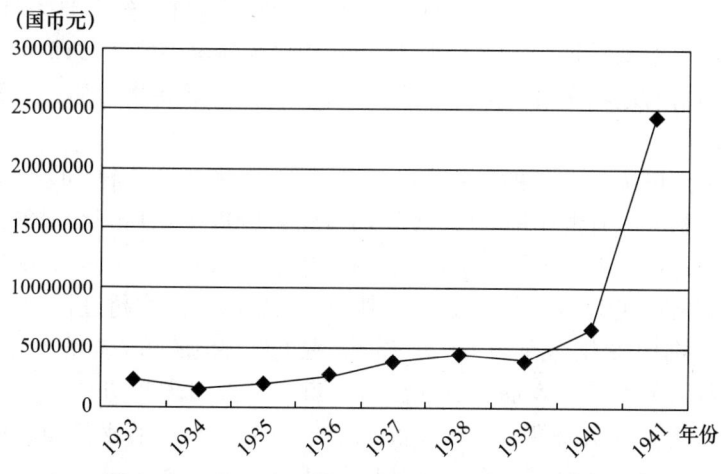

图 6-4 1933—1941 年云南三关出口总值变化情况

资料来源:根据附录表 19 绘制。

大锡在近代云南出口贸易中占绝对支配地位。从大锡在出口总值中所占比例来看,1910—1940 年,除了 1932 年、1939 年、1940 年这三年,其他年份均在 60% 以上,最高的年份达到 92.7%,平均值为 75.01%。大锡左右着云南的出口贸易(见图 6-5)。

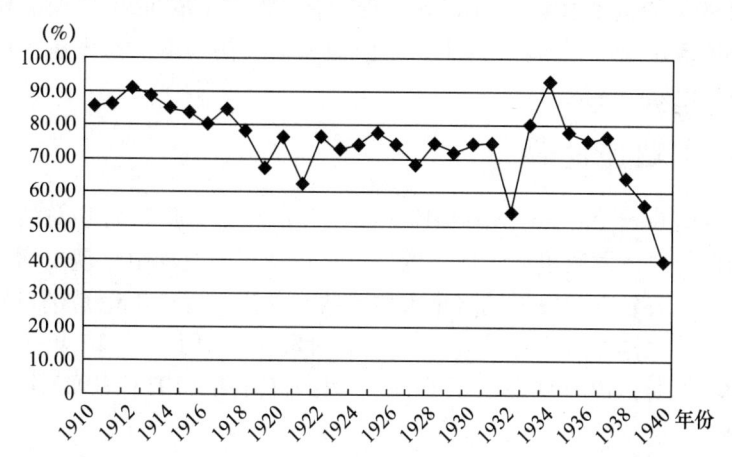

图 6-5 1910—1940 年大锡占云南出口总值比例变化情况

资料来源:根据附录表 19 绘制。

---

① 《新纂云南通志》七,牛鸿斌等点校,云南人民出版社 2007 年版,第 109 页。

出口商品中，生丝（黄丝）的货值仅低于大锡。近代以前，生丝是云南出口商品的最大宗。近代以来，随着大锡的大量出口，生丝出口货值所占比例降低，退居第二位。云南本地产丝不多，出口生丝主要来自四川，其次来自湖南和江浙，主要经腾越关出口到缅甸等国家。1918 年，自福春恒在四川嘉定设立第一座解丝厂后，中国商人开始将生丝加工为解制生丝以供出口。

皮革是仅次于蚕丝的又一大宗出口商品。1905 年以前，皮革出口货值在出口总值中所占比例很小，还不足 1%；1905 年以后开始增加，超过 1%。1906 年出口货值 9 万海关两，占当年出口总值的 1.06%。此后，各年出口货值均在 10 万海关两以上，其中有 8 年出口值均超过百万元大关，最高年份的 1928 年达到 189 万海关两，占出口总值的 9.7%。[1]

随着对外贸易的发展，近代云南出口贸易的对象也进一步扩大。据统计，云南出口贸易涉及的国家和地区包括东南亚和南亚各国、中国香港、日本、朝鲜、美国、英国、法国及其他欧洲国家。蒙自关进出口贸易国别和地区主要包括安南、中国香港、法国、比利时、德国、英国、美国、暹罗、日本、朝鲜、荷属东印度、挪威、新加坡、瑞典等；腾越关进出口贸易国家和地区主要为缅甸、英国、比利时、印度、中国香港、菲律宾、德国、美国、日本、挪威；思茅关进出口贸易国家和地区主要为安南、老挝、缅甸、泰国、英国、中国香港及美国。[2] 其中，云南大约 90% 的贸易值输出到中国香港，余下不到 10% 的出口商品输出到印度、越南和缅甸等国。[3] 这主要是因为云南大锡基本上是先运抵中国香港再销往他处的缘故。

三 出入超状况分析

根据图 6-6 和图 6-7，1910—1947 年间，云南进口贸易总值与出口贸易总值的总体发展趋势大体一致，都是在剧烈的波动中呈现出增长的趋势，这与三关各自的发展趋势也大体一致。具体来看，不论是进口贸易还是出口贸易大体可分为三个不同的发展阶段：自 1910—1925 年左右为波动中的增长期；1926 年左右至 1932 年为倒退时期；1933—1947 年复又为增长期。

---

[1] 钟崇敏：《云南之贸易》，1939 年手稿油印，第 190 页。
[2] 吴兴南：《云南对外贸易史》，云南大学出版社 2002 年版，第 157 页。
[3] 参见董孟雄、郭亚非《云南地区对外贸易史》，云南人民出版社 1998 年版。

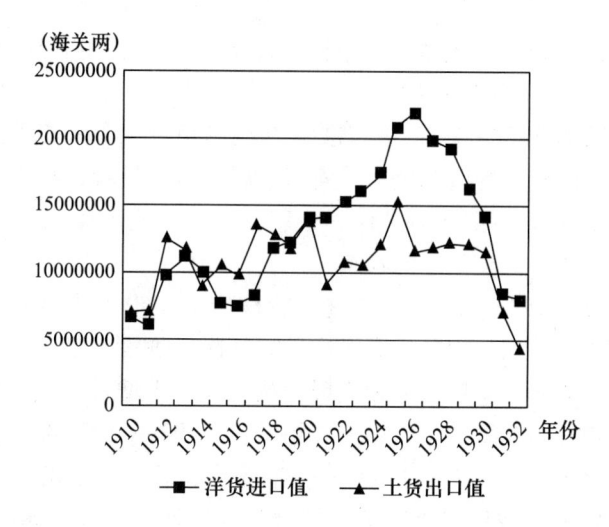

第六章 滇缅贸易在云南对外贸易中的地位　155

图 6-6　1910—1932 年云南进出口贸易货值变化情况

资料来源：据附录表 21 绘制。

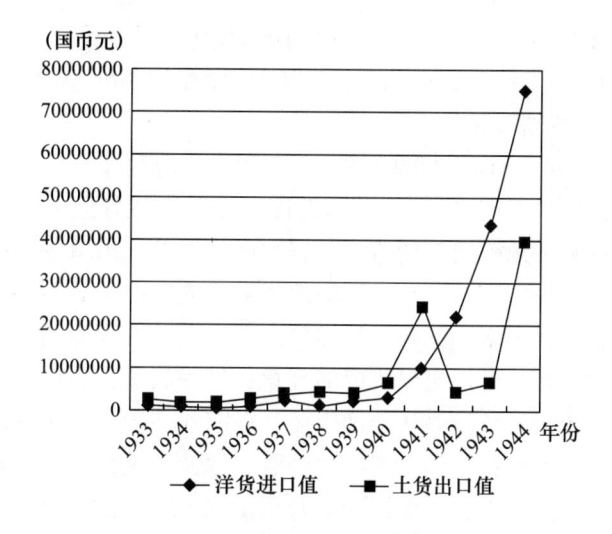

图 6-7　1933—1947 年云南进出口贸易货值变化情况

资料来源：据附录表 21 绘制。

结合附录表 21 以及图 6-5 和图 6-6，1910—1949 年云南的出入超情况大致可分为四个阶段来分析。

第一阶段为 1910—1918 年。除 1914 年为入超，其他年份均为出超。入超总值为 1060283 海关两，出超总值远超过入超总值为 16669972 海关两，也就是说，这一时期云南的贸易收支情况良好。这一阶段进口贸易值和出口贸易值均经历了先增加后下降再增加的过程，发展到 1918 年，两者都超出了 1000 万海关两。

第二阶段为 1919—1932 年。这一阶段的情况与第一阶段完全相反，进口贸易值和出口贸易值都经历了先增加后下降的过程，所有年份均为入超，入超总值达 62698793 海关两，也就是说，这一时期云南的贸易收支情况很不好，常年处于盈亏的状态。

第三阶段为 1933—1941 年。这一阶段所有年份均为出超，出超总值为 277677346 国币元，贸易收支情况良好。这一阶段，出口贸易货值基本呈持续增长的趋势，进口贸易则在反复波动中实现增长。这一阶段，云南出口贸易的增长主要得益于大锡出口的增长。1929—1933 年，西方资本主义国家陷入全面经济危机，1933 年后经济开始复苏，云南大锡出口在经历了较长时间的疲软后，出口又大量增加，当年出口大锡达到 106423 公担，价值 22189000 国币元；抗战爆发前夕的 1936 年，出口再度超过 10 万公担大关，达 104214 公担，价值 23913000 国币元。[①]

第四阶段为 1942—1949 年。所有年份均为入超，而且入超数值庞大，自 1942—1947 年入超总值达 8902192300 国币元，1948 年、1949 年，入超总值为 92802275 国币元。

总的来看，在 1910—1949 年的 40 年间，云南对外贸易出超年份为 17 年，入超比出超稍多有 23 年。说明近代以来云南不管进口贸易还是出口贸易，虽然贸易的规模及其货值均大有发展，但是，出口货值的增长不及进口货值，多年处于入超地位，云南的贸易收支情况可谓不尽如人意，很不乐观。这是多种因素交叉影响的结果。一方面，大宗商品的进出口量及其价格的变化会影响到进出口货值的变化；另一方面，英国、法国等西方国家将云南传统的对外贸易伙伴即南亚、东南亚诸国或地区纷纷划为各自的势力范围，并积极在其势力范围内经营，源源不断地向云南输入各种工业制成品，意图进一步打开中国西南乃至全国市场，而同时云南出口的商品仍然以传统的农副土特产品和工业原材料为主。进出口贸易之间的"剪刀差"由此产生，同时也体现了西方资本主义国家进行经济掠夺的一面，云南成为其倾销商品的重要市场之一。这也是近代云南对外贸易的重要特点之一。

---

① 吴兴南：《云南对外贸易史》，云南大学出版社 2002 年版，第 145 页。

第二节　滇缅贸易地位变迁

云南的对外贸易历史悠久，自秦汉至 19 世纪中期，对外贸易陆路的一条重要通道就是由滇东、滇中向滇西经大理、永昌至腾越，然后出境到缅、印等国。无论从历史上看，还是从贸易的规模及重要程度看，云南对外贸易的中心主要在迤西，腾越是面向南亚东南亚的一个重要关口。19 世纪后期，在云南约开商埠以后，滇南的蒙自关进出口规模迅速增长，超越腾越关居于第一位。特别是 1910 年滇越铁路全线通车后，蒙自在云南对外贸易中的中心地位正式确立，常年占全省进出口贸易总额的 80% 以上。抗日战争爆发以后，特别在 1940 年日本侵占越南，滇越铁路运输中断，太平洋战争爆发后，蒙自对外贸易则完全陷入停滞状态，而滇缅公路的开通，成为抗战中期以后唯一的一条国际贸易商道，滇缅贸易又有一段兴盛时期。

一　蒙自、思茅和腾越关的进出口贸易状况

滇缅贸易在云南的对外贸易中究竟占据怎样的地位？我们将从近代以来思茅关、腾越关和蒙自关进出口的商品种类和结构、商品的总量等方面进行考察。

（一）思茅关

思茅位于云南的西南部，与越南、老挝、缅甸接壤，历史上就是云南通往中南半岛的贸易通道，是云南的商业重镇。长期以来，它与缅甸、老挝、泰国的贸易往来就已经十分密切。直到 19 世纪初，云南作为对外贸易前沿市场的地位没有改变。当时，思茅出口货物包括"毡子、马掌、黄腊、缎子、笠帽、黄丝、土布、草帽"。回头货则有"鹿茸、象牙、虎皮、豹皮、虎骨、麂皮、獭皮、熊胆、犀角、纸烟、布匹和英、德制的西药等"。[①] 据光绪二十五年（1899）的海关资料论：六十年前，思茅物产荟萃，商人来自缅甸、暹罗、南掌等国。外商输入的商品主要包括洋货、燕窝、鹿角和棉花，而交换易去的则是生丝、铁器、草帽、食盐与黄金、白银。出口以生丝为大宗，规模约有 1500 担。双边贸易无论雨季或晴天都同样繁荣。当时，四川、云南两省的洋货都依靠思茅售出，贸易地位重

---

① 马桢祥：《泰缅经商回忆》，《云南文史资料选辑》第 9 辑。

要。后长江开放、英国占缅甸,缅甸商贾出腾越,经此大变故,思茅商埠一落千丈。① 这些史料勾勒了思茅贸易地位的盛衰,反映出早期经济全球化对中国西南边疆的影响。

具体来说,光绪二十三年(1897)思茅城设立正关,于东门外及永靖哨设立查卡,易武、勐烈各设分关,思茅关正式开关。此后,思茅的对外贸易规模有所扩大,全关常年贸易总额约占全省进出口总额的1%以上(其历年进出口货值变动详见附录表24)。不过,思茅开关后并没有体现出迅猛发展的态势,虽然总体上呈现上升趋势,但很难看到逐年持续增长的情况,更多的则是涨跌起伏、时升时降的复杂状况。

从进出口货值方面具体分析如下:1897年开关当年,进出口货值分别为154500海关两和31000海关两。1940年达1632272国币元和982564国币元。1932年与1897年相比,进口货值增加65664海关两,增幅42.5%;出口货值增加13920海关两,增幅44.9%。可见思茅进出口总体呈上升态势,但增长速度及规模都不大。在1897—1932年的35年里,17年的进口货值超过20万海关两,最高出现在1920年,为285527海关两。其余各年几乎都在10万海关两以上,最低点出现在1902年,仅有47000海关两。出口货值变动较大,多数年份为三四万海关两。最高为1927年的164477海关两;最低为1929年的21562海关两,进出口差距颇大。1933年以后有所上升,但仍然呈现增幅小、起落大的特点。在1897—1940年的43年里,仅有两年为出超,分别为1937年和1939年;其余41年全为入超,贸易赤字巨大。

尽管1897年以后思茅关货值有所增长,但进出口总额所占全省进出口总额的比例却呈下降趋势:进口所占比例最高时为3%,最低时仅占0.5%;出口所占比例最高时为1.4%,最低时仅为0.2%。

思茅关进出口起伏颇大的影响主要来自棉花进口和茶叶出口规模的影响。1897—1937年,棉花进口占进口总额的比例,平均为75.73%,最高为1898年的90.06%,最低为1931年的45.05%;茶叶出口占全关出口总值的比例约为35.84%,最高为1933年的79.31%,最低为1898年、1900年等6年,约为1%。

总体来说,思茅关的进出口规模对云南省进出口贸易影响很小,货值也处于三关的末位。

---

① 《光绪二十五年思茅口华洋贸易情形论略》,中国第二历史档案馆、中国海关总署办公厅:《中国旧海关史料(1859—1948)》第31、32册,京华出版社2001年版。

（二）腾越关

腾越自汉代以来，游走四方的大贾富商云集于此，商号遍布，贸易发达，市镇繁荣，人民富足，在云南的对外贸易中地位十分重要，是滇缅贸易最主要的商道和最重要的商埠，也是滇西最重要的贸易口岸。腾越关约开于清光绪二十五年（1899），实际于清光绪二十八年（1902）正式开办，是云南省近代最后设立的海关。

腾越的进出口贸易一直十分繁荣，棉纱是腾越关最大宗进口商品，最高时占进口总值的75%；最低时也占进口总额的19%；常年占进口总额的一半以上，左右着腾越的贸易规模。生丝为腾越出口的最大宗商品，出口最多的年份占出口总额的94%，平均每年出口货值占出口总额的70%左右。

虽然受到蒙自开关的冲击和滇越铁路开通的影响，但一直保持着强大的生命力，其进出口贸易常年占云南省进出口贸易总额的10%—20%，可见其地位重要。

总体来说，腾越开关至20世纪40年代进出口差额巨大，贸易入超严重（详见附录表22腾越关进出口货值变动情况）。在1910年以后的30多年间，腾越关有26年入超，6年出超。1910—1932年全部为入超。出入超差额最大年份为1920年的2437290海关两，相差6.5倍。19年出入超差额都在100万海关两以上，差额巨大。1933—1938年6年为出超。1939年以后，随着1938年进口增加、出口减少，出入超差额缩小，至1939年开始转为入超，之后逐年大幅度增长。

（三）蒙自关

蒙自关是近代云南最早开辟的商埠，1889年蒙自正式开关。自开关以后，其进出口规模急剧扩张，据有关资料统计，1912—1937年间，蒙自关年平均对外贸易货值约占云南省同期年平均对外贸易总值的80%。[①]

蒙自关对外贸易的货值变化大致体现出以下特点：

（1）在自蒙自开关后的50余年间，进出口贸易额一直呈持续上升趋势，发展迅速（历年蒙自关进出口货值变动详见附录表23）。

据有关记载，1889年开关当年，其进口货值就达466000海关两，至1932年已经达到5572388海关两，净增5106388海关两，增幅1096%。1889年、1932年的出口值分别是468000海关两和3118517海关两，净增2650517海关两，增幅566%。1932年因为受到世界经济危机的严重影响，

---

① 钟崇敏：《云南之贸易》，手稿油印本，1939年，第232页。

进出口总额几乎降至民国以来最低点，但与1889年相比，仍然有了巨大的增长，可知开关以后蒙自进出口贸易的迅猛发展。

（2）在蒙自开关到1928年的30年里，属于发展迅猛的30年。这一阶段，总体对外贸易呈现出高速增长、偶有回落、起伏不大、总量大增的态势。

自1889年起，增长很快，开关第五年与开关第二年相比，进口货值就从466000海关两增长到1524000海关两，增幅高达227%；出口货值从468000海关两增加到1894年的943000海关两，增幅达101%。之后几乎是逐年大幅增长，偶有回落，却又迅速反弹。到了开关十周年，进口货值已经攀升至3373000海关两，出口货值也达1883000海关两，同创历史新高。与1890年相比，进口值净增2907000海关两，增幅高达624%；出口净增1415000海关两，增幅达302%。之后仍然呈现进出两旺的局面。1909年进口总值达6696508海关两，出口总值在1908年达到最高的5237917海关两。十年间，分别增加了323508海关两，增长了99%；出口总值达3354917海关两，增长了178%。1909—1920年的十年里，进口、出口同样增长迅速的局面仍在继续。这一阶段，1920年迎来了进出两旺的又一个高峰。进口比1909年增加2904740海关两，增长了43%；出口增加了7014166海关两，增长了134%。1920—1928年的近十年间，进出口仍在延续良好的增长势头，特别是进口，1921年突破1000万海关两大关以后，每年几乎都有一两百万的增长。最高值增加到1926年的19044859海关两，出口也增长至10210913海关两。较1920年的进出口总额，进口增长了9443611海关两，增幅98%；出口增长较慢，增幅却也达到1389946海关两，增长近12%。若与1921年相比则增长了53%。蒙自关这三个十年可谓繁荣的"黄金十年"。"进出两旺"始终是贯穿这三个十年的主旋律，同起同落，同升同降，一直处于高速增长的状态，只不过出口与进口相比要略逊一筹。

（3）1910年滇越铁路全线通车后，蒙自进出口贸易步入一个前所未有的时代，云南对外贸易的中心也由此正式确立。在此期间，尤为突出的是出口规模的迅速扩大。1912年出口货值就大幅增长到11847849海关两，与1909年相比，增加了7601109海关两，增幅达179%。

（4）1929年开始蒙自进出口贸易陷入全面下滑的泥潭。1929年的进出口总值与上一年相比，进口减少了2812666海关两，降幅17.5%；出口减少328276海关两，降幅2.9%。虽说降幅很小，但这是由盛变衰的转折点。之后逐年下降，直至1932年，几乎降至民国以来的最低点。出口降至 20 年以来的最低点，货值仅有 3118517 海关两；进口降至民国以来倒数第二低，货值仅有 5572388 海关两。与之前最高年份的 1926 年相比，进口额在短短的五六年里减少了 13472471 海关两，下降 71%；出口减少了 7092396 海关两，降幅 77%。究其原因，主要是世界经济危机的严重影响。1933 年触底反弹，进口强力回升至 12583139 海关两，出口也升至 20399280 海关两，增幅分别为 126% 和 554%。充分说明滇南对外贸易已经完全融入世界市场。1933 年以后，虽然受到战争影响，但在 1941 年以前波动不大。1940 年 6 月 20 日开始，滇越铁路宣告停运，进出口规模急剧下降，几乎陷入停滞状态。

从蒙自关进出口贸易出超、入超来看，具有阶段性特征：

（1）1890—1909 年 20 年里，除 1890 年、1902 年和 1908 年 3 年外，其余 17 年全为入超，共计入超 15884468 海关两，出超 383405 海关两，顺逆相抵，入超 15501063 海关两。1910—1920 年全为出超，共计出超 35441215 海关两。

（2）1921—1930 年十年，全部为入超，共计入超 42501524 海关两。1931—1940 年除 1932 年入超 2453871 海关两以外，其余各年均为出超，共计 148169636 海关两，总计仍为出超 145715766 海关两。

开关以后 40 余年间出入相抵，出超总计 123154394 海关两。

蒙自关大锡出口和棉纱进口起着举足轻重的作用。大锡出口占全省出口总额平均都在 75% 以上，最高超过 90%。棉纱为进口的最大宗商品，约占云南省进口贸易总额的 50% 以上。其他进口大宗商品还有棉花、烟丝、纸烟、煤油、纸张、人造靛和瓷器等。出口大宗商品还有水牛皮、黄牛皮、未硝山羊皮、猪鬃、茶叶、药材等。加上棉纱和大锡，进出口大宗商品分别占进出口总额的比例，据吴兴南推算，为 60.67% 和 92.78%。[1]

从前引思茅、腾越和蒙自三关进出口贸易的相关资料看，在近代云南开埠以前，思茅和腾越主要承担着滇缅贸易的重要职责。在相当长的时间里，思茅在滇缅贸易中的角色不容忽视。随着近代以来世界政治和经济格局的变动，印度、缅甸等地先后沦为英国的殖民地，法国势力占据越南并修建滇越铁路，腾越有其更靠近缅甸的地缘优势，加之生丝出口、棉纱进口一直是云南对外贸易中的大宗商品，所以说，腾越一度是滇缅贸易的龙头。

---

[1] 吴兴南：《云南对外贸易史》，云南大学出版社 2002 年版，第 164 页。

二 进出口贸易格局的变化

滇缅贸易地位的变迁主要反映在 20 世纪以后腾越关进出口贸易的变化。为了更为直观地分析滇缅贸易在云南对外贸易格局的变化、中心的迁移，分析权且以三关进口值、出口值、进出口总值为云南对外贸易总值；分析时段从 1902—1940 年[①]，之所以选择这一时段，是因为 1902 年腾越开关始有海关贸易记载，三关之间也可作比较。在这段时间里，一个最突出的变化就是进出口贸易格局的变化。

从前引三关各自的进出口总值所占全省比例分析来看，体现出以下五个特点：

（1）蒙自关居于绝对的支配地位，其进出口规模决定着云南对外贸易的兴衰。绝大多数年份该关进出口总值都占全省进出口贸易总额的 80% 以上，所占比例最高为 1902 年的 90.83%，仅有 1903 年、1919—1921 年、1932 年这 5 年所占比例在 80% 以下。最低年份出现在 1932 年，比重下降至 64.27%，但仍然超过一半以上。近 40 年所占平均比例达到 83.4%，蒙自关一家独大的态势彰显无遗。

（2）思茅关的地位无足轻重，对全省对外贸易影响甚微。思茅关进出口总额占全省对外贸易总额的比例很小，绝大多数年份都在 2% 以下。只有 1903—1905 年、1907 年、1934—1936 年和 1940 年 8 年超过 2%，甚至于还有 10 年在 1% 以下。占 3% 以上仅有 3 年，最高比例为 1935 年的 3.51%，平均比例为 1.48%。影响小之又小，几乎可以忽略不计。

（3）腾越关地位重要，与蒙自关一道左右着云南对外贸易的规模。在传统对外贸易的格局下，腾越关历来处于十分重要的地位。近代开关以后蒙自关迅速崛起，腾越的地位有所下降，但仍然是滇缅贸易最主要的口岸，1902—1940 年，每年的进出口总值都占全省总额的 10% 以上，仅有 1937 年、1938 年分别为 9.56% 和 9.90%。1903 年、1919—1921 年、1932 年 5 年的比例超过 20%，最高 33.77% 的比例出现在 1932 年。平均所占比例为 15.12%。

（4）腾越关与蒙自关两者之间体现出此消彼长、几乎对称的态势。从折线图（详见附录图 1 和附录表 26）中可以清晰地看出来，两关的进出口总值占全省比例，几乎呈对称分布。蒙自高腾越就低，腾越高蒙自就低，并且，增加与减少的幅度几乎相等。而且，不仅所占比例如此，进出

---

① 其中，1911 年因为腾越关没有具体的数据记载，所以，没有纳入分析。

口货值的变动也是此消彼长。例如，就比重而言，1932年蒙自关进出口总额下降20.17%，同年，腾越关进出口总额上升19.34%；1933年腾越关下降19.54%，同年，蒙自关上升19.69%；1921年蒙自关上升4.38%，同年，腾越关下降4.1%。这一规律贯穿了1902年腾越开关以后的40年，基本没有改变。可以看出，滇南、滇西这两条贸易通道对云南对外贸易"非此即彼"的重要影响。

（5）起伏不大、发展平稳。蒙自关的进出口总额所占比例基本围绕83%这条中轴线上下波动，而腾越关的进出口总值所占比例则围绕15%这条中轴线起伏变化。突升突降的年份很少，状态平稳（详见附录图1、附录表25和表26）。

总体来说，在约开商埠以前，腾越一直是云南对外贸易的主要通道，云南对外贸易的中心在滇缅贸易。蒙自开关以后，腾越在全省对外贸易中的重要性日益下降，主要地位被蒙自关迅速取代，云南对外贸易的格局发生重大变化。同时也说明滇缅贸易地位的下降，云南更广泛地融入经济全球化的大潮。

原因何在？主要有几三个方面。

（1）蒙自开关和越南区位优势的凸显。越南是一个靠海的国家，在经济全球化进程中有海上交通的优势。云南与越南的交往主要在滇南，其贸易路线一直以来主要由蒙自驮运至蛮耗①，然后通过水运到越南老街，经过河内至海防出海到达香港。近代以来，由于出海防口的税收太重②，进云南、广西两省还必须再交税，所以，大批货物改由广西北海转运。1889年蒙自开关以后，与越南的交往更加密切，特别是滇越铁路的开通，使滇南对外贸易的通道重新回到红河—海防一线，蒙自进出口贸易规模大增。

（2）滇越铁路开通，又导致棉纱输入途径的变化。棉纱是重要的织布原料，云南的进口棉纱主产于印度，最初是从缅甸经由腾越输入，故腾越是云南棉纱进口的主要通道。棉纱也是腾越进口商品中居第一位的大宗商

---

① 当时属蒙自县境内，是红河沿岸重要的航运码头。
② 关于税收方面，万湘澄先生分析得非常深入：一是经过广西进入云南之税捐极重；二是陆运之路途太长；三是北海港设施太差，既无码头又无栈房；四是当时越南之通过税最多不过从价5%；五是商品只需在蒙自关一次缴纳进口税即可在省内通行无阻。水运自蛮耗至河内12—15日即可到达。所以，越南凭借特有的区位优势，获得了超强的发展机遇。除此之外，大宗进出口商品棉纱、大锡的急剧增长，也是造成腾越优势地位丧失的重要原因。

品。1910年滇越铁路通车以后，大量棉纱改由中国香港和越南进口。虽然仍有不少从腾越入关，但销售市场与之前相比已缩小很多，大多限于迤西范围。在蒙自开关以前，全省进口货值不是太大。但蒙自开关后，特别是滇越铁路通车以后，棉纱输入陡然增加。1910—1912年，从进口6万多公担急剧增长到10万多公担，增幅超过60%。之后的近20年间，总体平均每年进口在10万公担左右。1930年达到最高峰，进口超过13万公担。常年占据全省进口总值的半壁江山，最高比例超过60%。在当时，棉纱的进口左右着云南进口贸易的大局。蒙自的棉纱进口居于首位，原主要由腾越输入的情况发生变化，滇缅贸易的份额可想而知。

不过，腾越棉纱进口则体现出不同的特点。在全省棉纱进口逐渐减少，特别是蒙自关锐减的背景下，腾越关的棉纱进口却不降反升，规模迅猛增长。1910年，腾越棉纱进口总额仅为20290公担，之后基本是逐年增长的态势，平均每年都有3.5万担左右。峰值出现在1919年，高达39150担，净增18860担，增幅达93%。从1937年开始，腾越棉纱进口逐年攀升，每年的增幅分别为104%、117%、70%、313%。发展速度十分惊人。抗日战争爆发和滇缅公路全线通车是主要原因。抗日战争爆发以后，腾越成为最重要的国际大通道。腾越关棉纱进口从1937年进口4620公担增加至1939年的14379000公斤，折合143790公担，增长30倍还多。

（3）云南大锡的出口，加强了蒙自关在对外贸易中的绝对支配地位（详见附录表30）。据统计，蒙自关出口的大宗商品包括大锡、生丝、皮革、猪鬃、茶叶、药材等。其中，大锡每年输出的总额平均占出口总额的80%，大锡出口的多寡决定着云南出口贸易的盛衰，举足轻重、地位非凡。1917年、1920年、1933年是大锡出口历史最高的年份，均突破万吨以上，其他各年一般徘徊于6000—8000吨之间。① 若以出口价值而论，其增长幅度往往比出口量的增长幅度要大。② 而腾越出口的大宗商品只是生丝、皮革、皮革制品、石黄等货物，其价值难以与大锡相比，所以，腾越地位的下降也在情理之中。

总之，云南对外贸易的进出口总额以蒙自关的所占比例最高，其地位最为重要，左右云南出口贸易格局的力量更强。以腾越为代表的滇缅贸易虽然地位下降，但其居于全省对外贸易第二位的状况长久不变。

---

① 钟崇敏：《云南之贸易》，手稿油印本，1939年。
② 李珪主编：《云南近代经济史》，云南民族出版社1995年版，第351页。

三 云南交通近代化的开端

交通条件的改善为对外贸易的发展提供了有力的保障。自 1910 年滇越铁路通车开始，云南对外交通就开始逐步迈入近代新式交通时代。云南近代新式交通可以说是在内部的自觉与外部的压力共同作用下形成的，正如有学者指出的那样："从 1910 年至 1945 年抗日战争结束，云南对外交通新式运输体系，在饱含深受帝国主义凌辱、压迫和剥削的屈辱中，在云南人民的不断觉醒、不屈不挠地反抗侵略和保卫国家的正义斗争中逐渐形成，从此云南进入了以近现代新式交通为主的对外交通新时代。"[1] 云南近代交通体系包括对铁路、公路、航空的建设，其中，既有成功的果实，又有失败的尝试。

1910 年 3 月 31 日，滇越铁路修成通车，标志着云南交通正式迈入了新时代。滇越铁路全线由昆明至越南河内，再到海防，全程 800 千米，在云南境内共长 465.2 千米。19 世纪末，法国通过各种卑劣的手段，步步紧逼，强迫清政府订立了一系列出卖国家主权和云南筑路权的不平等条约。1897 年，法国取得了滇越铁路的修筑权和经营权。1901 年，滇越铁路开始修建，由于工程难度系数大，直到 1910 年 1 月 30 日才全线贯通。法国人经营了 33 年后，直到 1946 年 2 月 28 日，中国才将路权赎回。[2] 滇越铁路的修成通车，打响了云南交通近代化的第一枪，给云南社会经济带来了巨大影响：滇越铁路成为法国掠夺云南资源，倾销国外商品，榨取暴利的工具；客观上改善了云南对外交通，扩大了云南对外贸易，极大地缩短了云南与我国内地、沿海地区的距离；同时，云南与东南亚各个国家以及欧美等发达资本主义国家的联系得到了加强，云南的经济发展、文化交流及教育繁荣得到了促进；运输改善，成为开启云南现代工业的重要条件；在中华民族危亡时，支援了中国人民的抗日斗争。[3] 此外，得益于滇越铁路的修建通车，蒙自取代腾冲成为当时云南对外贸易的中心。

除了滇越铁路，不管是英国还是中国都曾设想修建经过腾冲的铁路。如在 1897 年的《中英续议缅甸条约附款》第十二条规定，将来云南如果修筑铁路，应与缅甸铁路相接。1906 年，由于英国政府的再三要求，修筑滇缅铁路势在必行，而这时全中国范围正兴起收回铁路路权的运动，云

---

[1] 陆韧：《云南对外交通史》，云南人民出版社 2011 年版，第 334 页。
[2] 云南省铁道志编写委员会编撰：《云南省志》卷 34《铁道志》，云南人民出版社 1994 年版，第 29 页。
[3] 陆韧：《云南对外交通史》，云南人民出版社 2011 年版，第 337—341 页。

南方面已经成立了滇蜀铁路公司，准备自筹资金修筑滇蜀铁路，于是云南地方士绅陈荣昌等人联名禀请，要求将滇缅铁路的腾越段归并到滇蜀铁路公司，由云南地方自主修建，当时的云贵总督丁振铎同意了陈荣昌等人的请求。随后滇蜀铁路公司正式改成滇蜀腾越铁路公司。① 可惜由于资金问题，在公司成立期间，不管是滇蜀铁路还是腾越铁路都未真正动工修筑。民国年间，孙中山也曾设想在云南腾冲修建铁路。他在《建国方略——实业计划》中提出了修建从广州到云南大理腾越的铁路线，其规划是铁路进入昆明后，从昆明"经过楚雄，以至大理。于是折而西南，至永昌，遂至腾越，终于缅甸边界"，"此路本线，自东至西，贯通桂、滇两省，将来在国际上必见重要。因为在此线缅甸界上，当与缅甸铁路系统之仰光、八莫一线相接，将来此即自印度至中国最捷之路也"。② 可惜孙中山还没来得及实现他的宏伟计划就去世了，滇桂铁路的修建计划也成泡影。

云南的公路修筑起步较晚。1937年抗日战争爆发之后，日军控制了中国沿海的海陆通道，南京国民政府和云南省政府决定修筑滇缅公路，时任云南第一殖边督办、云南省公路第一分局局长的李曰垓得知消息后，立即致电云南公路总局，列举了八点理由，认为滇缅公路西段最佳线路应是由下关经保山、腾冲出缅甸到八莫。③ 该建议未被采纳，众所周知，滇缅公路最终采取的是下关经保山、龙陵到畹町出缅甸的路线。滇缅公路路线由下关向西延伸，经漾濞、永平、保山、龙陵、芒市、瑞丽出国界。1937年12月开工，1938年8月31日通车。耗时仅9个月，震惊国内外，如美国驻华大使詹森实地考察滇缅公路后说："滇缅公路工程浩大，沿途风景极佳，此次中国政府能于短期完成此艰巨工程，此种果敢毅力与精神，实令人钦佩。且修筑滇缅公路物资条件异常缺乏。第一缺乏机器，第二纯系人力开辟，全赖沿途人民艰苦耐劳精神，这种精神是全世界任何民族所不及的。"④ 滇缅公路通车后，立即发挥巨大作用，大量军用物资源源不断地通过缅甸输入中国西南大后方，有力地支援了中国的抗日战争。滇缅铁路的通车对滇缅贸易也产生了重要影响，由于滇缅公路未经过腾冲而是经

---

① 宓汝成：《近代中国铁路史资料》，文海出版社1977年版，第1106页。
② 中国社会科学院近代史研究所中华民国史研究室等编：《孙中山全集》第6卷，中华书局1982年版，第322页。
③ 李曰垓：《上云南公路总局代电》，李生庄编：《滇缅交通线问题特辑》，1939年，第12—14页。
④ 谢自佳：《滇缅、中印国际公路交通线》，杨实主编：《抗日战争时期西南的交通》，云南人民出版社1992年版。

过下关，所以，腾冲长期以来在滇缅贸易中的领导地位被下关取代。

日军占领缅甸，滇缅公路被中断后，为了开辟新的国际通道，1942年2月，中国、英国、印度、荷兰等国代表在印度新德里举行会议，决定修筑中印公路。最终确定的路线是由印度利多至缅甸密支那，然后分南北两线，南线经八莫、南坎到畹町，与滇缅公路相接，直达昆明；北线经腾冲到保山，与滇缅公路相接，计划当年4月全线开工，年底完工。当准备工作迅速进行之际，日军侵占中缅边境，中国赴缅甸各路段的施工人员仓促撤回，中印公路被迫停修。① 1944年12月，中印公路开工修筑。随着密支那被盟军攻克，利多至密支那的公路全程通车。9月腾冲被收复后，中印公路北线工程全面开工，因腾冲至保山正线公路需翻越高黎贡山，工程艰巨浩大，为求早日通车，决定利用日军修的腾龙公路基础，先修通腾冲至龙陵接滇缅公路的北线支线。1945年1月中印公路全线通车。② 中印公路密支那至腾冲县城段，全长共计220千米，其中国内段长89千米，腾冲至保山全程171千米。③ 中印公路通车后，主要运输援华抗日物资，故而，当战争结束后，因没有物资运输，中印公路最终被荒废。

除滇缅、中印公路外，腾冲还曾修筑过保腾公路、腾八公路。1940年，云贵监察使李根源于1940年曾征集保山和腾冲的民工修筑保山—腾冲—八莫的公路，完成一部分土石方工程后，因中央没有财物支援，日军侵略危及滇边而停工。④ 中印公路时期，保腾段是重要组成部分，由于工程难度很大，保腾段没有最终完成。其后未完工的保腾段公路交由交通部公路总局第四区公路工程管理局接管，第四区局组织保山、腾冲等县民工修筑保腾公路，4个月以后，除惠人桥以外的所有工程如期完成。1948年4月，四区公路局招商承建惠人桥，建成通车后，为纪念已故前保密公路新工总处处长龚继成，改桥名为继成桥。龙江桥也于1948年6月底完成。这两座江桥完成后，曾一度通车。但是，由于路基及涵管工程简陋，不久又阻断。其后，因解放战争临近，保腾公路的修筑再次中断。⑤ 近代腾冲尝试修筑的另一条公路是腾八公路。1940年动工修筑，土方工程由地方

---

① 腾冲县交通局编：《腾冲县交通志》，云南民族出版社2001年版，第101—102页。
② 云南省档案馆：《抗战时期的云南社会》，云南人民出版社2005年版，第247—249页。
③ 云南省交通厅公路交通史编审委员会：《云南公路运输史》第1册，人民交通出版社1995年版，第165页。
④ 《腾冲县长呈云南省政府请拨款完成保连路事》，李根源等辑录：《永昌府文征》（三），第3020页。
⑤ 云南公路史编写组：《云南公路史》第1册，国际文化出版公司1989年版，第235页。

派人挖掘，桥涵特工由省总局委派工程主任负责指导。① 所需款项，主要来自捐款及借垫的田赋，共筹集到新滇币百余万元，动员民工万余人。腾冲县属范围内土方大致完成，终因工程浩大，财力得不到省上支持，日军侵略危及滇边而告废。②

云南的航空事业起步于20世纪30年代初，时间也较晚。最初只有昆渝航线，发展到1938年有8条主要航线：昆渝航线、昆蓉航线、昆粤航线、宜宾—昆明—汀江—加尔各答航线、昆明—仰光航线、昆明—重庆—成都—兰州—哈密—迪化（乌鲁木齐）与欧洲联航航线、昆明—桂林—香港航线、昆明—河内与法国航空公司联航航线等。③ 1942年缅甸失守，通往国内唯一的交通干线滇缅公路被切断，国际援华抗战物资的运输严重受阻，中美两国政府决定开辟一条从印度东北部阿萨姆到中国云南昆明的空中生命线。④ 闻名遐迩的"驼峰"航线由此诞生。据称，1942年5月至1945年8月，共飞越驼峰8万架次，从印度运回物资达50089吨，从我国运出至印度的物资为222472吨，运送人员33477人（大部分是到印度或美国受训的远征军和空军人员）。⑤ 抗战胜利后，1945年11月15日正式宣布关闭驼峰航线。⑥

第三节　近代滇缅贸易在云南和缅甸各自对外贸易中的结构性变化

尽管近代以来无论是缅甸还是云南，我们无法考证双方每一年对外贸易的具体情况，尤其是进出口贸易货值的变化情况，但是，从海关资料、前人相关的记载以及学者现有的研究成果来看，我们可考察其大致发展情况。大宗商品的数量及其货值的发展变化最能影响外贸的发展变化，本书正是以此为切入点，就近代以来云南对缅甸的进口贸易结构、出口贸易结构变化和发展，对近代滇缅贸易在云南、缅甸各自外贸中的结构性关系加

---

① 李根源著，李希泌编校：《新编曲石文录》，云南人民出版社1988年版，第314、323—325页。
② 腾冲县志编纂委员会：《腾冲县志》，中华书局1995年版，第324页。
③ 孙代兴、吴宝璋主编：《云南抗日战争史》，云南大学出版社1995年版，第234页。
④ 姚波：《中印驼峰运输》，《抗战时期西南的交通》，云南人民出版社2011年版，第236页。
⑤ 同上书，第246页。
⑥ 孙代兴、吴宝璋主编：《云南抗日战争史》，云南大学出版社2005年版，第242—245页。

以考察和分析。

一 进口贸易结构

从近代以来云南自缅甸进口的商品来看,棉纱和棉花最为大宗,玉石、稻米次之。在这几宗大商品中,棉纱来源于英属印度,因而棉纱贸易实属滇印贸易,缅甸只是起到中转的作用,故棉花才是云南自缅甸进口的最大宗商品。

缅甸的棉花主要产自气候较干燥的上缅甸,生产历史悠久,所产原棉绝大部分输出国外。棉织品是云南高寒地区防御低温冷冻之害的主要衣物,但云南的气候不适宜种植棉花,产量也较低,故棉花在云南有较为广阔的市场需求。原棉的输入,推动了云南尤其是滇西一带纺织业的发展。

从缅棉在缅甸出口贸易中的地位来看,近代以前,缅棉输入云南的规模已相当可观。腾越开关以前,滇缅输入云南的棉花的数量及其货值缺乏详细的数据统计,只有相关记载及研究可供参考。

从缅棉占缅甸出口的比重来看。据克劳福特的估计,19世纪初,滇缅贸易额约为30万—40万英镑。到19世纪中叶上升到40万英镑,其中,仅棉花一项,19世纪20年代每年输入云南的货值就超过20万英镑,重量不下500万千克。故清代滇缅陆路贸易额可占缅甸出口贸易总额的1/4—1/3。[1]艾伯特·费却估计1854年中缅陆路贸易额为50万英镑,其中包括由缅甸出口到中国的棉花、盐、红宝石和由中国出口到缅甸的丝绸、茶叶、金叶等。[2]亨利·玉尔估计,1855年缅甸向中国出口货物价值为235000英镑,其中棉花为225000英镑,其他杂项为10000英镑。[3] 克劳福德估计,1872年中国从缅甸进口棉花价值约222000英镑。[4] 缅甸第二次世界大战以前,缅甸棉花主要出口国家为日本、中国以及英国。[5] 1939—1940年缅甸17500吨棉花的出口分布是:日本9000吨,英国4000吨,中国3600吨,其他国家900吨。[6] 如果以上记载或估计无误,那么1855年,

---

[1] 德宏州经济研究所:《缅甸现状与历史研究集刊》,第86页;贺圣达:《缅甸史》,人民出版社1992年版,第214页;吴兴南:《云南对外贸易史》,云南大学出版社2002年版,第72页。

[2] 转引自孙来臣《明清时期中缅贸易关系及其特点》,《东南亚研究》1989年第4期。

[3] 同上。

[4] 同上。

[5] 转引自聂德宁《近现代中国与东南亚经贸关系史研究》,厦门大学出版社2001年版,第219页。

[6] 同上书,第210—211页。

出口中国的缅棉占缅甸出口总值的 95.74%，1939—1940 年占 20.57%。据这些数据，可见输入云南的棉花在缅甸的出口中所占比例较大，而且历年的波动也很大。

从缅棉占云南进口的比重来看。腾越开关后，滇缅经贸往来有了具体的数据统计，这为后人的研究提供了极大的便利。尽管在腾越关存在的 50 年中，仅此一关的贸易无法囊括全部的滇缅贸易的内容，但是，由于腾越关仍是云南对缅甸最重要的门户，故我们仍可以从腾越关的贸易情况来考察整个滇缅贸易的大致情况。棉纱在腾越关历年的进口比值详见表 6-1。为了更客观、更全面地了解棉纱在腾越关进口贸易中的地位，本书将棉纱也纳入了分析之列。

表 6-1　　1902—1937 年棉花、棉纱占腾越关进口贸易比例　　单位:%

年份	棉花	棉纱	年份	棉花	棉纱
1902	11.26	59.70	1920	18.50	60.10
1903	14.13	36.67	1921	15.24	67.75
1904	10.54	48.59	1922	9.56	72.40
1905	20.95	42.04	1923	9.82	71.86
1906	11.90	44.96	1924	10.36	67.24
1907	14.46	49.72	1925	11.42	68.66
1908	9.89	44.07	1926	12.70	58.36
1909	12.29	44.55	1927	8.50	53.23
1910	3.10	59.57	1928	5.72	50.35
1911	2.33	60.03	1929	11.02	57.55
1912	2.99	70.14	1930	10.35	56.39
1913	4.17	64.54	1931	18.54	52.81
1914	9.42	58.84	1932	20.89	62.87
1915	12.48	64.96	1933	20.50	57.45
1916	12.48	64.38	1934	20.65	51.48
1917	3.76	69.51	1935	31.75	44.30
1918	1.45	78.00	1936	18.91	19.29
1919	9.04	75.33	1937	27.83	45.38

资料来源：钟崇敏：《云南之贸易》，1939 年油印稿，云南省档案馆藏本。

前人相关的记载以及学界现有的成果均表明，清代前中期，云南从缅甸进口最大宗的商品是棉花。但是，从英国将印度、缅甸变为其殖民地后,这种情况有所改变。根据表6-1,在腾越关进口贸易两宗最大的商品中,棉纱所占比例最大,而且经常远超棉花。从具体数值和比例来看,棉纱除了1936年为19.29%,历年在36.67%—78%之间波动,平均值为57.03%;棉花历年在1.45%—31.75%之间波动,平均值为12.45%,且任何一年的比例均未超过棉纱。而且两者差距甚大,棉花在滇缅贸易中的主导地位不复存在,被棉纱取而代之。

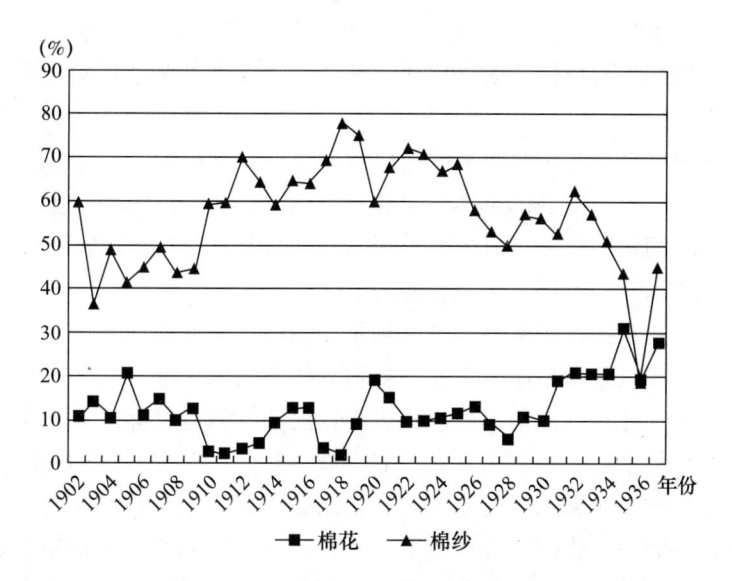

图6-8 1902—1937年棉花、棉纱占腾越关进口贸易比例变化情况

资料来源:据表6-1绘制。

结合图6-8,棉纱和棉花历年的比例变化波动较大,而且在进口贸易中,棉花进口尽管远不及棉纱重要,但是,两者在腾越关进口贸易中的比例呈现出此消彼长的趋势,两者一道左右着腾越关的进口贸易。在1920年之前,棉纱进口比例总体上升,棉花进口比例趋于下降,而在此之后,棉花比例上升,棉纱趋于下降。腾越进口的棉花大部分来自缅甸的伊洛瓦底江流域,所进口棉纱均来自印度,而印度棉纱作为半成品,其原料也主要为缅棉。英国占领缅甸以前,棉花是缅甸输入云南最主要的商品。英国占领缅甸将其变为殖民地以后,缅甸的生产开始为英国殖民经济的需要服务。为了在世界上占领更为广阔的市场,英国大力在印度发展棉纺业,缅甸所产棉花也就开始主要输出到印度,从而使云南棉花的进口受到一定的限制。与此同时,进口棉纱因"价廉质优"而广受欢迎,早在腾越开埠之前,印度棉纱已开始经由腾越一线交通输入云南,开埠之后,棉纱的输入日渐增加，棉纱成为腾越进口的最大宗商品。但是，随着国内棉纺业的发展，国产棉纱开始较多地输入云南，因此，1920—1927年腾越进口贸易中棉花所占比例上升，棉纱所占比例有所下降。1938年后，抗日战争爆发，滇缅公路全线通车，棉纱进口规模又开始逐年攀升，五年间每年的增幅分别为104%、117%、70%、313%，发展速度非常惊人。

再考察腾越关在云南三关中的地位，虽位居第二，但跟第一的蒙自关相比，货值差距悬殊，在云南省对外贸易总值中所占比例也远不及蒙自关，那么滇缅贸易中棉花的进口值在整个云南的进口贸易结构中所占比例更是少之又少。

玉石交易是传统滇缅贸易的重要内容之一，这种交易活动也一直持续到近代。有关玉石交易的具体数量和货值均没有确切的统计数据。据聂德宁的估计，缅甸的玉石，在本国销售的只占25%，其余75%运销到中国及日本，偶尔有一小部分会流向欧美。①

稻米也是云南自缅甸进口的一项重要商品。缅甸的稻米产区主要分布在伊洛瓦底江三角洲平原、中游干燥地区以及其他局部沿海平原地区，所产也大部分销往国外。第二次世界大战以前，缅甸是世界三大稻米输出国之一，战前稻米输出经常占缅甸总输出的40%左右，战后为80%左右。②缅甸稻米的输出对象主要为锡兰、马来西亚等英国在亚洲的属地。自1852年英国占领缅甸并将仰光开辟为商埠后，云南与缅甸的水运贸易逐渐兴盛起来，并成为滇缅贸易的主要途径。缅甸的大米连同棉花、翡翠等其他货物源源不断地通过水运渠道运到云南。1920—1926年中国自缅甸进口的大米情况可参见表6-2。

表6-2　　　　　1920—1926年中国自缅甸进口大米情况　　　　单位：吨

年份	数量	年份	数量
1920—1921	3887	1921—1922	17599
1922—1923	167617	1923—1924	150850
1924—1925	47695	1925—1926	210000

说明：因中国进口的缅米均通过云南实现，故本表也可视作云南历年进口的缅米。

资料来源：转引自聂德宁《近现代中国与东南亚经贸关系史研究》，厦门大学出版社2001年版，第212页。

---

① 聂德宁：《近现代中国与东南亚经贸关系史研究》，厦门大学出版社2001年版，第211页。
② 赵松乔：《缅甸地理》，科学出版社1958年版，第137页。

由表 6-2 可知，在 1920—1926 年的 6 年间，云南历年从缅甸进口的大米波动非常大，少则几千吨，多则不超过 2.1 万吨，平均每年进口量为 99608 吨，可见其规模不小。20 世纪 30 年代后，为了抗议暹罗军政府的排华亲日政策，中国各口岸，尤其是广东各口岸对暹米进口实施抵制措施，同时加大了缅米进口量。还有资料显示，1934 年缅米输入中国为 57744 吨，次年猛增到 222381 吨[①]，一年时间就增长近 3 倍，发展速度也是相当惊人的。

二　出口贸易结构

从近代云南输往缅甸的商品来看，以生丝（又称黄丝）最为大宗，生牛皮和石黄次之。

在云南对缅甸的出口商品中，生丝很长一段时间都是最重要的商品。生丝是缅甸人民的衣料来源，因而在缅甸有较广泛而持续的需求。据钟崇敏《云南之贸易》记载："生丝历年出口均占出口总值 34% 以上，最高多达 94%，常年平均在 70% 左右，输出最多之年为 1936 年计 4395 公担，值国币三百五十余万元。"腾越关历年生丝出口规模详见附录表 10。云南本地产丝不多，出口生丝主要来自四川，其次来自湖南和江浙。这些生丝主要通过腾越销往缅甸。而且经腾越海关出口的生丝也占云南省三关生丝出口量的 90% 以上，有时甚至高达 99%。[②]

根据附录表 10 和图 6-9，1910—1940 年，生丝在腾越关的出口中，历年波动虽比较大，总体上呈增长的趋势，反映了生丝出口在腾越关的出口贸易中的地位越来越重要。这主要与以下三个因素有关：一是国际生丝价格的持续上涨，使生丝的出口货值增加；二是 20 世纪 20 年代后，云南商人开始自办缫丝厂，生丝产量增加；三是 1933 年开始，政府免除生丝的出口税。[③] 从具体变动趋势来看，1910—1919 年，生丝的出口是在小波动中实现增长的；1920—1930 年，生丝出口呈下滑趋势，但出口数量未低于 1917 年；1927—1940 年，生丝出口波动非常大，1940 年的出口量甚至与 1910 年非常接近。

[①] 周汇潇：《缅越暹米之输出》，吴泽霖主编：《海外侨讯汇刊》第 1 集，暨南大学海外文化事业部，1936 年，第 232—237 页。
[②] 《续云南通志长编》下，云南省志编纂委员会办公室编印，1986 年，第 611 页。
[③] 吴兴南：《云南对外贸易——从传统到近代化的历程》，云南民族出版社 1997 年版，第 285 页。

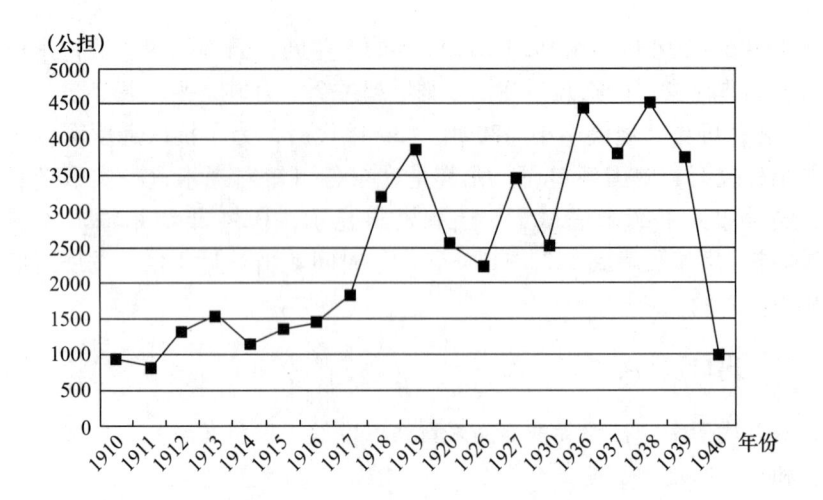

图 6-9　1910—1940 年腾越关生丝出口规模货值变动趋势

资料来源：据附录表 10 绘制。

  腾越关出口的生丝中，川丝所占比例最大，年平均出口额约占出口总值的 70% 左右。1902—1909 年，云南省年平均出口总值 717.9 万海关两，其中，川丝为 25.5 万海关两，占 3.55%；1910—1937 年间，云南省年均出口总值 1975.3 万国币元，其中，川丝为 178.8 万国币元，占 9.05%。[1] 生丝在云南的出口贸易中历史悠久，近代以来随着川丝的发展，经云南出口的生丝数量也进一步增加。1902 年以后，生丝在云南的出口商品中居第二位，仅次于蒙自关出口的大锡。[2]

  在滇越铁路通车之前，云南对缅甸的出口商品中仅次于生丝的是生牛皮。生牛皮出口最多时，占腾越关出口商品总值的 11%。1910 年滇越铁路通车后，蒙自关成为最重要的生牛皮出口口岸，腾越关生牛皮的出口迅速衰落，货值由 15 万余海关两降到 1000 多海关两。[3]

  牛皮出口衰落后，取而代之的是石黄贸易。石黄，又名雌黄，是一种良好的防腐防虫剂，广泛应用于造船和建筑等行业。1902 年即腾越开关当年，出口量为 600 多担。1907 年，洪盛祥商号在下关凤尾山创办洪记石黄有限公司，花重金聘请两名英国学者，将石黄推广应用于涂刷土木建筑

---

[1] 吴兴南：《云南对外贸易史》，云南大学出版社 2002 年版，第 149 页。
[2] 同上书，第 432 页。
[3] 钟崇敏：《云南之贸易》，1939 年油印稿，云南省档案馆藏本。

物，既美观，又防潮防腐、克虫蚁，在印度、缅甸非常受欢迎。① 石黄的销路由此大开，出口量大增。1911年，增至近9000担；1922年，仍保持9000担的高位水平，价值海关银12万余两；1936年，仅石黄的出口货值就达14万余海关两。② 腾冲沦陷以后，对外经贸活动被迫中断，后虽光复，但是，由于云南省政府禁止开采石黄，原存石黄也被没收，石黄出口贸易于是逐渐停止。

观之缅甸，第二次世界大战以前的缅甸是一个以稻米生产为主的农业大国，工业生产非常落后，其日常生活用品大多需从国外进口。缅甸进口商品比较重要的有③：一是棉织品及棉纱。第二次世界大战前后约占总进口值的20%左右。日本占领缅甸期间，棉纱棉布的输入减少，1945—1946年下滑到6%左右。二是盛米用的麻袋。自印度和巴基斯坦输入，每年输入价值达3000万缅元以上。三是金属及其制品。第二次世界大战前后约占进口总值的10%左右，战后有所减少。四是机器和运输器材。第二次世界大战前后约占总出口的10%。此外，还有煤、焦煤、烟草、药品、纸张、花生油、牛奶及其制品等。当时缅甸最主要的对外贸易对象是英国及英属印度，有学者认为，每年从仰光港进出口的贸易货物量，经常占缅甸进出口贸易总值的80%—90%。④ 就此来看，近代以来尤其是第二次世界大战前后，缅甸的大宗进口商品无一是从云南和内地进口的，这在一定程度上反映了云南在缅甸的出口贸易中所占比例非常小。

三 近代滇缅贸易在云南、缅甸对外贸易中的地位

清代前中期，无论是对云南来说还是对缅甸而言，滇缅贸易在各自的对外贸易中都占据着主要地位。近代以来，随着缅甸及其周边国家沦为西方资本主义国家的殖民地，滇越铁路的通车以及蒙自关在云南对外贸易地位的迅速崛起，滇缅双方对外贸易的结构都发生了重要变化。

就滇缅贸易在云南对外贸易中的地位而言，近代以来，云南对外贸易的国家和地区主要是越南、印度、缅甸、老挝等国和中国香港。其中，就进口商品来源口岸分析，中国香港输入云南的商品为第一位，大体占进口贸易值的60%左右；印度为第二位，占进口贸易值的18%左右；越南为

---

① 黄槐荣：《洪盛祥商号概况》，腾冲县政协文史资料委员会编：《腾冲文史资料选辑》第3辑，1991年，第29页。
② 李根源、刘楚湘主纂，巧秋巧等点校：《民国腾冲县志稿》，第386页。
③ 参见赵松乔《缅甸地理》，科学出版社1958年版，第179页。
④ 聂德宁：《近现代中国与东南亚经贸关系史研究》，厦门大学出版社2001年版，第213页。

第三位，占进口贸易值的15%左右；缅甸为第四位，占进口贸易值的7%—8%。出口贸易中，云南只有90%多一点的贸易值输出到中国香港，余下不到10%的出口商品输出到印度、越南和缅甸等国。[①]

就滇缅贸易在缅甸对外贸易中的地位来看而言，缅甸自沦为英国的殖民地后，其生产开始为英国殖民经济的需要服务。同时，为了在世界上占领更为广阔的市场，英国大力在印度发展棉纺业。缅甸对外贸易的主要对象由此变为英属印度及英国，马来西亚及英国其他东南亚属地、锡兰、印度尼西亚、日本、美国、中国内地以及香港地区次之。其中，就进口商品来源口岸分析，根据表6-3，第二次世界大战前后各国和地区的地位有所变化：第二次世界大战以前，印度输入缅甸的商品为第一位，占进口贸易值的50%—60%，第二次世界大战后比例有所缩减，但仍占进口贸易值的24.94%—31.60%。英国居第二位，第二次世界大战前后占进口贸易值的20%左右，第二次世界大战中最低为13%左右，战后比例有所增加，占1/3。日本在战前居第三位，占进口贸易值的6%—9%，第二次世界大战及其以后比例有所下降。美国居第四位，占进口贸易值的3%—5%，第二次世界大战中所占比例最高为8%左右。马来西亚及英国其他东南亚属地第二次世界大战前居第五位，占进口贸易值的2%多一点，战后比例有所增加。中国内地及香港地区、印度尼西亚、锡兰等国家和地区输入缅甸的商品总值在第二次世界大战前所占比例加起来不到5%，第二次世界大战后比例有所增加，其中，从中国来看，第二次世界大战后增长最快，由战前的不到1%逐渐增长，到1948—1949年也增至8.61%，占缅甸进口贸易值的第三位。

表6-3　第二次世界大战前后各国和地区在缅甸进口贸易中的比例统计　单位：%

国家和地区	1937—1938年	1938—1939年	1940—1941年	1947—1948年	1948—1949年
印度	49.82	55.28	63.54	24.94	31.60
马来西亚及英国其他东南亚属地	2.53	2.84	2.63	3.51	5.95
英国	20.18	18.50	13.00	46.80	28.10
锡兰	0.30	0.20	0.06	0.13	0.05
中国香港	1.13	1.41	1.69	2.14	4.98

① 参见董孟雄、郭亚非《云南地区对外贸易史》，云南人民出版社1998年版。

续表

国家和地区	1937—1938 年	1938—1939 年	1940—1941 年	1947—1948 年	1948—1949 年
印度尼西亚	0.35	0.21	0.43	—	0.97
中国	0.25	0.24	0.75	2.79	8.61
日本	8.57	6.58	6.50	0.71	3.69
美国	4.23	3.46	8.01	3.58	3.56

资料来源：赵松乔：《缅甸地理》，科学出版社 1958 年版，第 181 页。

就出口商品来源口岸分析，根据表 6-4，第二次世界大战前，印度所占比例最高，经常占 50% 以上，这与"（缅甸）政治经济上与缅甸同属英帝统治，使用相同货币，关税甚低或完全免除，印侨掌握缅甸贸易大权的一部分，印度缺乏缅甸主要输出品的稻米、石油及柚木等物资，地理位置及历史发展上两国相互交往以及海路交通运输甚为便利"[1] 等因素有关。第二次世界大战以后，印度在缅甸进口贸易中的地位有所下降，但每年所占比例仍在 35% 以上。英国战前所占比例为 14% 左右，战后所占比例逐年下降，退居到第四位。马来西亚及英国其他东南亚属地居第三位，第二次世界大战前占 7% 左右，第二次世界大战后比例增加，每年超过 13%，居第二位。锡兰战前占第四位，约占出口贸易值的 5% 左右，战后比例增至 8% 左右。日本战前居第五位，约占出口贸易值的 2% 左右，第二次世界大战中比例剧增，增至 10%，战后比例又下降至战前。印度尼西亚、中国内地及香港地区和美国战前所占比例合计仅为 3% 左右，战后比例均在不断增加，其中，中国由战前和战中的不到 1% 增至战后的 3.23%、5.87%。

表 6-4　第二次世界大战前后各国和地区在缅甸出口贸易中的比例统计　单位：%

国家和地区	1937—1938 年	1938—1939 年	1940—1941 年	1947—1948 年	1948—1949 年
印度	51.19	54.37	51.51	39.88	37.75
马来西亚及英国其他东南亚属地	7.17	7.01	8.16	16.01	13.33
英国	14.61	14.00	13.14	8.87	5.28
锡兰	5.81	5.53	6.48	8.33	8.95
中国香港	0.96	0.68	1.42	2.62	1.72

[1] 赵松乔：《缅甸地理》，科学出版社 1958 年版，第 177 页。

续表

国家和地区	1937—1938 年	1938—1939 年	1940—1941 年	1947—1948 年	1948—1949 年
印度尼西亚	0.93	1.46	0.18	4.31	6.32
中国	0.92	0.92	0.54	3.23	5.87
日本	2.25	1.90	10.36	0.11	2.11
美国	0.21	0.71	0.67	1.00	0.76

资料来源：赵松乔：《缅甸地理》，科学出版社 1958 年版，第 177 页。

此外，有资料显示，1940—1941 年，缅甸出口贸易总值为 555000 万缅币，进口贸易总值为 308000 万缅币，1947—1948 年，出口贸易总值为 7575000 万缅币，进口贸易总值为 5965000 万缅币。① 即第二次世界大战及其之后，缅甸的进出口贸易均有所发展。结合表 6-3 和表 6-4，1947—1948 年，中国输入缅甸的商品总值为 1664235000 缅币，缅甸输入中国的商品总值为 2446725000 缅币。

第四节　滇缅贸易各个时期的特点

滇缅之间的经贸往来源远流长，并在不同时期表现出不同的特点。进入清代以来，滇缅贸易无论是在贸易的商品种类或规模上还是在贸易的深度等方面都有了长足的发展。英国通过三次战争全面占领缅甸后，尤其是腾越被迫开关后，随着西方经济势力的渗透，滇缅贸易的发展又进入一个新的阶段，在贸易的结构、通道、形式、性质及对象等方面都表现出新的特点。因此，考察清代到民国时期滇缅贸易的特点。总体上看，大致可以腾越开关的时间即 1902 年为界，分两个阶段来分析。②

一　1644—1901 年滇缅贸易的特点

（一）贸易结构

从商品涉及的种类及其交易规模来看，滇（中）缅的经贸往来虽不乏

---

① Mya Than, "Myanmar's Externai Trad: An Overiew in the Southerst Asian Context", Instute of Southeast Asian Studies, Heng Mui Keng Terracce, 1992, p. 16.
② 思茅也是滇缅贸易门口之一，开关时间也早于腾越关，但是，由于思茅在整个滇缅贸易中所处的地位远不及腾越关，其进出口货值也远不及腾越关，且其贸易不局限于滇缅之间，故本书仍以腾越开关的时间为界来分析不同时期滇缅贸易的特点。

奢侈品，但占据主导地位的还是双方各自的土特产，且这种贸易是建立在互通有无、互惠互利的基础上进行的。

明清时期，"中国西南边疆地区随着大批移民的涌入和边疆地区的开发，社会经济尤其是商品经济空前繁荣，对外贸易无论在规模上还是在深度上都有了历史性的进步。"① 滇缅贸易也是如此。仅从商品的构成来考察，明代的种类已经很多，缅甸输入云南的大宗商品有玉石、缅棉、海贝、珠宝，云南输出的大宗商品有丝、丝绸制品、食盐、杂货以及其他土特产。② 进入清代以后，商品种类进一步丰富，自缅甸输入云南并经云南转输至内地的商品除了大宗商品棉花，还有海盐、棉花、燕窝、鹿茸、象牙、羽毛、生漆、槟榔、琥珀、鱼、鸦片、香料以及转口来的洋货；从云南输往缅甸的商品以丝绸和珠宝为大宗，还有铜、铁、水银、纸张、蓝靛、调料、麻线、盐、磁器、牛皮、针线、药材、家禽及其他生活用品。

从上述所列交易的商品种类来看，主要是以土特产为主。恩格斯曾指出："随着生产分为农业和手工业这两大主要生产部，便出现了直接以交换为目的的生产，即商品生产，随之而来的是贸易，不仅有部族内部和部族边界的贸易，而且还有海外贸易。然而，所有这一切都还不发达。"③ 一个地区和国家对外贸易发展的程度受环境、生产和社会的分工以及生产力发展水平等因素的影响。放眼全球，在工业革命之前，各个地区和国家之间的经贸往来，就其商品结构来看，主要还是通过产品的互通有无来满足各自的需求。云南与缅甸及其周边各国的经贸往来，在西方经济势力未插手之前也如此，所交易的商品以各自土特产为主。另外，贸易的商品种类多了，且以老百姓日常生产、生活用品为主，经济交往已从一些奢侈品发展至关系人民生产和生活必需品的交易。表明这一时期滇缅双方的商贸活动已上升到了一个更高的台阶。④

（二）贸易形式

从贸易形式来看，滇缅贸易主要是国家主导下的朝贡贸易和互易有无的民间贸易两种主要形式，民间贸易主要是通过边民互市亦即边境贸易的方式展开。

从朝贡贸易来看，乾隆以后，缅甸、安南、南掌（老挝）、暹罗（泰国）与清王朝保持相对稳定的朝贡贸易关系。其中，缅甸和南掌的贡道经

---

① 赵小平：《明清云南边疆对外贸易与国际区域市场的拓展》，《历史教学》2009 年第 4 期。
② 杨聪：《大理经济发展史》，云南民族出版社 1996 年版，第 122 页。
③ 《马克思恩格斯选集》第 4 卷，人民出版社 1995 年版，第 159 页。
④ 赵小平：《明清云南边疆对外贸易与国际区域市场的拓展》，《历史教学》2009 年第 4 期。

过云南①，但是，安南和暹罗的贡道并不经过云南。② 就此来看，云南的对外贸易仅朝贡贸易而言就是滇缅、滇老贸易。雍正年间，清政府规定，南掌国每五年一贡，乾隆八年（1743）改为十年一贡，乾隆五十五年（1790）又规定缅甸十年一贡。③ 实际上，贡期的限制并没有得到严格执行，但可以看出，滇缅、滇老之间因朝贡而发生的经贸往来并不频繁。而且由于受到朝贡贸易政治性的限制，贸易数量也相当有限。缅甸、老挝沦为英国的殖民地后，朝贡贸易中断。

正是由于受到以上朝贡贸易体制的约束，云南与缅甸等上述各国的经贸往来是以民间贸易为主展开的。而且，19世纪中后期，朝贡贸易的中断又进一步提升了民间贸易在滇缅贸易中的地位。清代，滇缅间的边民互市贸易极为活跃。对此，乾隆时人的两则资料有充分的反映："滇南各土司及徼外诸夷，一切食用货物，或由内地贩往，或自外地贩来，彼此相需，出入贸易，由来已久。如棉花为民用所必需，而滇地素不产棉，迤东则取给川省，迤西则取给于木邦。木邦土性宜棉，而地广人少，皆系沿边内地民人受雇前往，代为种植，至收成时，客商贩回内地售卖，岁以为常；又苏木、象牙、翠毛、木棉等物，则贩自缅甸；云连则购自力些。又各井盐斤，仅敷两迤民食，其永昌所属之陇川、遮放、干崖、南甸、盏达、潞江、芒市、猛卯等各土司地区，因距遥远，脚价昂贵，多赴缅甸之老官屯地方买海盐。以上各项，人民往来夷方络绎不绝，其贸易获利者，皆即还故土。"④ "蛮暮（今缅甸曼冒）、新街（今缅甸八莫）一带，闻向为缅夷贸易处所，沿江南下，并有缅夷税口，则其地贸易之货必多。……此前腾越州等处民人往来贸易，习为常事。"⑤ 这种边民互市活动之频繁可见一斑，而且"每时每刻都在进行，政府出于某种需要想禁止也很难奏效"。⑥ 为此，清政府也对边民互市给予特殊政策，比如："普洱府所辖各通缅之车里土司，内地小贩挑负往来，货物无多，不须设口。""缅甸所需丝绸针等物，开关通市，所有内地商民贩货出关，责令永昌府、腾越州、

---

① 《光绪大清会典事例》卷502："康熙元年议准，缅甸贡道由云南。"《清史稿》卷528《属国·南掌》："南掌国五年一贡，贡使由普洱府入。"
② 《光绪大清会典事例》卷510："雍正二年议准，安南国贡使进京，广西巡抚给予堪合，由广西、湖南、湖北、江西、江南、山东、直隶水路行回日由部照原堪合换给，仍由水路归国。"《光绪大清会典事例》卷502："康熙六年议准，暹罗贡道由广东。"
③ 《光绪大清会典事例》卷502。
④ 《张允随奏稿》乾隆十一年五月初九日，云南大学图书馆藏本。
⑤ 《〈清实录〉越南缅甸泰国老挝史料摘编》，云南人民出版社1986年版，第678页。
⑥ 吴兴南：《云南对外贸易史》，云南大学出版社2002年版，第79页。

顺宁府，收税给照，运至腾越州，顺宁府查验。"① 这些政策大大便利了边民互市。这种活跃的边民互市贸易，极大地弥补了朝贡贸易的不足，密切了两国人民之间的经济联系，"对外贸易更具多样性和富有活力，促进了双方贸易的发展"。②

可见，清代的滇缅贸易形成了以朝贡贸易为补充，以边境贸易为主体的贸易结构。

（三）贸易通道

对外贸易的发展离不开交通条件的支持。滇缅之间的经贸往来历史悠久，商人的活动开发出许多商道。清代，滇缅贸易除了传统的陆路通道，水路贸易也逐渐发展和兴盛起来。

就陆路来看，前文提及，清代从云南边境地区入缅的道路非常多，很多文献都有详细记载。如倪蜕《滇小记·缅程》记载了近十条，师范《滇系·入边各路》记载了4条主要通道，乾隆《腾越州志·疆域志·道路》记载了5条入缅的主要干道及出铜壁、铁壁、虎踞、天马等关的通缅道路，道光《永昌府志·土司·道路附》记载了15条，光绪《永昌府志·道路》、光绪《腾越厅志·地舆志·道里》记载了十条入缅通道，光绪《腾越乡土志》记载了入缅夷通道5条。此外，魏源《圣武记》、赵尔巽《清史稿》等书记载的对外用兵路线，同时也都是重要的商道。至于那些大大小小未见记载而由边民互市踩踏出来的边境小道，数量就更多。统计这些记载，滇南入缅甸、印度大小通道不下百余条。

在为数众多的入缅通道中，最主要的有两条："从曼德勒到大理府，常走的道路有两条。一条直接从曼德勒经过锡尼、永昌到大理府。另一条沿伊洛瓦底江而上直到八莫，从八莫又分出三条支路，汇于缅甸人称为'莫棉'的腾越，然后到达大理府。"且"若干世纪以来，通过八莫的这条道路，不论对侵略的军队，或是和平的商人，一向是从中国到缅甸的必经之路"。③ 地处滇西的腾越以其地理优势，"为全滇门户"④，"为出缅门户"。⑤ 腾越成为云南对缅贸易的必经之地和最为重要的商品集散中心。

18世纪末19世纪初，随着下缅甸经济的发展，除了传统的陆路贸易，

---

① 《光绪大清会典事例》卷329。
② 吴兴南：《云南对外贸易史》，云南大学出版社2002年版，第78页。
③ 姚贤镐编：《中国近代对外贸易史资料》第2册，中华书局1962年版，第687—688页。
④ （清）屠书镰纂修：《腾越州志》卷2《疆域》，成文出版社1967年版，第23页。
⑤ 陈宗海修，赵端礼纂：《腾越厅志》卷2《形势》，成文出版社1967年版，第35页。

滇缅水运贸易开始兴起，集中表现在伊洛瓦底江在滇缅贸易中发挥的作用越来越突出。① 1852 年第二次英缅战争之后，英国占领了下缅甸，将仰光辟为商港并作为英属缅甸的首府。仰光地处缅甸最为富饶的伊洛瓦底江三角洲的仰光河东岸，东有勃固—锡唐运河与锡唐河水系相连接，西有端低运河与伊洛瓦底江的干流相通，距海岸线约 21 英里，港湾水深面阔，码头林立，是缅甸全国最大的港口，缅甸的主要进出口货物大多由仰光港出入，中国方面也不断有大量闽、粤华侨来此贸易。随着下缅甸经济的发展，"整条伊洛瓦底江流域都成为滇缅贸易经济区，伊洛瓦底江水路全线成为滇缅贸易通道"，"伊洛瓦底江全线成为滇缅经济贸易带之后，全线交通形成了以阿瓦为枢纽和商品集散地的格局。凡孟密、孟养和猛拱等上缅甸出产的矿产、宝石等，除部分直接销往云南外，大部分汇集阿瓦，再从这里转销云南和下缅甸及海外；伊洛瓦底江中游和下游所产棉花、稻米基本上也由阿瓦及其附近的城镇中转上缅甸及云南"。② 因此，进入近代以来，海运贸易开始成为中缅之间贸易往来的主要途径之一。这也是近代滇缅贸易发展的一个重要表现和特点。

（四）贸易主力

清代，滇缅贸易是以边境贸易为主、朝贡贸易为辅的，因此，从其贸易主力来看，主要是中缅双方的边民及商人，其中又以中国商人尤其是华侨发挥的作用最大。

在中缅双方的交往中，许多中国人由于种种原因流寓缅甸，成为缅甸华侨。根据陈炎的考证，元代已有华人移居缅甸。③ 到了清初，改土归流斗争中被驱逐的土司兵民、"三藩之乱"后逃避清廷追捕的军员、清缅战争中流落失散的兵员都成为寓居缅甸华人的主要来源。据英国人哈威所著《缅甸史》的介绍：中国战俘有 2500 人留在缅京，或事种植，或事工艺，并娶缅妇为妻。随着滇缅贸易的发展，又有大量的商贾、民人赴缅闯荡，有的并定居下来。史称："人民往来夷方络绎不绝，其贸易获利者，皆即还土，或遇资本耗折，欲归无计，即觅矿厂谋生。凡此皆关滇民生计，自开滇至今，历来情形如此，非始自今。"④ 清代滇西流行的民谚"穷走夷方急走厂"，反映的就是一些中国民人到缅甸经营谋生之事。《清史稿》

---

① 对此，陆韧《云南对外交通史》（云南人民出版社 2011 年版）第三章第三节有专门的论述。
② 陆韧：《云南对外交通史》，云南人民出版社 2011 年版，第 228、229 页。
③ 陈炎：《中缅文化交流两千年》，周一良主编：《中外文化交流史》，河南人民出版社 1987 年版。
④ 《张允随奏稿》，乾隆十一年五月初九日，云南大学图书馆藏本。

载云南大理、永昌人："屯聚波龙以开银矿为生，常不下数万人。""缅甸已开发之矿，如南渡之银矿、密支那路之玉石矿，有华工二三万，滇侨最多……"①《缅甸的滇侨》这样描述19世纪30年代八莫的华侨："八莫及其附近约有两千幢房子，其中至少有200幢为中国人所有，棉花完全由中国人经营，在八莫有好些棉花堆栈为中国人所有，经常住在八莫城里的中国人有500人。"②"1835年，八莫共两千户，华人占一千二百户；人口一万数千，云南人居其大半。"③ 至19世纪前半期，缅甸华侨和旅缅商人垄断了上缅甸的贸易和宝石矿、银矿的开采；阿瓦以北70英里的伊洛瓦底江流域，只有中国人有航行权。即使缅甸人，也只有经过特别允许，才能进入这一区域从事商业活动。④ 从这些记载可以看出华人在上缅甸地区经济贸易活动中的重大影响力。至清前期，缅甸华侨人数已达10万人以上。⑤ 这些华人华侨对当地经济的开发以及中缅经贸往来的发展做出了重大贡献，被缅甸人亲切地称为"胞波"，即同胞兄弟之意。

（五）滇缅贸易在云南对外贸易中的地位

清代，云南被迫开埠通商以前，对外贸易的主要对象是缅甸。

在中国古代对外贸易发展史上，云南与邻近的缅甸、越南、老挝、印度、泰国、菲律宾、柬埔寨等国家都有往来。得益于地理上的便利，这些国家成为云南传统的对外贸易对象。其中，滇缅之间的贸易往来虽然由来已久，但是，长期规模不大，直到唐宋以后才逐渐兴盛起来。发展到清代，在前代的基础上，滇缅之间的贸易规模、贸易区域均不断扩大，发展迅速，十分昌盛，而同时期的滇印、滇老、滇越贸易的规模都赶不上滇缅贸易，故而滇缅贸易迅速占据了云南对外贸易的主导地位。这种主导地位一直持续到蒙自开关。也就是说，从清初到蒙自开关前这段时间，云南对外贸易的中心是滇缅贸易。可以说滇缅贸易对这一时期云南对外的经济交往做出了重要贡献，故有学者称："明清时期滇缅贸易规模继续扩大，并代表了云南古代对外经济交往的最高水平。"⑥

---

① 陈翰笙主编：《华工出国史料汇编》第5辑，中华书局1984年版，第339页。
② 云南省历史研究所：《缅甸的滇侨》，1961年油印稿，第6页。
③ 张相时：《华侨中心之南洋》，《大理市文史资料》第8辑。
④ ［英］若西·伍德曼：《缅甸的形成》，伦敦，1962年，第88页。转引自孙来臣《明清时中缅关系及其特点》，《东南亚研究》1989年第4期。
⑤ 陈俊：《试论清前期缅甸华侨的骤增》，《云南师范大学学报》（哲学社会科学版）2006年第5期。
⑥ 陆韧：《云南对外交通史》，云南人民出版社2011年版，第256页。

二　1902—1941年滇缅贸易的特点

（一）贸易结构

腾越开关后，滇缅贸易的规模进一步扩大，贸易的商品种类剧增。其中，云南进口商品以工业制成品居多，出口商品仍以土特产为主。

从整个云南对外贸易的情况来考察，开埠通商后，外国商品不断地输入，不仅数量剧增，而且种类繁多。根据《云南对外贸易近况》记载，蒙自关进口货物达260种以上，思茅、腾越两关种类略少，但也分别在80种和220种以上。这些进口货物，绝大部分是机制品（洋货），如棉纱、布匹、煤油、烟丝等。据对1889—1909年间进口货物的分类统计，机制品进口价值为117624千元国币，占进口总额的99.12%，土货进口价值为1037千元国币，占进口总额的0.88%。其中，1889—1892年间，机制工业品进口平均占当年进口总值的73.65%，土货进口平均仅占当年总进口值的6.58%；在1893—1909年17年间，进口货物100%为工业制成品。[①]具体到腾越关，进口大宗商品为棉纱和棉花。根据钟崇敏《云南之贸易》统计，1902—1937年，棉纱的进口为最大宗，棉纱进口平均占腾越进口总值的57.03%，棉花进口平均占腾越进口总值的12.45%。[②]而且棉纱与棉花在占腾越进口比例上存在此消彼长的关系，1920年之前，棉纱进口比例总体上升，棉花进口比例趋于下降；而在此之后，棉花比例上升，棉纱趋于下降。[③]此外，进口商品还有洋布（包括原色布、扣洋布、斜纹布、意大利布、棉绒布、缅甸布、土染布、哔叽、多罗呢）、各种羽绸羽绒、玉石、人造靛、纸张、干荔枝、咸鱼、假金线、美国火油、日本自来火、羊毛制成品、纸烟、洋伞、火柴、香皂、肥皂、瓷盆、洋瓷碗钉、铜铁什件、螺丝钉、水桶、缝针、花纽扣、陶瓷器、海芥海味、燕窝、药材、他类毛棉呢、衣帽类、干果及颜料等商品。

腾越关出口的最大宗商品为生丝（又称黄丝）。据钟崇敏《云南之贸易》记载："生丝历年出口均占出口总值34%以上，最多达94%，常年平均在70%左右，输出最多之年为1936年计4395公担，值国币350余万元。"此外，还有石黄、铁锅、篾帽、纸张、牛、羊、鸡、鸡蛋、鸭、黄牛角、水牛角、麝香、土毡、土布、猪、板栗、纸烟、各种绳索、棕片、

---

① 吴兴南：《云南对外贸易史》，云南大学出版社2002年版，第93页。
② 钟崇敏：《云南之贸易》，1939年油印稿，云南省档案馆藏。
③ 张永帅：《近代云南的开埠与口岸贸易研究（1889—1937）》，复旦大学，2011年。

火腿、纸张、雄黄、绸缎、茶叶、纸伞、粉丝及核桃等。

从腾越关进出口商品的种类及其比例构成来看，虽然洋货占据了一定地位，但是，双方的贸易仍然还是以原料、半原料和日用品为主，这与云南整体对外贸易的特征有所不同。这一方面反映了西方殖民势力对滇缅贸易的渗透程度并不彻底，另一方面又保留了传统滇缅贸易互补的一面。这种两面性也是近代腾越关口岸贸易的主要特点之一。

从总体发展趋势来看，腾越关的进出口贸易总体上是在不断增长的，但其间波动十分剧烈，说明滇缅贸易具有明显的不稳定性和局限性。有学者认为，主要是由以下几个原因造成的：一是交通条件的限制。滇缅公路和滇印公路通车前，滇缅贸易以陆路为主，主要依靠骡马驮运，运费十分高昂。二是滇西经济落后，商品经济不发达，且自然经济占主要地位，发展又不平衡，再加上鸦片的畸形发展，制约了滇缅贸易的发展。三是汇兑的影响。英国控制缅甸后，强制要求入缅中国商人使用其在缅甸发行的卢比，且操控卢比和华银的比价。四是腾越关关税极低，且缅甸限制他国产品的竞争，致使洋货不断地进入中国市场，且英印产品在滇缅贸易中有压倒性优势。五是国产轻工业的发展，排斥打击了国外同类货物的进口。这是 20 世纪 30 年代后腾越关出口增加，而进口减少的一个重要原因。六是走私贸易的影响。[1]

（二）贸易形式

腾越的开关，标志着滇缅贸易开始由传统的贸易形式转向以口岸贸易为主的近代贸易形式。这也是近代以来滇缅贸易的又一个突出特点。

一方面，滇缅之间的边民互市即边境贸易依然保持着顽强的生命力。云南与缅甸山水相连，民间往来通道不计其数，正如王文成说的那样："远非海关、分关、查卡所能控制，边民间的经贸往来没有也不可能全部纳入通商口岸的贸易之中。"[2] 因此，中缅之间的贡赐贸易虽然因为西方殖民势力主要是英国的插手中断了，但是，滇缅之间的边境贸易并未随之终结。腾越开关后，分关设有蛮允和遮放，查卡有蚌西等 4 个，是不可能囊括前文所说的为数众多的滇缅通道的。

另一方面，腾越开关，把云南关税的税率降低到了前所未有的程度，相当一部分传统的边境贸易改而经由通商口岸进行，享受最低关税、免征厘金等待遇，被纳入殖民贸易体系中来。就贸易层面来看，口岸的主要功

---

[1] 杨煜达：《试析腾越海关与近代滇缅贸易》，《云南地理环境研究》1990 年第 2 期。
[2] 王文成：《约开商埠与清末云南对外经贸关系的变迁》，《云南社会科学》2008 年第 3 期。

能在于:"中国所产土货需借助于通商口岸运销到国际市场上,外国输入的洋货亦需通过通商口岸转销于各地。在这一过程中,口岸起内、外两个扇面的连接点的作用。"① 腾越开关,为西方殖民者向云南倾销商品提供了极大的便利,有识之人也认识到了这一点:"腾越物产尽管无大宗出口,每年洋货消费,以棉花、纱布、煤油、五金为大宗。自清代设立腾越税关以来,入超之数,年增月盛,关税增至百倍,入超更多,虽有侨商在英缅地带回款项,购置良田、大厦,用之于地方,究系畸形之发展。"②

(三) 贸易通道

近代以来,滇缅之间传统的陆路通道上的经贸往来依然十分繁盛,水运在滇缅贸易中发挥着越来越重要的作用。"缅甸自为英殖民者侵占后,中缅间交通贸易即主要由经过新加坡和香港的海路进行。"③ 这一时期,对滇缅贸易影响较大的是滇缅公路的修建。

思茅关对缅甸的贸易路线,根据海关资料的记载,从仰光(漾贡)到思茅有两条路线,两条路线都在孟艮(景栋)会合:一条从仰光乘坐海船1日抵毛淡棉(莫罗冕),由毛淡棉换坐小轮1日到巴安(扒安),从巴安卸船起15日至景迈(景昧),又15日至孟艮,自孟艮至思茅16日,共计48天;另一条从仰光乘火车1日抵阿瓦,南阿瓦陆行25日至孟艮,再16日至思茅,共计42天。由仰光到思茅,若依期而行,则48天或42天皆可到达。但商人因沿途贸易及起卸货物俱有稽延,须两个月才能到达。④ 根据光绪二十五年(1899)思茅关海关报告所附表示云南边境市场位置和距离的云南地图记载,思茅关对外贸易路线还有另外两条:一条为思茅到老挝琅勃拉邦25天,一条为思茅到缅甸境内的昆仑渡20天,再由昆仑渡到阿瓦城20天。⑤

腾越关对外贸易路线主要有三条,最主要的一条是经八莫的路线。南仰光经八莫到腾越的路程可分为三段:第一段由仰光至阿瓦,有水陆两路,水路由仰光搭伊洛瓦底江便轮公司的快轮至阿瓦,低水位时需用7天,高水位时因减少停泊码头只用4天,下行仍需6天,每星期开行两

---

① 张永帅:《香港、仰光贸易网络与近代云南口岸贸易》,复旦大学历史地理研究中心、韩国仁荷大学韩国学研究所编:《海洋·港口城市·腹地:19世纪以来的东亚交通与社会变迁》,上海人民出版社2014年版,第155页。
② 陆荣:《腾茶概述》,《永昌府文征》卷33。
③ 赵松乔:《缅甸地理》,科学出版社1958年版,第171页。
④ 《光绪二十三年思茅口华洋贸易情形论略》,《中国旧海关史料》第26册,京华出版社2001年版,第268页。
⑤ 参见万湘澄《云南对外贸易概观》,新云南丛书社1946年版,第24—25页。

第六章　滇缅贸易在云南对外贸易中的地位　187

班；陆路由仰光乘伊洛瓦底江铁路公司的火车一天到达阿瓦。第二段阿瓦至八莫，也有水陆两路，水路由阿瓦搭伊江快轮到八莫，无论低水位或高水位，都需要 3 天，下行时低水位 3 天，高水位两天，每星期对开一次；陆路由阿瓦乘密支那铁路的火车一天到那巴，换车到卡萨，再由卡萨搭伊江快轮当天到八莫，每天有轮船对开。第三段由八莫至腾越，主要靠陆路驮运。新路经古里卡、蛮线到弄璋街；老路经红蚌河、蚌洗、蛮允到弄璋街，再由弄璋街经干崖、遮岛、南甸到腾冲。新、老路都需要 8 天。除八莫路线外，腾越关比较重要的对缅贸易路线还有两条：一是经密支那的路线，从阿瓦乘火车一天到密支那，由此起程经鱼蚌、昔董入境，过牛圈河、猛戛、盏西、猛蚌到腾冲，需要 6 天。二是经腊戌的路线，具体又可分为芒市、南伞、孟定三条路线。芒市线由腊戌经南坎入境，过瑞丽（勐卯）、遮放、芒市到龙陵，需要 12 天；南伞线由腊戌经昆仑渡、科干入境，过南伞、猛郎、镇康到顺宁，需要 18 天；孟定线由腊戌经昆仑渡入境，过孟定、猛郎、镇康到顺宁，也需要 18 天。以上贸易路线，再由腾越经保山（永昌）到贸易集散地下关（大理）12 天，由龙陵经保山到下关 11 天，由顺宁经蒙化到下关 8 天，由下关到昆明 13 天，是滇西的交通干道。① 此外，滇缅沿边还有很多小的贸易路线，但在对外贸易中都显得无足轻重了。

　　滇缅公路自云南昆明起，经过安宁、禄丰、楚雄、镇南（今南华）、清华洞、凤仪、下关、保山、龙陵至畹町出国境，再经木邦到腊戌，全长 1527 千米，于 1938 年 8 月 31 日正式通车。"滇缅公路通车后，立即投入了中国人民伟大的抗日斗争，成为西南大后方主要对外通道，滇缅国际联运得以实现。"② 滇缅公路的通车对滇缅贸易的一个重要影响就是冲击了腾冲在滇缅贸易中的主导地位。滇缅公路没有经过腾冲，下关依托滇缅公路的有利条件，发展迅速，取代了腾冲在滇西贸易中的中心地位。"下关就成为滇西最大的中转站，在下关设有公私银行 27 家，商店林立，进口洋货充斥，市场上出现一片繁荣景象。"③ 并且原有的腾冲到密支那、腾冲至八莫这两条曾经极为繁荣的滇缅民间贸易路线也逐渐偏向了以滇缅公路一线的滇缅贸易新路线。当时，活跃于滇缅商道上的商帮和商人也抓住机遇，把主要的经营内容放在以滇缅公路为基础的贸易运输上。比如，

---

① 参见万湘澄《云南对外贸易概观》，新云南丛书社 1946 年版，第 181 页。
② 陆韧：《云南对外交通史》，云南人民出版社 2011 年版，第 345 页。
③ 《滇西驮运调查报告（1940）》，1055—1—271。

"鹤庆商帮中出现了一股新兴的投机商业实力,他们筹集资金,组织运输车辆,利用国民党的势力,打着'抢运战略物资'的旗号,到瓦城、八莫一带低价收购百货,运到滇西和昆明,高价出售,获利以十倍计,这期间,鹤庆商帮中投机国难,暴发经商起家的有复协和、恒盛公、南裕商行、德泰昌、庆顺丰、福兴昌等十余家"。[1] 喜洲商帮也积极活跃于滇缅公路,据载当时的滇缅公路"除了国民党中央和云南地方官僚财团的运输车辆外,很大一部分就是喜洲商帮的运输车辆在运输物资"。[2]

(四) 贸易主力

腾越开关后,中国商人在云南与缅甸的贸易活动依然十分活跃,但是,由于西方殖民势力的渗透,尤其是英国将缅甸变成其殖民地后,滇缅贸易的对象以及贸易的主力军都发生了重大变化。

腾越开关之前,滇缅贸易的主要对象是缅甸和印度。随着印度、缅甸沦为英国的殖民地,腾越的开关以及进出口贸易的开展:第一,滇缅贸易的主要对象国即缅甸和印度变成了殖民主义国家;第二,腾越开关后,缅甸输入云南最主要的商品是棉纱,棉花退居其次,棉花产自缅甸,棉纱产自印度,因此可以说,此时的棉纱入滇,对缅甸来说,只是过境贸易;第三,滇缅之间的经贸往来深深地烙上了英国殖民势力的印记,滇缅贸易在一定程度上甚至可称之为滇英贸易。跟蒙自关相比,得益于滇越铁路的通畅,西方殖民势力长驱直入,直接经营蒙自关的进出口贸易和其他商业活动。反观腾越关,在滇缅贸易中,西方殖民势力由于一直无从直接插手,于是就转而利用其他手段来达到间接控制、从中攫利的目的。这些手段主要包括操纵洋货批发,操纵抬高卢比兑银元的汇价,同时还通过汇丰银行和它控制的印度的高利贷阶层"启基"贷款给中国商人来控制、打击中国商人。所以,在滇缅贸易的口岸贸易中形成了一个非常显著的特点:中国商人的直接经营以及英国殖民者的间接控制同时并存。

(五) 滇缅贸易在云南对外贸易中的地位

蒙自、思茅和腾越相继开为商埠后,云南对外贸易的整体形势发生了很多重要的变化,其中一个明显的变化就是滇缅贸易在整个云南对外贸易中的重要地位迅速下滑,但仍占有一席之地。

云南传统的对外贸易的主要对象是南亚、东南亚各国各个地区,随着云南三关的相继开埠以及进出口贸易的开展,云南对外贸易的主要对象

---

[1] 杨毓才:《云南各民族经济发展史》,云南民族出版社1989年版,第432、442页。
[2] 同上书,第442页。

国,由东南亚国家变成了殖民主义国家。清代末年,云南"本省贸易范围遍及英国、美国、日本、法国等国,而以法国为主。至贸易区域则以安南、印度、香港为主要市场。"① 即缅甸不再是云南对外贸易最重要的对象国。而且从云南对外贸易的货值来考察,腾越关的进口值、出口值以及进出口总值均远远不及蒙自关,而且蒙自到香港之间的口岸贸易,占云南对外贸易总值的 60% 左右。②

腾越开关后,滇缅贸易的地位虽然一落千丈,但是,从腾越关进口值、出口值以及进出口总值在云三关中比例来看,仍然占有比较重要的地位,并与蒙自关一起左右着整个云南的对外贸易。

总而言之,在印度、缅甸沦为英国的殖民地后,以腾越关的开埠通商为标志,滇缅贸易发生了很多重要的变化,尤其是完成了以边境贸易为主体、以贡赐贸易为补充的传统经贸关系,向以通商口岸为依托的全球性、综合性的世界贸易为主体,以民间贸易为补充的近代对外关系的转变。这也是云南对外贸易内部结构的一个重要转变。此后,云南对外经贸关系的深度和广度均得到了全面拓展,内容也更加丰富,更深入地卷入了经济全球化的旋涡中。

---

① 《新纂云南通志》卷 144《商业考》。
② 郭亚非:《近代云南与周边国家区域性贸易圈》,《云南师范大学学报》2001 年第 2 期。

第七章　滇缅贸易融入早期经济全球化

经济全球化是一种显而易见的特定状态，也是一个历史发展的过程。经济全球化开始于什么时候，众说纷纭。有人认为，起源于 15 世纪，甚至更早；有人认为，开始于 18 世纪中叶；有人认为，应该以 19 世纪后半叶为开端；还有人认为，发端于 20 世纪最后 20 年；甚至有人认为，经济全球化是最近几年才出现的。经济全球化是数百年来历史发展的结果，它既不是近期才出现，更不是已经完成，经济全球化还将不断发展和深化。

第一节　世界市场形成中的滇缅贸易

早在地理大发现之前，世界范围内的不同地区和国家就有相互交往与贸易往来。但那时的对外贸易还仅仅局限在一定的地区范围，贸易范围、商品种类和服务对象仍比较狭窄，对外贸易还不具有全球性特征。15 世纪末 16 世纪初的地理大发现和新航路的开辟，大大开阔了人们的视野，使人类对世界的了解在不断地加深，全球各地的交往得到扩大，各洲、各国之间的联系得以密切，全球贸易才成为可能。这应当就是早期经济全球化的发端，也是世界市场形成之初的一个基础条件。

在这个时期，世界各国的经济还处于相对"自我"的状态，即本国的原料主要供给本国工业需要，本国的生产生活需要也主要依靠本国的产品供给，工业和农业的分工还限于本国范围之内。也就是说，真正的国际分工尚未形成，对外贸易还处于互通有无的阶段是这一时期的基本特征。

地理大发现拉开了早期殖民征服的序幕，殖民扩张使贸易范围逐渐扩大，流通的商品种类和数量迅速增加，商品经济得到了极大发展，早期的世界市场初步形成，经济全球化的脚步加速。而且，在这一时期对外贸易的一个显著特征是商品结构发生重大变化，对外贸易的大宗商品由奢侈品变成了日用品，如茶叶等商品逐渐走入了寻常老百姓家庭，又导致了商品种类的增加和贸易规模急剧扩大。

尽管西方殖民势力已经伸向世界的不同角落，世界范围内经济全球化的脚步也开始加速，但直到 19 世纪以前，英国的殖民势力虽然控制了东方的印度，但还未波及中国和缅甸。在中国，中原王朝仍然以泱泱大国自诩。清代前期的滇缅贸易主要是传统的贸易方式，朝廷不时地享受着属国缅甸的朝贡，而民间也多是互通有无的经济交往。18 世纪中叶，统治缅甸的东吁王朝（1725 年）被雍籍牙王朝（1752—1885 年）取代后，缅甸经济发展迅速，对外贸易通过海路和陆路有较大发展。当时，中缅的进出口贸易主要通过陆路，云南是双方交往的必经之道；滇缅贸易的主要商品是生丝、棉花，两者均属原材料。这种贸易结构主要是由滇缅双方的地理环境和气候条件的差异形成的。

云南的气候，多数地方四季如春，适合穿着保暖性强的棉织品。从清代开始，云南人民衣着原料主要是缅甸棉花。然而，云南的气候条件决定了云南不适宜种植棉花。棉花是喜热、好光作物，对水分也有一定需求，但授粉期及收获期忌多雨、喜光照，所以，气候干燥但灌溉水源充足的地区最适宜种植棉花。故一般情况下云南的气候达不到棉花生长所需要的这些条件。民国年间，云南曾经推广种植过棉花，但是效果不好。《云南省农村调查》就提到，云南棉花产量不多，原因就在于夏秋之交雨水太多，棉桃不能开放以至于腐烂。① 民国初年，有统计显示，当时云南全省的棉田面积不过二三十万亩，棉产量也不过十几万担②，根本不能满足云南省对棉花的需求。与之相反，缅甸是东南亚的主要产棉区。缅甸农产品主要有稻米、棉花、花生、芝麻，而棉花则主要出口中国云南等。缅甸伊洛瓦底江中游的干燥地带，非常"适宜种植棉花及冬季作物，现为缅甸最重要的棉花地带"。③ 1940 年，缅甸全国耕地 8477400 公顷，其中，棉花种植面积达到了 1436000 公顷④，约占全部耕地面积的 1/5。缅甸棉花种植区基本是延续清代发展而来，均在最早最发达的农业中心区，1940 年，缅甸棉花种植的面积基本上可以推及清代或近代缅甸棉花的种植情况。如此巨大的棉花种植面积，构成了缅甸棉花大规模向云南出口的基本条件。因此，缅棉在云南有广阔的市场需求。这也正是乾隆五十四年（1789）清政府开放滇缅边境通商的一个重要原因："惟闻该国（缅甸，笔者注）货物

---

① （民国）行政院农村复兴委员会：《云南省农村调查》，商务印书馆 1935 年版，第 47 页。
② 许道夫：《中国近代农业生产及贸易统计资料》，上海人民出版社 1983 年版，第 207 页。
③ 赵松乔：《缅甸地理》，科学出版社 1958 年版，第 53 页。
④ 同上书，第 142 页。

内，如棉花等项，为滇省民人需用，似此等物件，于内地民人甚属有益，于例禁之中，不妨稍存变通。"①

缅甸地处热带、亚热带，气候炎热，百姓喜好透气性好的丝作为衣料。缅甸男女老少，皆围一种纱笼式的下装，穿在男的身上称作笼基，穿在女的身上称为特敏。缅甸气候不适宜桑蚕，所需生丝主要从距离缅甸最近的云南进口。乾隆年间，缅王曾下令从中国进口的丝绸"不得销售国外，恐人民无衣也"。② 云南地处亚热带高原，空气干燥，四季如春，有的地区适宜养蚕种桑，所产生丝大多运往缅甸销售。如民国《楚雄县地志》记载，当时的楚雄县每年产丝2000多斤，运往瓦城销售。③ 但是，云南本地产丝不多，出口生丝主要来自四川，其次来自湖南和江浙。如1937年腾越关的海关资料中就有记载："生丝系来自蜀省，该省中部各县，西自嘉定、东迄重庆，均为产丝区域。"④ 又如永茂和商号，在1942年日本占领缅甸之前，每年经营出口的生丝在2000担左右，还曾与茂恒、永昌祥、庆正裕等几家大商号组建滇缅生丝公司，试图垄断川丝销售业务。⑤

由于地理环境和气候条件的差异，导致云南不适宜种植棉花，但适宜穿着棉织品，而原棉都从缅甸进口；缅甸气候炎热，不适宜桑蚕，但喜欢穿着从云南进口的生丝制作的衣物。基于这种地理环境和衣着习俗的差异，清代以来，滇缅贸易中生丝贸易和棉花贸易最为突出和重要，这也正是清代前中期滇缅贸易的一个重要特点。故此，亦有学者将之称为"丝棉贸易"，并认为："至迟从18世纪开始，以'丝''棉'贸易为特征形成了滇缅跨国互补区域经济，特点是其专业分工为丝的原料生产在中国的云南和四川，棉原料生产在缅甸，即在两个不同的区域进行了原料生产。缅甸是中国生丝的主要消费地和部分织造地；棉则反之，原棉产自缅甸，但缅甸棉花的主要消费地在云南，云南甚至形成了发达的棉纺业，因而形成了两国或两地交叉且深度嵌入、相互补充的区域经济。在这个区域经济里，内部转移的媒介则是贸易，是丝棉之路形成的贸易体系将这个跨国区域经济联结起来。这个跨国区域经济结节区与中国近代其他区域经济有很

---

① 《清高宗实录》，乾隆五十四年三月辛巳，中华书局1986年版，第942页。
② [英]哈威：《缅甸史》，姚楠译，商务印书馆1973年版，第362页。
③ 《楚雄彝族自治州旧方志全书》楚雄卷，云南人民出版社2005年版，第1383页。
④ 中国第二历史档案馆、中国海关总署办公厅：《中国旧海关史料》第128册，京华出版社2001年版，第109页。
⑤ 李镜天：《永茂和商号经营缅甸贸易简史》，《云南文史资料选辑》第42辑，第71页。

大的区别,是一个相当特殊的模式,极大地丰富了中国近代区域经济的类型。"① 这种丝棉贸易是在互通有无、互惠互利的基础上进行的,是一种跨国互补的区域经贸往来。亦即在世界市场仍在形成过程中的滇缅贸易主要还是连接中缅两国的国际区域贸易。

第二节　世界市场形成后的滇缅贸易

18世纪后期,世界经济发生了巨大的变化,其最重要的变化就是国际分工和世界市场的形成。国际分工是社会生产力发展到一定阶段的产物,是在一个国家内部社会分工的基础上,跨越国界延伸到国际的社会分工。只有国际分工真正实现,世界市场才能形成。

18世纪80年代开始,英国爆发了工业革命,机器生产代替了手工劳动,工场手工业向机器大工业转变的大幕由此开启。由于机器大工业节省了商品的个别劳动时间,剩余价值大大增加;减少了生产单位产品所消耗的不变成本和可变成本,劳动生产率得到大幅度的提高,英国从一个小小的岛国迅速发展成为"世界工厂"。由此,工业革命拉大了世界东西方国家之间的差距,西方先进的生产力与东方传统的生产力形成了巨大的反差,人类从农业文明走向工业文明。

工业革命使工业与农业彻底分离成为可能。在机器大工业到来之前,工业和农业的分离一直在进行,但农业与农村家庭手工业在经济生活中的紧密结合,使工业和农业无法实现彻底分离。工场手工业虽然使劳动生产率提高和生产规模扩大都有了提高,但毕竟还是以手工劳动为基础,生产方式并没有质的变化,生产力也没有根本的提高,因此,农业与农村家庭手工业仍然无法彻底分离。

机器大工业生产使农村家庭手工业迅速崩溃。"一种和机器生产中心相适应的新的国际分工产生了,它使地球的一部分成为主要从事农业的生产地区,以服务于另一部分主要从事工业的生产地区。"② "机器生产摧毁国外市场的手工业产品,迫使这些市场变成它的原料产地。"③ 正是机器大工业的发展,使西方殖民国家将其殖民地变成了他们的原料产地和产品

---

① 苏月秋:《丝绵之路:清代至民国年间滇缅跨国互补区域经济初探》,《思想战线》2010年第3期。
② [德]马克思:《资本论》第一卷,人民出版社1975年版,第494—495页。
③ 同上书,第494页。

销售地；发达的工业生产国与落后的农业资源国的国际分工，把世界市场连为一体。正如马克思所言："资产阶级，由于开拓了世界市场，使一切国家的生产和消费都成为世界性的了。"① "过去那种地方的和民族的自给自足和闭关自守状态，被各民族的各方面的互相往来和各方面的互相依赖所代替了。"② "分工的规模已使脱离了本国基地的大工业，完全依赖于世界市场、国际交换和国际分工。"③ 19 世纪六七十年代，西方资本主义国家的工业革命相继完成，机器大工业使各国的经济逐渐融合成为一个有机整体：工业内部的分工也从国内延伸到国际，国际分工得到进一步发展，以强大的机器大工业为基础的世界市场形成了。只有潜在的世界市场变为现实的世界市场时，经济全球化才具有发展的逻辑起点。

在 19 世纪后期的世界市场体系中，英国作为当时的世界霸主，不仅拥有众多的殖民地，而且也是世界上经济最强大的国家。

蒸汽机的运用对于人类来说是划时代的。以棉纺业为例，19 世纪 20 年代，一台珍妮纺纱机相当于 200 台手动纺纱机的能力；一个手工工人的产量仅仅相当于一个操纵动力的工人产量的 1/20；750 个专业机器工的纱线产量相当于 20 万个手纺工的产量；一列动力机车的运输量相当于几百匹马的运输量，而且，速度快捷很多；到 1870 年，英国蒸汽机的能力约为 400 万马力，相当于 4000 万个男工的生产力。④

1780—1800 年，不列颠的原棉消费量由 655 万磅增加到 5160 万磅；1800—1849 年，整个联合王国原棉消费量由 5200 万磅增加到 6.3 亿磅。在原料投入迅速增长的同时，棉纺织品产量也在迅速增长。1785—1850 年，棉织品产量由 4000 万码增至 20 亿码，增加 49 倍多。在 19 世纪最初的 25 年中，棉纺织品产量增加了两倍，1816—1840 年增加了 3.5 倍。采煤、冶铁业的发展也极为迅速，煤的开采量由 1770 年的 600 万吨增至 1850 年的 4940 万吨，净增 7.2 倍；大不列颠的生铁产量由 1788 年的 68300 吨增加到 1847 年的 200 万吨，增长 30 倍。1788—1806 年英国生铁产量净增约 3 倍。⑤

---

① [德] 马克思、恩格斯：《共产党宣言》，《马克思恩格斯选集》第一卷，人民出版社 1972 年版，第 254 页。
② 同上书，第 255 页。
③ [德] 马克思：《哲学的贫困》，《马克思恩格斯全集》第一卷，人民出版社 1995 年版，第 166 页。
④ [英] 保罗·肯尼迪、陈景彪等译：《大国的兴衰》，国际文化出版公司 2006 年版，第 141—143 页。
⑤ 王觉非：《近代英国史》，南京大学出版社 1997 年版，第 169 页。

工业革命使英国发生了巨大变化，短短的几十年时间里，英国在全球的经济地位发生了根本性改变。到1820年，英国的煤产量占全球产量的75%，生铁产量占全球的40%。英国的工业总产值占世界工业总产值的50%；到1850年，英国的煤和铁的产量仍然占世界总产量的60.2%和50.9%，英国的工业总产值占世界总产值的比重仍然高达39%。① 英国成为名副其实的世界工厂。

与此同时，英国狭小的国内市场，甚至于近海贸易已经远远不能满足这样的需要，尽可能地扩大统一市场成为当务之急，其贸易在扩张中走向全球。当时，英国工业生产的原料和产品销售完全依赖海外市场，许多国家和地区成为其原料基地和倾销市场。英国工业的霸主地位，也强有力地支撑起了国际贸易的霸权。

有资料说明，就棉纺织业而言，到1850年，英国加工了全世界46.1%的棉花；就连传统的毛纺织业在原料供应上也日益依赖世界市场，1845—1846年，毛纺织业原料进口的比例高达43%。在1844—1846年进口总额中，生活资料及原料所占比例高达95%。从出口方面来看，1849—1851年，棉纺织业成品产值的出口比例达到61.4%。1850—1854年，毛纺织业和钢铁工业产品的出口比例分别为25%和38.7%。19世纪初以后，亚麻工业产值的出口比例也逐渐超过20%。② 英国工业产品大约一半要在国外市场销售。1820—1850年，英国在世界贸易总额中所占的比例由18%上升到21%。英国独占全世界商业的20%，占全世界制成品贸易的40%。全世界1/3以上的商船悬挂英国国旗。③ 世界市场的商品结构在发生深刻变化，国际分工也在不断深化。

到19世纪晚期，英镑已经成为一种通用的国际货币。英国又通过资本输出，将大量的"过剩资本"投放到经济落后国家，成为垄断资本主义掠夺和剥削落后国家的坚实基础。因为那里资本少，地价比较贱，工资低，原料也便宜……因为许多落后国家已经卷入世界资本主义的流转，主要的铁路线已经建成或已经开始兴建，发展的起码条件已有保证。资本输出不仅扩大了商品出口，给输出国带来了高额的利润。在滑铁卢战役后的十年中，英国每年大约输出600万英镑；到了19世纪中叶，上升到3000万英镑；1870—1875年间，英国每年的资本输出剧增至7500万镑。1875

---

① 王觉非：《近代英国史》，南京大学出版社1997年版，第172页。
② 同上，第172页。
③ [英]保罗·肯尼迪：《大国的兴衰》，陈景彪等译，国际文化出版公司2006年版，第147页。

年,海外投资至少已达 12 亿镑。① 大规模的海外投资让英国在 19 世纪 30 年代每年的利息和红利达到 800 万镑;19 世纪 70 年代,更是达到惊人的 5000 万英镑。② 这些资本就像"滚雪球"一样,投资范围越来越广、规模越来越大、财富越积越多,极大地推动了经济全球化的发展。

在这样的历史背景下,地处东方的中国和缅甸发生了变化:自 19 世纪 20 年代后三次"英缅战争",缅甸被迫签署了第一个英缅不平等条约《杨达波条约》开始;至 1886 年,缅甸最终沦为"英属缅甸",成为英国的殖民地。1840 年以后的中国,灾难深重。英国等西方殖民国家用枪炮打开了中国市场,一系列不平等条约的签订,造成了中国主权的丧失和中国经济日益被殖民化,滇缅贸易被卷入世界市场之中。

从滇缅贸易的商品结构来看,近代以来仍然主要是丝棉贸易,丝指的仍然是生丝,棉除了棉花,还包括棉纱,而且以棉纱为主。也就是说,近代的滇缅贸易主要是生丝和棉纱、棉花的交易。生丝依然是中国四川、云南、湖南、江浙等地所产并输往缅甸销售,棉花依然是缅甸所产并销往云南,而棉纱则主要来源于英属印度。也就是说,在滇缅贸易中,生丝和棉花的交易属于滇缅间的直接经贸往来,而棉纱的交易对缅甸而言主要属于过境贸易。为了在世界上占领更为广阔的市场,英国大力在印度发展棉纺业,缅甸所产棉花也就开始主要输出到印度,从而使云南棉花的进口受到一定限制。与此同时,进口棉纱因"价廉质优"而广受欢迎,早在腾越开埠之前,印度棉纱已开始经由腾越一线交通输入云南,开埠之后,棉纱的输入日渐增加,棉纱成为滇缅贸易进口的最大宗商品。就此而言,云南与缅甸间的棉纱贸易实质是云南与英属印度、英国的贸易。

腾越开关后,滇缅之间的贸易规模有了突飞猛进的发展,这种发展尤其表现在大宗商品的进出口货值的发展上。从棉纱的输入量来看,据统计,在 1902—1937 年间,棉纱进口平均占腾越进口总值的 57.03%,棉花进口平均占腾越进口总值的 12.45%。③ 但是,随着国内棉纺业的发展,国产棉纱开始较多地输入云南,因此,1920—1927 年,腾越进口贸易中棉花所占比例上升,棉纱所占比例有所下降。1938 年后,抗日战争爆发,滇缅公路全线通车,棉纱进口规模又开始逐年攀升,五年间,每年的增幅分别为 104%、117%、70%、313%,发展速度非常惊人。对于生丝的出

---

① 王觉非:《近代英国史》,南京大学出版社 1997 年版,第 359 页。
② [英]保罗·肯尼迪:《大国的兴衰》,陈景彪等译,国际文化出版公司 2006 年版,第 152 页。
③ 钟崇敏:《云南之贸易》,1939 年油印稿,云南省档案馆藏。

口量，钟崇敏的《云南之贸易》载曰："生丝历年出口均占出口总值34%以上，最多达94%，常年平均在70%左右，输出最多之年为1936年计4395公担，值国币350余万元。"

此外，近代以来，云南自缅甸的进口商品还有洋布（包括原色布、扣洋布、斜纹布、意大利布、棉绒布、缅甸布、土染布、哔叽、多罗呢）、各种羽绸羽绒、玉石、人造靛、纸张、干荔枝、咸鱼、假金线、美国火油、日本自来火、羊毛制成品、纸烟、洋伞、火柴、香皂、肥皂、瓷盆、洋瓷碗钉、铜铁什件、螺丝钉、水桶、缝针、花纽扣、陶瓷器、海芥海味、燕窝、药材、他类毛棉呢、衣帽类、干果及颜料等商品；出口商品还有石黄、铁锅、篾帽、纸张、牛、羊、鸡、鸡蛋、鸭、黄牛角、水牛角、麝香、土毡、土布、猪、板栗、纸烟、各种绳索、棕片、火腿、纸张、雄黄、绸缎、茶叶、纸伞、粉丝及核桃等。这些进出口货物，虽然主要是原料、半原料和日用品，但很多都是机制品，如洋布、羽绸羽绒、人造靛、日本自来火、羊毛制成品、纸烟、洋伞、火柴、香皂、肥皂、瓷盆、洋瓷碗钉等。这些进出口商品来自五大洲的30多个国家和地区，其中包括欧洲的比利时、捷克、丹麦、法国、德国、英国、荷兰、挪威、葡萄牙、意大利、奥地利、瑞典、和瑞士；美洲的美国和加拿大；澳洲的澳大利亚；非洲的埃及；亚洲的缅甸、印度、斯里兰卡、土耳其、日本、朝鲜、新加坡、泰国及中国香港和中国澳门。进入云南的外国商品又进一步扩散到全国各地。[①] 滇缅贸易把云南与世界紧密地联系在一起。

有学者指出："印度和中国被纳入早期全球化，是西方先发国家市场扩张的一个重要过程。除列强的武力征服外，商业贸易无疑起到了非常重要的作用，作为早期全球化主要角色的英国之所以将触角伸至东方，主要目的就是寻求市场。"[②] 同理，缅甸和云南被卷入世界市场和早期经济全球化，双方的商业贸易也起到了非常重要的作用。

综合以上分析可知，自缅甸沦为英国殖民地以及腾越开关后，滇缅贸易发生了要重大变化。尤为重要的是，云南在不断地巩固和发展与缅甸传统贸易的同时，云南已不仅仅是缅甸的直接交换市场，更重要的是，以西方资本主义国家为商品交换的新对象，成为世界市场体系的重要组成部分，云南扮演着连接中国与世界的重要纽带和中转站的重要角色。

---

① 周伦：《英属缅甸与云南经贸交往及特点》，硕士学位论文，云南大学，2010年。
② 仲伟民：《茶叶和鸦片在早期经济全球化中的作用——观察19世纪中国危机的一个视角》，《中国经济史研究》2009年第1期。

结　语

　　总体来说，云南与缅甸山水相连，村寨相望，自古以来就是中国通往缅甸最重要的陆路通道。作为联系中央、中国内地和缅甸的纽带，云南对中缅双边的社会经济发展以及交往起到了重要的促进作用，具有十分重要的地位。从古老的"西南丝绸之路"到如今蓬勃兴旺的中缅边贸，云南与缅甸之间的经贸往来从未间断过。

　　滇缅之间的经贸往来不仅由来已久，而且带有延续性，清代以来的滇缅贸易也正是在前代的基础上不断发展起来的。清代前期，政府规范和加强了对滇缅贸易的管理，采取宽松、自由、以民为本的对缅贸易政策。在这一政策的直接影响下，推动了清代滇缅贸易的进一步繁荣。这一时期，滇缅之间的贸易虽然仍属于传统对外贸易的范畴，但是，在规模、结构以及深度等方面都有了长足的发展和进步。缅甸成为当时云南对外贸易最重要的对象，缅甸在云南对外贸易地位之重要也是其他国家所无法企及的，滇西地区仍然是滇缅贸易乃至云南对外贸易最主要的地区。

　　近代以来，随着西方殖民势力的介入，缅甸及云南对外交通运输条件的改善，蒙自关、思茅关以及腾越关的开埠通商等多种因素的综合作用下，滇缅贸易在交往的规模、结构、方式等方面均发生了许多变化，缅甸在云南对外贸易中的地位虽远不及清代前中期，但是，仍然在云南对外贸易格局中发挥着重要的作用。

　　近代以前，云南对外贸易的主动权始终牢牢地掌握在中方，云南与缅甸、泰国、老挝等中南半岛国家和地区经贸活动总体是建立在互通有无、良性互补、平等友好的基础之上的。正因为如此，千百年来，云南对外经贸活动才能够始终保持旺盛的生命力，这种经贸活动极大地满足了云南及其周边国家和地区人民的需求，促进了云南乃至中国与中南半岛国家和人民的友好交流感情及商贸往来，为中国西南边疆和东南亚国家地区的安定发展做出了重要贡献。1840年以后，经济落后、闭关自守、资源富饶、市场巨大的中国便成为西方资本主义国家掠夺的对象，中国被动地卷入了世界资本主义市场。近代的滇缅贸易也正是在这种大背景下展开的。随着缅甸沦为殖民地，平等互利的滇缅贸易关系被彻底打破，缅甸成为英国等殖民国家倾销商品的一大市场。这一时期的云南社会经济的发展也受到了很大影响，一些商人、商帮、商号也积极在中南半岛开展业务，在把外国商品源源不断地运销国内的同时，也把中国的商品运销到这些国家去。云南的社会经济在这种特殊的环境下得到一定的发展。这种发展不是在政府主观意志要求的前提下完成的，而是商人根据当时经济发展的需要自发组织起来的，超越了政府的意志而完成商品的外销的，拓展了云南的对外贸易活动。

西方列强势力在中南半岛国家和中国不断深入，一系列不平等条约被强加到中缅两国，中缅两国海关自主关税自主权和管理权被剥夺。其最直接的影响就是中缅双方基本丧失了对本国外贸的管理和控制。西方大量的廉价工业制成品源源不断地输入滇缅广大区域。中缅的手工作坊产品无法与西方的大机器生产商品较量，传统的滇缅贸易和生产几乎无抵抗之力，被英国、法国等资本主义强国以近乎绑架劫持的方式操控和改造，滇缅实质上成为英国、法国等殖民主义国家的原材料基地和商品倾销市场。缅甸和云南进一步卷入到世界市场中，卷入到经济全球化的浪潮中。

为了打开云南甚至是中国市场，英国和法国加强对其殖民地的经营，在缅甸、越南大力兴建铁路、公路，疏导内河航线。英国通过疏导伊洛瓦底江航线，修建仰光至曼德勒和密支那的铁路、曼德勒至腊戍的铁路，实现了和云南通缅、印商道的水路通道对接；法国在越南开通了海防至香港的定期轮船航线，修筑了海防至老街的铁路，其势力推进到云南南大门河口一线。1910 年，昆明至越南老街铁路建成通车，滇越铁路成为法国侵略云南和经济上掠夺、政治上控制云南的交通命脉。近代交通的发展进一步方便了列强向云南倾销商品，掠夺原料和加大资本输出。另外，英国和法国在滇攫取了在沿海地区无法企及的关税特权。英国和法国从缅、越输华商品或则免税，或则在当时值百抽五的所谓"协定关税"基础上再递减 30% 或 40%。英国和法国还推动越南银元、缅甸卢比、墨西哥银币等外国货币侵入云南市场，扩展其金融势力。乃至当时"法币流于中国之云南，且弥漫于市场，通行于商界。……法币之充满流动，几遍于全滇"。①

在上述背景下，以滇西地区为中心，以滇缅贸易为主导的云南对外贸

---

① 中国社会科学院近代史研究所《近代史资料》编译室主编：《云南杂志选辑》，知识产权出版社 2013 年版，第 607 页。

易格局发生极大改变，滇南的蒙自转而成为云南对外贸易的核心地区。但是，缅甸作为云南传统的对外贸易的主要对象和伙伴，在沦为英国殖民地之后，与云南的经贸交往并没有减弱，反而呈现出强势发展的趋势，在交易的规模、商品种类、程度等方面都有了前所未有的拓展。根据《云南对外贸易近况》所载云南进口货物的不完全统计，蒙自关进口货物达 260 种以上；腾越次之，但也在 220 种以上；思茅最少，有 80 种。这些进口货物，绝大部分是机制品，如棉纱、布匹、煤油、烟丝等。从上述三关具体的进口商品来看，自腾越关输入的棉纱、布匹以及棉花的货值远超同期蒙自、昆明、思茅等海关。这与英国殖民者对缅甸的经营密切相关，英国实际上成为滇缅贸易尤其是缅甸对中国贸易的主宰者和最大获利者。但是，从滇缅贸易双方交易的主要商品来看，双方的贸易都是以原料、半原料和日用品为主。这既体现了西方资本主义国家进行经济掠夺的一面，同时也保留了传统上滇缅经贸往来中互相补充的特点。① 这种两面性也正是近代滇缅贸易的主要特点之一。

近代滇缅贸易的开展对云南社会经济的发展产生了重要影响。开埠通商后，西方资本主义国家的各种工业制成品如潮水般涌入云南，渗透到云南的各个角落，充斥于云南境内的城乡市场。一方面，云南传统的家庭手工业受到严重打击；另一方面，云南传统的、封闭的自给自足的经济结构的根基也有所动摇，促进了云南地方商品经济的发展和商业意识的增强，使农村农产品的商品化大大提高。云南传统的以自然经济为主导的经济结构逐步瓦解，商品经济得到快速发展，腾冲、保山、下关、蒙自、思茅、楚雄、昆明等商业城镇以其先天优势自然而然地成为引领云南商品经济发展的"领头羊"。

但是，显而易见的是，云南这种大规模的商品经济发展是西方殖民经济揠苗助长的结果。一方面，这种外来势力催生的殖民性质的商品经济具有云南本土初步萌生的资本主义经济力量无法比拟的优势，殖民势力催生的殖民商品经济对云南原有的初具形态的资本主义萌芽形成巨大的压力和破坏力，促使其转型或灭亡。另一方面，殖民势力入侵云南所刺激产生的这种商品经济发展对外国势力和国际市场有着严重的依赖性，它是与殖民者的资源掠夺和产品倾销密切相关的，一旦国际市场有波动，首当其冲受到冲击的就是云南。所以，云南开埠通商后，大量萌生的殖民性质的商品经济有着明显的"先天不足，后天畸形"的特性，其生存基础之薄弱，发

---

① 杨煜达：《试析腾越海关与近代滇缅贸易》，《云南地理环境研究》1990 年第 2 期。

展条件之恶劣，承受剥削之严重实为罕见，发展空间也为有限。

滇缅贸易的进一步拓展也深刻地影响到缅甸特别是缅北地区的发展。英国在第一次英缅战争之后，就在下缅甸大规模地进行修筑铁路、公路、疏浚伊洛瓦底江航道等活动。英国占领缅甸后，下缅甸的铁路很快就延伸到上缅甸的密支那、腊戍等地，新扩建的直通密支那的伊洛瓦底江内河航线也投入运营。英国殖民者在缅甸修路、浚航的主观动机在于扩大殖民势力，掠夺更多缅甸资源和向缅甸更广大的区域倾销更多的工业品，同时，为进一步打开中国西南省区市场做准备。但是，它客观上加强了缅甸国内政治经济的联系，改善了缅北地区交通运输条件。下缅甸水稻种植大规模地展开后，相当多的缅北人民通过伊洛瓦底江航道或是仰光到密支那的铁路南下务工，参与开发下缅甸地区，有力地推动了缅甸稻米产业的发展，加强了缅甸国内民族交流和经济合作。

缅北交通近代化，也极大地便利了云南对缅贸易输出与输入，提高了互贸交易的效率和规模，云南对缅贸易潜力得到进一步提升。最有影响力的例子就是云南回族茶商借助缅印较为便捷的交通系统，开辟了滇印缅藏茶道，将云南茶叶通过缅印两国通道大量贩运往西藏等地销售，克服了中国境内茶马古道贸易中的种种不利因素，大大缩短了贸易周转时间，经济效益显著提高。而同一时期，云南与国内市场的贸易由于交通不便，军阀混战造成的社会动荡，商贸途中税捐沉重等原因，贸易规模和额度都不尽如人意，与此形成鲜明对比。故有学者提出："从19世纪80年代到20世纪30年代，云南同中南半岛地区的经济往来，在规模上超过了同祖国内地的经济交往。"[①] 这也是云南近代经济史以及云南对外贸易史的重要特点之一。

无论是传统的滇缅贸易还是近代的滇缅贸易，均对云南及缅甸的社会经济产生了很大的影响。如何在历史中吸取经验教训，进一步加强和拓展又重新蓬勃发展的滇缅边境贸易，具有非常重要的学术价值和现实意义。笔者认为，要使中缅战略合作具有广阔的前景，必须打牢五个基础。

一是政治基础。良好的两国关系是稳定的政治基础的核心要素。历史经验证明，双边贸易发达的时期，也是双方国家关系密切交往的时期；双方关系交恶的时期，必然导致双边贸易大幅下滑。

二是经济基础。两国经贸关系的加强，取决于双边经贸合作的广度和

[①] 贺圣达：《近代云南与中南半岛地区的经济交往》，《云南与东南亚关系论丛》，云南人民出版社1989年版。

深度,而根本的制约因素则在于双方的经济状况。缅甸经济状况的改善对于滇缅贸易的兴盛起着至关重要的作用,但更为重要的是,相对闭塞、相对落后、发展不充分的滇西少数民族地区,甚至整个云南省的发展,仅靠外力的帮助是不可能实现科学发展、和谐发展、跨越发展的。必须要做的就是抢抓机遇、苦练内功,高度重视培育促进经济社会发展、开展区域经济合作的内在动力、内在机制,这才是促进地方社会经济可持续发展的治本之策。

三是政策基础。中缅两国的政策,特别是对外开放政策和经济贸易政策,是滇缅贸易兴衰的"晴雨表"。

四是地缘基础。中缅山水相连,有着2000多年的传统友好关系,云南曾经是开放的前沿,滇缅国境线长达1997千米,滇缅双方的经贸往来曾经十分密切,而且非常繁荣,历朝历代都不曾中断过。中国通过云南走向世界,缅甸通过云南深入中国,其得天独厚、无可替代的地缘优势,远远超过其他国家。

五是交通基础。在缅甸与邻国的交往中,滇缅的交通条件是最好的。这也为滇缅贸易的繁荣奠定了坚实的基础,交通运输条件的改善成为对外贸易迅猛发展的内在动力。交通条件的日益改善将为滇缅战略合作开辟更为广阔的前景。

经济全球化是历史发展的必然趋势。只有放眼世界,积极投身到历史的洪流中去,才能把主动权牢牢地掌握在自己的手中。世界需要中国,中国离不开世界,在经济全球化的进程中,这是一个历史事实。

附　　录

表1　　　　1912—1940年腾越关关税变动情况

年份	关税	年份	关税	年份	关税
1912	50825两8钱6分	1922	102752两5钱4分6厘	1932	365077
1913	64482两6钱6分6厘	1923	97550两3钱7分1厘	1933	323874
1914	56633两3钱8分1厘	1924	105924两1钱9分5厘	1934	363039
1915	62322两3钱8分1厘	1925	105944两1钱8分7厘	1935	306735
1916	50271两2钱零6厘	1926	77327两1钱7分6厘	1936	309074
1917	60600两2钱9分1厘	1927	113250两8钱3分8厘	1937	304659
1918	63496两3钱5分4厘	1928	88317两6钱9分3厘	1938	533703
1919	73066两3钱7分1厘	1929	168957两8钱8分2厘	1939	878890
1920	99685两3钱7分1厘	1930	212646两9钱4分5厘	1940	1817540
1921	113304两零7分3厘	1931	247331两6钱5分7厘		

注：货币单位为海关两，1933—1940年为国币元。

资料来源：民国云南通志馆编：《续云南通志长编》卷45《财政三·国家税收·金融》，云南省志编纂委员会办公室，1985年，第688页。

表2　　　　1928—1934年腾越关贸易额及税收变动情况　　　　单位：海关两

年份	进口货值	进口税收	出口货值	出口税收	贸易总额	税收总收入
1928	2879517	74323	973177	10061	3852694	88317
1929	2807925	143790	1282878	21643	4090803	168957
1930	2362176	171297	1492235	30030	3854411	212646
1931	1700041	211914	1262588	34939	2962629	247331
1932	3255137	201825	1310815	23220	4565952	234324

续表

年份	进口 进口货值	进口 进口税收	出口 出口货值	出口 出口税收	贸易总额	税收总收入
1933	2510764	291249	3078641	11298	5589405	323874
1934	1824627	310857	2520747	18683	4345374	363039

注：货币单位为海关两，1933—1934 年为国币元。其中，增幅比例的计算没有考虑海关两与国币元的兑换。

资料来源：《中华民国华洋贸易情形论略》，中国第二历史档案馆、中国海关总署办公厅：《中国旧海关史料（1859—1948）》第 104—117 册，京华出版社 2001 年版。

表3　　　　　　　　　1919—1927 年滇越铁路货运情况　　　　　　单位：吨

年份	越南东京至云南货运量	全路总货运量
1919	3463	175665
1920	3592	170761
1921	3270	169898
1922	3298	205942
1923	3825	250247
1924	22731	254413
1925	39622	324355
1926	19790	269452
1927	6421	296075

资料来源：根据昆明铁路局《关于滇越铁路沿革史略》（载中国人民政治协商会议云南省昆明市委员会文史资料研究委员会编《昆明文史资料选辑》第十辑《法英帝国主义侵略云南史料》，1987 年编印）有关数据整理制作。

表4　　　　　　　　　1889—1909 年云南省进口货值变动情况

年份	进口值（海关两）	定基速度（倍）	年份	进口值（海关两）	定基速度（倍）
1889	62300	1.0	1900	3113437	50.0
1890	466089	7.5	1901	3957720	63.5
1891	744480	12.0	1902	4347895	70.0
1892	887606	14.0	1903	5558113	89.0
1893	1524290	24.0	1904	7033350	113.0
1894	1241879	19.9	1905	6449493	103.5

续表

年份	进口值（海关两）	定基速度（倍）	年份	进口值（海关两）	定基速度（倍）
1895	1809253	29.0	1906	7004085	112.0
1896	1627036	26.0	1907	7450484	120.0
1897	2548624	41.0	1908	6268956	100.0
1898	2680004	43.0	1909	7961524	128.0
1899	3545073	57.0			

资料来源：引自吴兴南[1]根据龙云、卢汉修，周钟岳等纂《新纂云南通志》卷144《商业考二》（李春龙、牛鸿斌点校，云南人民出版社2007年版）数值计算。

表5　　　　1889—1909年云南省出口货值变动情况

年份	出口值（海关两）	定基速度（倍）	年份	出口值（海关两）	定基速度（倍）
1889	87629	1.0	1900	2484404	28.0
1890	461193	5.0	1901	3102202	35.0
1891	583230	6.6	1902	3872961	44.0
1892	736000	8.4	1903	2800885	32.0
1893	735204	8.4	1904	2066436	58.0
1894	943321	11.0	1905	5070499	58.0
1895	1033066	12.0	1906	5444738	62.0
1896	849639	9.6	1907	4083639	46.6
1897	279115	3.0	1908	5773803	67.0
1898	1254365	14.0	1909	4750852	54.0
1899	1925759	22.0	—	—	—

资料来源：引自吴兴南[2]根据《云南近代史》（云南人民出版社1993年版）第142、143页数值计算。

---

[1] 吴兴南：《云南对外贸易史》，云南大学出版社2002年版，第94页。
[2] 同上书，第95页。

表6　　　　　　　1910—1941年腾越关进口货值变动统计　　　　单位：海关两

年份	进口值	年份	进口值	年份	进口值	年份	进口值
1910	1446400	1919	3505271	1927	3432293	1935	1631021
1912	1824000	1920	4042570	1928	2879517	1936	1044512
1913	2401789	1921	3015153	1929	2807925	1937	1141002
1914	2009681	1922	2968375	1930	2362176	1938	2034664
1915	2202412	1923	2364697	1931	1700041	1939	3771749
1916	1716000	1924	2447330	1932	3255137	1940	7808163
1917	2202000	1925	3701149	1933	2510764	1941	88457077
1918	2527336	1926	2605349	1934	1824627		

注：1911年只有定性描述，没有具体数据；1942—1945年没有记载。货币单位：民国二十二年（1933）后为国币元。

资料来源：根据《宣统华洋贸易情形论略》《中华民国华洋贸易情形论略》（中国第二历史档案馆、中国海关总署办公厅：《中国旧海关史料（1859—1948）》第52—142册，京华出版社2001年版）各年资料整理制作。

表7　　　　　1910—1941年腾越关大宗商品进口规模变动统计　　　　单位：公担

年份	棉纱	棉花	年份	棉纱	棉花
1910	20290	1973	1927	30104	7326
1911	28700	1098	1928	25795	4489
1912	32002	—	1929	27201	7374
1913	36902	3800	1930	20927	7125
1914	30500	8900	1931	13737	8699
1915	37811	15600	1936	1865	3344
1916	32500	1800	1937	4620	4885
1917	36926	3439	1938	9436	6236
1918	33665	600	1939	20512	7875
1919	39150	—	1940	34825	—
1924	减少甚巨	减少甚巨	1941	14379000	6310
1925	增9769	增2844	—		

注：1941—1946年棉纱计量单位为千克。

资料来源：根据《1911—1920年腾越关贸易报告统计册》《宣统华洋贸易情形论略》《中华民国华洋贸易情形论略》（中国第二历史档案馆、中国海关总署办公厅：《中国旧海关史料（1859—1948）》第52—142册，京华出版社2001年版）、云南省志编撰委员会办公室编《续云南通志长编》下册（云南省志办编校1985年印行，第599页）各年资料整理制作。

表8　　　　　1910—1941年腾越关出口货值变动统计　　　单位：海关两

年份	出口值	年份	出口值	年份	出口值	年份	出口值
1910	556880	1919	2029375	1927	2212143	1935	2989074
1912	682000	1920	1605280	1928	973177	1936	3923046
1913	730277	1921	1931631	1929	1282878	1937	3579794
1914	562891	1922	1523174	1930	1492235	1938	3761062
1915	747000	1923	1536611	1931	1262588	1939	3311967
1916	628000	1924	2071753	1932	1310815	1940	4768610
1917	794000	1925	1755263	1933	3078641	1941	7017916
1918	1425547	1926	1419725	1934	2520747	—	—

注：1911年只有定性描述，没有具体数据；1942—1945年没有记载。货币单位：民国二十二年（1933）后为国币元。

资料来源：根据《宣统华洋贸易情形论略》《中华民国华洋贸易情形论略》（中国第二历史档案馆、中国海关总署办公厅：《中国旧海关史料（1859—1948）》第52—142册，京华出版社2001年版）各年资料整理制作。

表9　　　　　1889—1937年川丝假道云南出口情况　　　单位：海关两、%

年份	云南省出口总值	川丝	比例	其他出口货物	比例
1889	137	—	—	137	100
1890	730	—	—	730	100
1891	908	—	—	908	100
1892	1147	—	—	1147	100
1893	1145	—	—	1145	100
1894	1469	—	—	1469	100
1895	1609	—	—	1609	100
1896	1324	—	—	1324	100
1897	1696	7	0.41	1689	99.59
1898	1955	4	0.20	1951	99.80
1899	2999	11	0.37	2988	99.63
1900	3855	10	0.25	3845	99.75
1901	4833	5	0.10	4828	99.99
1902	6033	171	2.83	5862	97.17

续表

年份	云南省出口总值	川丝	比例	其他出口货物	比例
1903	4360	234	5.37	4126	94.63
1904	7895	351	4.45	7544	95.55
1905	7900	248	3.14	7652	96.83
1906	8483	232	2.73	8251	97.27
1907	6361	262	4.12	6099	95.80
1908	8996	262	2.91	8734	97.09
1909	7402	280	3.78	7122	96.22
1910	10880	359	3.30	10521	96.70
1911	11262	456	4.05	10806	95.95
1912	19589	718	3.67	18871	96.33
1913	18439	790	4.28	17649	95.72
1914	13989	609	4.35	13380	95.65
1915	16497	707	4.28	15790	95.72
1916	15646	673	4.30	14973	95.70
1917	21329	985	4.62	20344	95.38
1918	20030	1980	9.89	18050	90.11
1919	18616	2680	14.40	15936	85.60
1920	21685	1939	8.94	1946	91.06
1921	14220	2467	17.35	11753	82.65
1922	16837	1901	11.29	14936	88.71
1923	16551	1875	11.33	14676	88.67
1924	18836	2782	14.77	16054	85.23
1925	24032	2285	9.51	21747	90.49
1926	18330	2010	10.97	16320	89.03
1927	18634	3138	16.84	15496	83.16
1928	19092	1001	5.24	18092	94.76
1929	19060	1469	7.70	17591	92.30
1930	19174	1814	9.46	17360	90.54
1931	18844	1474	7.82	17370	92.18
1932	19624	1788	9.11	17836	90.89
1933	27880	2701	9.69	24979	90.31

续表

年份	云南省出口总值	川丝	比例	其他出口货物	比例
1934	18786	2207	11.75	16577	88.25
1935	23767	2464	10.79	21203	89.21
1936	31315	3529	11.27	27786	88.73
1937	40135	2961	7.38	37174	92.62
合计	634485	52141	5.22	582344	91.78

注：货币单位为海关两，1933—1941年为国币元。

资料来源：民国资源委员会经济研究室编：《云南经济研究报告》第20册，1940年油印本，第27、28页，表5b。

表10　　　1910—1941年腾越关生丝出口规模货值变动

年份	数量	货值	年份	数量	货值
1910	913	228250	1928	下降	—
1911	833	291550	1929	上升	—
1912	1314	477400	1930	2531	1164000
1913	1536	506000	1931	下降	—
1914	1166	391000	1932	上升	—
1915	1352	452000	1933	上升	2900000
1916	1445	439600	1934	下降	2200000
1917	1833	635200	1935	上升	3000000
1918	3183	1271082	1936	4395	3516000
1919	3846	1720031	1937	3799	3000000
1920	2578	1244440	1938	4526	3200000
1921	上升	—	1939	3740	—
1922	下降	—	1940	987	2100000
1925	下降	—	1941	70438	—
1926	2215	—			
1927	3447	—			

注：计量单位为公担，1941—1946年计量单位为千克。货币单位为海关两，1933—1946年为国币元。

资料来源：根据《1911—1920年腾越关贸易报告统计册》《宣统华洋贸易情形论略》《中华民国华洋贸易情形论略》（中国第二历史档案馆、中国海关总署办公厅：《中国旧海关史料（1859—1948）》第52—142册，京华出版社2001年版）、云南省志编撰委员会办公室编《续云南通志长编》下册（云南省志办编校，1985年印行）各年资料整理制作。

表 11　　　　　1910—1937 年皮革出口规模变动统计　　　单位：公担、%

年份	生茧、水牛皮	未硝山羊皮	合计	比值
1910	170	—	170	1.56
1911	127	—	127	1.13
1912	245	4	249	1.27
1913	309	2	371	2.01
1914	186	11	197	1.41
1915	206	19	225	1.37
1916	477	67	544	3.48
1917	304	204	508	2.39
1918	360	278	638	3.19
1919	587	918	1505	8.08
1920	545	292	837	4.86
1921	301	467	768	5.40
1922	86	217	303	1.80
1923	307	203	510	3.08
1924	408	99	507	2.69
1925	1252	149	1401	5.83
1926	1084	203	1287	7.02
1927	803	185	988	5.30
1928	1374	516	1890	9.70
1929	1430	311	1741	9.13
1930	920	319	1239	6.36
1931	677	301	978	5.19
1932	175	93	368	1.36
1933	390	314	704	2.52
1934	421	227	648	3.45
1935	187	262	449	1.89
1936	727	419	1146	3.66
1937	937	504	1441	3.59

注：以上数据并不是腾越关一处的统计，但云南皮革出口历来以腾越关为主要商路，规模仅次于生丝。另外，腾越关历年皮革出口实难统计。所以，以云南省整体情况也能基本反映出对缅出口的历史状况。比值一栏为皮革出口占全省货值的百分比。

资料来源：钟崇敏编：《云南之贸易》，手稿油印本 1939 年版。

表 12　　　　　1910—1941 年腾越关进出口出、入超统计　　　单位：海关两

年份	洋货进口值	土货出口值	出超	入超
1910	1446400	556880	—	889520
1912	1824000	682000	—	1142000
1913	2401789	730277	—	1671512
1914	2009681	562891	—	1446790
1915	2202412	747000	—	1455412
1916	1716000	628000	—	1088000
1917	2202000	794000	—	1408000
1918	2527336	1425547	—	1101789
1919	3505271	2029375	—	1475896
1920	4042570	1605280	—	2437290
1921	3015153	1931631	—	1083522
1922	2968375	1523174	—	1445201
1923	2364697	1536611	—	841523
1924	2447330	2071753	—	375577
1925	3701149	1755263	—	1945886
1926	2605349	1419725	—	1185624
1927	3432293	2212143	—	1220150
1928	2879517	973177	—	1906340
1929	2807925	1282878	—	1525047
1930	2362176	1492235	—	869941
1931	1700041	1262588	—	437453
1932	3255137	1310815	—	1944322
1933	2510764	3078641	567877	—
1934	1824627	2520747	696120	—
1935	1631021	2989074	1358053	—
1936	1044512	3923046	2878534	—
1937	1141002	3579794	2620060	—
1938	2034664	3761062	1726398	—
1939	3771749	3311967	—	459782
1940	7808163	4768610	—	3039553
1941	88457077	7017916	—	81439161

注：1911 年只有定性描述，没有具体数据；1942—1945 年没有记载。货币单位：民国二十二年（1933）后为国币元。

资料来源：根据《宣统华洋贸易情形论略》《中华民国华洋贸易情形论略》（中国第二历史档案馆、中国海关总署办公厅：《中国旧海关史料（1859—1948）》第 52—142 册，京华出版社 2001 年版）各年资料整理制作。

表13　　　　　　　　　　　　　滇缅驿路计程

驿路	重要站口	站间距离 日程	站间距离 里程 千米	站间距离 里程 华里	与昆距离 日程	与昆距离 里程 千米	与昆距离 里程 华里
昆明八莫间	禄丰	3	119	207	3	119	207
	楚雄	3	87	151	6	206	358
	下关	7	275.5	478	13	481.5	836
	保山	8	314	544	21	795.5	1381
	腾冲	4	167	290	25	962.5	1671
	八莫	8	210	365	33	1172.5	2036
昆明车里间	玉溪	3	125.6	218	3	125.6	218
	元江	4	172.9	300	7	298.5	518
	普洱	10	282.2	490	17	580.7	1008
	思茅	2	69.1	120	19	649.9	1128
	车里	6	241.9	420	25	891.8	1548

注：本表里程以一千米等于1.7361营造里计算。本表系驿路里程，与千米里程不同。

资料来源：根据龙云、卢汉修，周钟岳等纂《新纂云南通志》卷56《交通考一》（李春龙，牛鸿斌点校，云南人民出版社2007年版）资料统计。

表14　　　　　　民国时期喜洲商帮在下关开设号铺一览

号铺名称	经理	附设	号铺名称	经理	附设
乾元昌	杨畅先	堆店	翕兴和	张基廷	—
复义和	尹介卿	—	老大有庆	董贞农	堆店
庆记	尹立廷	—	夏春和	尹辅臣	茶厂
明昌	尹美斋	—	丽升	赵丽泽	—
义兴昌	杨启贞	—	永顺昌	杨立成	—
立兴祥	杨亮廷	—	协丰	杨茂馨	—
谷春记	李谷春	—	成余商行	严佐成	—
达盛昌	张映豪	—	光明	杨良相	—
翕兴德	李协堂	—	富举祥	赵文富	—
成顺昌	段希成	—	公益	赵荫生	—
文彩轩	杨文彩	—	德盛祥	杨盛祥	—
义盛源	李耀周	—	庆昌	杨云馨	茶厂

续表

号铺名称	经理	附设	号铺名称	经理	附设
一德兴	赵励如	—	永茂庆	杨作云	—
德和兴	杨子才	—	义瑞昌	赵瑞东	—
济舟祥	董济巨	—	新大有庆	李义臣	堆店
德瑞兴	杨杏堂	—	鸿盛号	王子富	—
天德祥	赵琼林	—	福茂号	赵明远	—
永昌祥	严宝成	茶厂	会义昌	李明圭	—
鸿兴源	杨质东	—	元春茂	张馨云	茶厂
锡庆祥	董福民	—	和瑞兴	赵植三	—
复顺和	杨作廷	—	绍兴祥	李绍猷	—
永庆和	杨成清	—	全顺昌	杨厚本	—
聚文轩	张沛霖	—	同益公	张晋庚	茶厂

资料来源：中国人民政治协商会议云南省大理市委员会编：《大理市文史资料》第八辑，1999年，第70—72页。

表15　　　　1942—1949年云南进出口出、入超变动情况　　　　单位：国币元

年份	洋货进口值	土货出口值	出超	入超
1942	217905000	43113000	—	174792000
1943	433800000	67000000	—	366800000
1944	748100000	395700000	—	352400000
1945	4563700000	317000000	—	4246700000
1946	15896310000	1055640000	—	533991000
1947	50631610000	18356517000	—	3227509300
1948	13543005	4058730	—	9484275
1949	91903000	8585000	—	83318000

注：货币单位：1942—1947年为国币元，1948—1949年为金圆券元。

资料来源：云南省志编撰委员会办公室编：《续云南通志长编》下册，云南省志办编校，1985年印行，第574页；云南省地方志编纂委员会总纂，云南省对外贸易经济合作厅编撰：《云南省志》卷16《对外经济贸易志》，云南人民出版社1998年版，第37页。

表16　1910—1940年大锡生丝出口规模及占全省出口总值变动情况

单位：海关两、%

年份	出口货值 大锡	出口货值 生丝	出口货值 全省	所占比例 大锡	所占比例 生丝
1910	5992052	228250	6983688	85.80	3.27
1911	6219940	291550	7228365	86.05	4.03
1912	11390198	477400	12573069	90.59	3.80
1913	10484902	506000	11835907	88.59	4.28
1914	7648010	391000	8978564	85.18	4.35
1915	8889564	452000	10589205	83.95	4.27
1916	8046978	439600	10041917	80.13	4.38
1917	11579628	635200	13689801	84.59	4.64
1918	10039391	1271082	12855784	78.09	9.89
1919	8038933	1720031	11949010	67.28	14.39
1920	10629634	1244440	13918806	76.37	8.94
1921	5762910	—	9126893	63.14	0.00
1922	8277490	—	10807363	76.59	0.00
1923	7772905	—	10622022	73.18	0.00
1924	8988642	—	12090116	74.35	0.00
1925	11984870	—	15425615	77.69	0.00
1926	8704480	—	11720116	74.27	0.00
1927	8161840	—	11960469	68.24	0.00
1928	9156831	—	12254145	74.72	0.00
1929	8745225	—	12168682	71.87	0.00
1930	8673281	1164000	11658038	74.40	9.98
1931	9029635	—	12094191	74.66	0.00
1932	2425212	—	4474252	54.20	0.00
1933	18994188	2900000	23669839	80.25	12.25
1934	14300000	2200000	15425579	92.70	14.26
1935	15782347	3000000	20219610	78.05	14.84
1936	21125063	3516000	28000751	75.44	12.56
1937	29255722	3000000	38225059	76.54	7.85
1938	28890629	3200000	44706789	64.62	7.16
1939	21895325	—	38614420	56.70	0.00
1940	26312658	2100000	66040990	39.84	3.18

注：货币单位为海关两，1933—1940年为国币元。

资料来源：根据《光绪华洋贸易情形论略》《宣统华洋贸易情形论略》《中华民国华洋贸易情形论略》（中国第二历史档案馆、中国海关总署办公厅：《中国旧海关史料（1859—1948）》第52—139册，京华出版社2001年版）各年资料整理制作。

表17　　　　　　　1910—1941年云南进口货物货值变化情况　　　　单位：海关两

年份	进口值	年份	进口值	年份	进口值
1910	6684299	1924	17444823	1938	13841664
1911	8047689	1925	20767796	1939	26060573
1912	9766518	1926	21916241	1940	30455898
1913	11230898	1927	19834261	1941	98724357
1914	10038847	1928	19187508	—	—
1915	7759654	1929	16294450	—	—
1916	7466111	1930	14172484	—	—
1917	8359134	1931	8498686	—	—
1918	11771794	1932	8047689	—	—
1919	12221415	1933	15613315	—	—
1920	13948998	1934	10983779	—	—
1921	14193668	1935	9015319	—	—
1922	15422691	1936	10081511	—	—
1923	16208089	1937	25380389	—	—

注：货币单位1933—1941年为国币元。

资料来源：云南省志编撰委员会办公室编：《续云南通志长编》下册，云南省志办编校，1985年印行，第574页；云南省地方志编纂委员会总纂，云南省对外贸易经济合作厅编撰：《云南省志》卷16《对外经济贸易志》，云南人民出版社1998年版，第37页。

表18　　　　　　　1910—1937年云南大宗进口货值比较　　　　单位：国币千元

年份	棉纱	棉布	棉花	煤油	纸烟	烟丝	纸张	人造靛
1910	10414	—	250	187	50	211	129	—
1911	9479	—	308	219	69	111	140	—
1912	15217	*126276	382	320	114	325	119	—
1913	17441	*327781	395	459	128	352	160	119
1914	15534	*225818	640	444	117	320	142	93
1915	12071	*323866	677	549	217	281	160	—
1916	11619	*242646	261	350	261	121	94	—
1917	15009	*232013	424	285	296	129	92	—
1918	19023	*293241	369	302	558	67	182	—
1919	19893	*279711	882	608	932	85	148	—
1920	22285	*336686	1864	576	690	57	129	11

续表

年份	棉纱	棉布	棉花	煤油	纸烟	烟丝	纸张	人造靛
1921	22499	*296346	1260	504	685	141	203	112
1922	25195	*322609	925	1002	1126	371	196	213
1923	26206	*270403	923	845	829	282	350	167
1924	28055	—	779	1009	846	238	308	214
1925	32983	—	1204	1415	710	261	221	425
1926	34855	—	1100	1161	673	355	463	812
1927	31351	—	1015	853	1038	282	417	703
1928	30475	—	601	1634	1541	176	368	465
1929	26693	—	843	1164	860	143	330	418
1930	32450	—	785	883	338	171	309	717
1931	21271	—	934	771	339	257	303	745
1932	29820	—	1476	1515	458	129	519	261
1933	31355	3430000	887	1545	401	142	515	463
1934	26425	2714000	946	1187	532	104	407	369
1935	29076	3719000	1145	1146	967	111	508	560
1936	28287	4159000	672	1114	1205	149	491	722
1937	31959	4447000	943	930	1242	192	588	514

注：打*者单位为海关两。

资料来源：根据云南省公署枢要处第四课辑《云南对外贸易近况》（云南省公署枢要处第四课1926年石印本）、钟崇敏《云南之贸易》（手稿油印本1939年版）、吴兴南《云南对外贸易史》（云南大学出版社2002年版）相关统计整理。

表19　　　　　1910—1937年云南出口货物货值变化情况　　　单位：海关两

年份	出口值	年份	出口值	年份	出口值
1910	6983688	1924	12090116	1938	44706789
1911	7228365	1925	15425615	1939	38614420
1912	12573069	1926	11720116	1940	66040990
1913	11835907	1927	11960469	1941	242931114
1914	8978564	1928	12254145	—	—
1915	10589205	1929	12168682	—	—
1916	10041917	1930	11658038	—	—
1917	13689801	1931	7184479	—	—
1918	12855784	1932	4474252	—	—

续表

年份	出口值	年份	出口值	年份	出口值
1919	11949010	1933	23669839	—	—
1920	13918806	1934	15425579	—	—
1921	9126893	1935	20219610	—	—
1922	10807363	1936	28000751	—	—
1923	10622022	1937	38225059	—	—

注：货币单位1933—1947年为国币元。

资料来源：云南省志编撰委员会办公室编：《续云南通志长编》下册，云南省志办编校，1985年印行，第574页；云南省地方志编纂委员会总纂，云南省对外贸易经济合作厅编撰：《云南省志》卷16《对外经济贸易志》，云南人民出版社1998年版，第37页。

表20　　　　　　1910—1937年大锡历年出口情况　　　　　单位：海关两、%

年份	全省出口总值	大锡出口数量	大锡出口货值	大锡货值占全省百分比
1910	10800	61950	9336	85.81
1911	11262	57814	9691	86.05
1912	19589	83634	17746	90.59
1913	18439	77563	16335	88.59
1914	13989	67868	11916	85.18
1915	16497	75212	13850	83.95
1916	15646	69706	12573	80.13
1917	21329	112233	18041	84.58
1918	20030	79002	15641	78.09
1919	18616	84629	12525	67.28
1920	21685	110388	16561	76.37
1921	14220	59677	8979	63.14
1922	16837	91383	12896	76.59
1923	16551	79308	12110	73.17
1924	18836	69673	14004	74.35
1925	24032	89276	18672	77.70
1926	18330	65784	13562	73.99
1927	18634	61683	12716	68.24
1928	19092	69202	14646	74.72
1929	19060	66092	13625	71.48

单位：海关两、%

年份	全省出口总值	大锡出口数量	大锡出口货值	大锡货值占全省百分比
1930	19174	65508	13513	70.48
1931	18844	68241	14068	74.66
1932	19624	75696	15551	79.24
1933	27880	106423	22189	79.59
1934	18786	68093	14242	75.92
1935	23767	88657	18636	78.41
1936	31315	104214	23913	76.37
1937	40135	98971	30495	75.98

注：计量单位：公担；货币单位：1902—1932年为海关两，1933—1941年为国币元、国币千元。

资料来源：钟崇敏：《云南之贸易》，手稿油印本，1939年版，第181页。

表21　　　　　1910—1941年云南进出口出、入超统计　　　单位：海关两

年份	洋货进口值	土货出口值	出超	入超
1910	6684299	6983688	299389	—
1911	6089356	7228365	1139009	—
1912	9766518	12573069	2806551	—
1913	11230898	11835907	605009	—
1914	10038847	8978564	—	1060283
1915	7759654	10589205	2829551	—
1916	7466111	10041917	2575806	—
1917	8359134	13689801	5330667	—
1918	11771794	12855784	1083990	—
1919	12221415	11949010	—	272405
1920	13948998	13918806	—	30192
1921	14193668	9126893	—	5066775
1922	15422691	10807363	—	4615328
1923	16208089	10622022	—	5586067
1924	17444823	12090116	—	5354707
1925	20767796	15425615	—	5242181
1926	21916241	11720116	—	10196125
1927	19834261	11960469	—	7873792

续表

年份	洋货进口值	土货出口值	出超	入超
1928	19187508	12254145	—	6933363
1929	16294450	12168682	—	4125768
1930	14172484	11658038	—	2514446
1931	8498686	7184479	—	1314207
1932	8047689	4474252	—	3573437
1933	15613315	23669839	8056524	—
1934	10983779	15425579	4441800	—
1935	9015319	20219610	11204291	—
1936	10081511	28000751	17919240	—
1937	25380389	38225059	12844670	—
1938	13841664	44706789	30865125	—
1939	26060573	38614420	12553847	—
1940	30455898	66040990	35585092	—
1941	98724357	242931114	144206757	—

注：货币单位：1933—1947年为国币元。1948—1949年为金圆券元。

资料来源：云南省志编撰委员会办公室编：《续云南通志长编》下册，云南省志办校，1985年印行，第574页；云南省地方志编纂委员会总纂，云南省对外贸易经济合作厅编撰：《云南省志》卷16《对外经济贸易志》，云南人民出版社1998年版，第37页。

表22　　　　1902—1941年腾越关进出口货值变动统计　　　　单位：海关两

年份	洋货进口值	土货出口值	出超	入超
1902	513303	148392	—	364911
1903	1472281	243372	—	1228909
1904	1747820	337684	—	1410136
1905	1443216	236783	—	1206433
1906	1127956	269921	—	858035
1907	1265294	466918	—	798376
1908	1272847	493021	—	779826
1909	1101860	461500	—	640360
1910	1446400	556880	—	889520
1912	1824000	682000	—	1142000
1913	2401789	730277	—	1671512
1914	2009681	562891	—	1446790

续表

年份	洋货进口值	土货出口值	出超	入超
1915	2202412	747000	—	1455412
1916	1716000	628000	—	1088000
1917	2202000	794000	—	1408000
1918	2527336	1425547	—	1101789
1919	3505271	2029375	—	1475896
1920	4042570	1605280	—	2437290
1921	3015153	1931631	—	1083522
1922	2968375	1523174	—	1445201
1923	2364697	1536511	—	841523
1924	2447330	2071753	—	375577
1925	3701149	1755263	—	1945886
1926	2605349	1419725	—	1185624
1927	3432293	2212143	—	1220150
1928	2879517	973177	—	1906340
1929	2807925	1282878	—	1525047
1930	2362176	1492235	—	869941
1931	1700041	1262588	—	437453
1932	3255137	1310815	—	1944322
1933	2510764	3078641	567877	—
1934	1824627	2520747	696120	—
1935	1631021	2989074	1358053	—
1936	1044512	3923046	2878534	—
1937	1141002	3579794	2620060	—
1938	2034664	3761062	1726398	—
1939	3771749	3311967	—	459782
1940	7808163	4768610	—	3039553
1941	88457077	7017916	—	81439161

注：1911年只有定性描述，没有具体数据；1942—1945年没有记载。货币单位：民国二十二年（1933）后为国币元。

资料来源：根据《宣统华洋贸易情形论略》《中华民国华洋贸易情形论略》（中国第二历史档案馆、中国海关总署办公厅：《中国旧海关史料（1859—1948）》第52—142册，京华出版社2001年版）各年资料整理制作。

表 23　　　　1890—1941 年蒙自关进出口货值变动统计　　　单位：海关两

年份	洋货进口值	土货出口值	出超	入超
1890	466000	468000	2000	—
1891	744000	583000	—	161000
1892	887000	736000	—	151000
1893	1524000	735000	—	789000
1894	1241000	943000	—	298000
1895	1809000	1033000	—	776000
1896	1627000	849000	—	778000
1897	2394000	1057000	—	1337000
1898	2453000	1218800	—	1234200
1899	3373000	1883000	—	1490000
1900	2963000	2439000	—	524000
1901	3748000	3066000	—	682000
1902	3687400	3688085	685	—
1903	3916890	2518688	—	1398202
1904	6063770	4683522	—	1380248
1905	4801100	4791836	—	9264
1906	5661000	5144000	—	517000
1907	5973115	4063329	—	1909786
1908	4857197	5237917	380720	—
1909	6696508	4246740	—	2449768
1910	5077320	6387609	1310289	—
1911	4644785	6750304	2105519	—
1912	7721840	11847849	4126009	—
1913	7722000	11666270	3944270	—
1914	6883000	8379830	1496830	—
1915	4472488	9809128	5336640	—
1916	5595894	9387913	3792019	—
1917	5921349	12865668	6944319	—
1918	9027711	11398818	2371107	—
1919	8523260	9886638	1363378	—
1920	9601248	12252083	2650835	—

续表

年份	洋货进口值	土货出口值	出超	入超
1921	10874373	7156397	—	3717976
1922	12197861	9240969	—	2956892
1923	13625630	9042543	—	4583087
1924	14823747	9976363	—	4847384
1925	16764783	13642029	—	3122754
1926	19044859	10210913	—	8833946
1927	16025635	9583858	—	6441777
1928	16107655	11257660	—	4849995
1929	13294989	10929384	—	2365605
1930	11572719	10790611	—	782108
1931	6564141	10773617	4209476	—
1932	5572388	3118517	—	2453871
1933	12583139	20399280	7816141	—
1934	8512248	12727190	4214942	—
1935	6641359	16946449	10305090	—
1936	8117312	23662794	15545482	—
1937	9611709	34179137	24567428	—
1938	11464837	40718090	29253253	—
1939	21942273	34925798	12983525	—
1940	21015463	60289816	39274353	—
1941	6094127	234826068	228731941	—

注：货币单位为海关两，1933—1942年为国币元。

资料来源：根据《光绪华洋贸易情形论略》《宣统华洋贸易情形论略》《中华民国华洋贸易情形论略》（中国第二历史档案馆、中国海关总署办公厅：《中国旧海关史料（1859—1948）》第16—142册，京华出版社2001年版）各年资料整理制作。

表24　　　　1897—1941年思茅关进出口货值变动统计　　　　单位：海关两

年份	洋货进口值	土货出口值	出超	入超
1897	154500	31000	—	123500
1898	226000	35500	—	190500
1899	171000	42400	—	128600
1900	150000	35300	—	114700

续表

年份	洋货进口值	土货出口值	出超	入超
1901	209381	35268	—	174113
1902	47000	36000	—	11000
1903	168942	35000	—	123712
1904	221753	45230	—	176523
1905	205168	41680	—	163488
1906	195270	30812	—	164458
1907	212075	53392	—	158683
1908	138922	42865	—	96057
1909	163153	42614	—	120539
1910	160573	39199	—	121374
1911	222949	32259	—	190690
1912	219578	43223	—	176355
1913	184890	39360	—	145530
1914	225728	35907	—	189821
1915	174286	33615	—	140671
1916	158547	25628	—	132919
1917	235373	29635	—	205738
1918	208768	31419	—	177349
1919	189337	32997	—	156340
1920	285527	61443	—	224084
1921	262457	38865	—	223592
1922	222424	43220	—	179204
1923	184054	42868	—	141168
1924	152198	42000	—	110198
1925	231932	28323	—	203609
1926	215706	134478	—	81228
1927	238756	164477	—	74279
1928	148828	23308	—	125520
1929	107596	21562	—	86034
1930	103855	22803	—	81052
1931	174893	57986	—	116097

续表

年份	洋货进口值	土货出口值	出超	入超
1932	220164	44920	—	175244
1933	519412	191918	—	327494
1934	646607	177642	—	468965
1935	742939	284087	—	458852
1936	856687	414911	—	441776
1937	423154	466126	42972	—
1938	310089	227637	—	82452
1939	346551	376655	30104	—
1940	1632272	982564	—	649708
1941	4155108	1087130	—	3067978

注：货币单位为海关两，1933—1942年为国币元。

资料来源：根据《光绪华洋贸易情形论略》《宣统华洋贸易情形论略》《中华民国华洋贸易情形论略》(中国第二历史档案馆、中国海关总署办公厅：《中国旧海关史料（1859—1948）》第25—142册，京华出版社2001年版）各年资料整理制作。

表25　　　　1890—1940年云南三关进出口总值及占
　　　　　　全省进出口总值百分比变动统计　　单位：海关两、%

年份	进出口总值				所占比例		
	蒙自	思茅	腾越	合计	蒙自	思茅	腾越
1890	934000	—	—	934000	100.00	0.00	0.00
1891	1327000	—	—	1327000	100.00	0.00	0.00
1892	1623000	—	—	1623000	100.00	0.00	0.00
1893	2259000	—	—	2259000	100.00	0.00	0.00
1894	2184000	—	—	2184000	100.00	0.00	0.00
1895	2842000	—	—	2842000	100.00	0.00	0.00
1896	2476000	—	—	2476000	100.00	0.00	0.00
1897	3451000	185500	—	3636500	94.90	5.10	0.00
1898	3671800	261500	—	3933300	93.35	6.65	0.00
1899	5256000	213400	—	5469400	96.10	3.90	0.00
1900	5402000	185300	—	5587300	96.68	3.32	0.00
1901	6814000	244649	—	7058649	96.53	3.47	0.00

续表

年份	进出口总值				所占比例		
	蒙自	思茅	腾越	合计	蒙自	思茅	腾越
1902	7375485	83000	661695	8120180	90.83	1.02	8.15
1903	6435578	203942	1715653	8355173	77.03	2.44	20.53
1904	10747292	266983	2085504	13099779	82.04	2.04	15.92
1905	9592936	246848	1679999	11519783	83.27	2.14	14.58
1906	10805000	226082	1397877	12428959	86.93	1.82	11.25
1907	10036444	265467	1732212	12034123	83.40	2.21	14.39
1908	10095114	181787	1765868	12042769	83.83	1.51	14.66
1909	10943248	205767	1563360	12712375	86.08	1.62	12.30
1910	11464929	199772	2003280	13667981	83.88	1.46	14.66
1912	19569689	262801	2506000	22338490	87.61	1.18	11.22
1913	19388270	224250	3132066	22744586	85.24	0.99	13.77
1914	15262830	261635	2572572	18097037	84.34	1.45	14.22
1915	14281616	207901	2949412	17438929	81.90	1.19	16.91
1916	14983807	184175	2344000	17511982	85.56	1.05	13.39
1917	18787017	265008	2996000	22048025	85.21	1.20	13.59
1918	20426529	240187	3952883	24619599	82.97	0.98	16.06
1919	18409898	222334	5534646	24166878	76.18	0.92	22.90
1920	21853331	346970	5647850	27848151	78.47	1.25	20.28
1921	18030770	301322	4946784	23278876	77.46	1.29	21.25
1922	21438830	265644	4491549	26196023	81.84	1.01	17.15
1923	22668173	226922	3901308	26796403	84.59	0.85	14.56
1924	24800110	194198	4519083	29513391	84.03	0.66	15.31
1925	30406812	260255	5456412	36123479	84.17	0.72	15.10
1926	29255772	350184	4025074	33631030	86.99	1.04	11.97
1927	25609493	403233	5644436	31657162	80.90	1.27	17.83
1928	27365315	172136	3852694	31390145	87.18	0.55	12.27
1929	24224373	129158	4090803	28444334	85.16	0.45	14.38
1930	22363330	126658	3854411	26344399	84.89	0.48	14.63
1931	17337758	232879	2962629	20533266	84.44	1.13	14.43

续表

年份	进出口总值				所占比例		
	蒙自	思茅	腾越	合计	蒙自	思茅	腾越
1932	8690905	265084	4565952	13521941	64.27	1.96	33.77
1933	32982419	711330	5589405	39283154	83.96	1.81	14.23
1934	21239438	824249	4345374	26409061	80.42	3.12	16.45
1935	23587808	1027026	4620095	29234929	80.68	3.51	15.80
1936	31780106	1271598	4967558	38019262	83.59	3.34	13.07
1937	43790846	889280	4720796	49400922	88.64	1.80	9.56
1938	52182927	537726	5795726	58516379	89.18	0.92	9.90
1939	56868071	723206	7083716	64674993	87.93	1.12	10.95
1940	81305279	2614836	12576773	96496888	84.26	2.71	13.03

注：货币单位为海关两，1933—1942年为国币元。其中腾越关1911年只有定性描述，没有具体数据。

资料来源：根据《光绪华洋贸易情形论略》《宣统华洋贸易情形论略》《中华民国华洋贸易情形论略》（中国第二历史档案馆、中国海关总署办公厅：《中国旧海关史料（1859—1948）》第16—139册，京华出版社2001年版）各年资料整理制作。

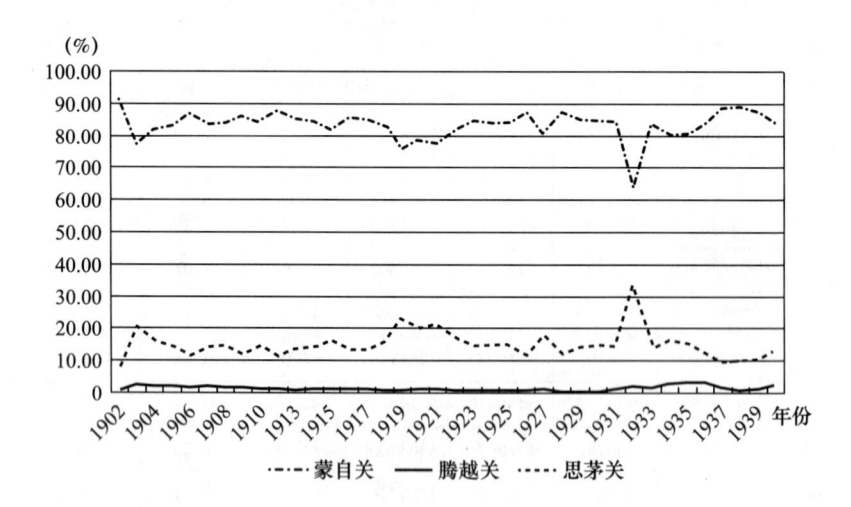

图1 1902—1940年云南三关进出口总额比例

资料来源：《光绪华洋贸易情形论略》《宣统华洋贸易情形论略》《中华民国华洋贸易情形论略》（中国第二历史档案馆、中国海关总署办公厅：《中国旧海关史料（1859—1948）》第35—139册，京华出版社2001年版）。

表 26　　1890—1940 年云南三关进口总值及占全省进口总值
百分比变动统计　　　　　　单位：海关两、%

年份	进出口总值				所占比例		
	蒙自	思茅	腾越	合计	蒙自	思茅	腾越
1890	466000	—	—	466000	100.00	0.00	0.00
1891	744000	—	—	744000	100.00	0.00	0.00
1892	887000	—	—	887000	100.00	0.00	0.00
1893	1524000	—	—	1524000	100.00	0.00	0.00
1894	1241000	—	—	1241000	100.00	0.00	0.00
1895	1809000	—	—	1809000	100.00	0.00	0.00
1896	1627000	—	—	1627000	100.00	0.00	0.00
1897	2394000	154500	—	2548500	93.94	6.06	0.00
1898	2453000	226000	—	2679000	91.56	8.44	0.00
1899	3373000	171000	—	3544000	95.17	4.83	0.00
1900	2963000	150000	—	3113000	95.18	4.82	0.00
1901	3748000	209381	—	3957381	94.71	5.29	0.00
1902	3687400	47000	513303	4247703	86.81	1.11	12.08
1903	3916890	168942	1472281	5558113	70.47	3.04	26.49
1904	6063770	221753	1747820	8033343	75.48	2.76	21.76
1905	4801100	205168	1443216	6449484	74.44	3.18	22.38
1906	5661000	195270	1127956	6984226	81.05	2.80	16.15
1907	5973115	212075	1265294	7450484	80.17	2.85	16.98
1908	4857197	138922	1272847	6268966	77.48	2.22	20.30
1909	6696508	163153	1101860	7961521	84.11	2.05	13.84
1910	5077320	160573	1446400	6684293	75.96	2.40	21.64
1912	7721840	219578	1824000	9765418	79.07	2.25	18.68
1913	7722000	184890	2401789	10308679	74.91	1.79	23.30
1914	6883000	225728	2009681	9118409	75.48	2.48	22.04
1915	4472488	174286	2202412	6849186	65.30	2.54	32.16
1916	5595894	158547	1716000	7470441	74.91	2.12	22.97
1917	5921349	235373	2202000	8358722	70.84	2.82	26.34

续表

年份	进出口总值 蒙自	思茅	腾越	合计	所占比例 蒙自	思茅	腾越
1918	9027711	208768	2527336	11763815	76.74	1.77	21.48
1919	8523260	189337	3505271	12217868	69.76	1.55	28.69
1920	9601248	285527	4042570	13929345	68.93	2.05	29.02
1921	10874373	262457	3015153	14151983	76.84	1.85	21.31
1922	12197861	222424	2968375	15388660	79.27	1.45	19.29
1923	13625630	184054	2364697	16174381	84.24	1.14	14.62
1924	14823747	152198	2447330	17423275	85.08	0.87	14.05
1925	16764783	231932	3701149	20697864	81.00	1.12	17.88
1926	19044859	215706	2605349	21865914	87.10	0.99	11.92
1927	16025635	238756	3432293	19696684	81.36	1.21	17.43
1928	16107655	148828	2879517	19136000	84.17	0.78	15.05
1929	13294989	107596	2807925	16210510	82.01	0.66	17.32
1930	11572719	103855	2362176	14038750	82.43	0.74	16.83
1931	6564141	174893	1700041	8439075	77.78	2.07	20.14
1932	5572388	220164	3255137	9047689	61.59	2.43	35.98
1933	12583139	519412	2510764	15613315	80.59	3.33	16.08
1934	8512248	646607	1824627	10983482	77.50	5.89	16.61
1935	6641359	742939	1631021	9015319	73.67	8.24	18.09
1936	8117312	856687	1044512	10018511	81.02	8.55	10.43
1937	9611709	423154	1141002	11175865	86.00	3.79	10.21
1938	11464837	310089	2034664	13809590	83.02	2.25	14.73
1939	21942273	346551	3771749	26060573	84.20	1.33	14.47
1940	21015463	1632272	7808163	30455898	69.00	5.36	25.64

注：货币单位为海关两，1933—1942年为国币元。其中腾越关1911年只有定性描述，没有具体数据。

资料来源：根据《光绪华洋贸易情形论略》《宣统华洋贸易情形论略》《中华民国华洋贸易情形论略》（中国第二历史档案馆、中国海关总署办公厅：《中国旧海关史料（1859—1948）》第16—139册，京华出版社2001年版）各年资料整理制作。

附 录 / 229

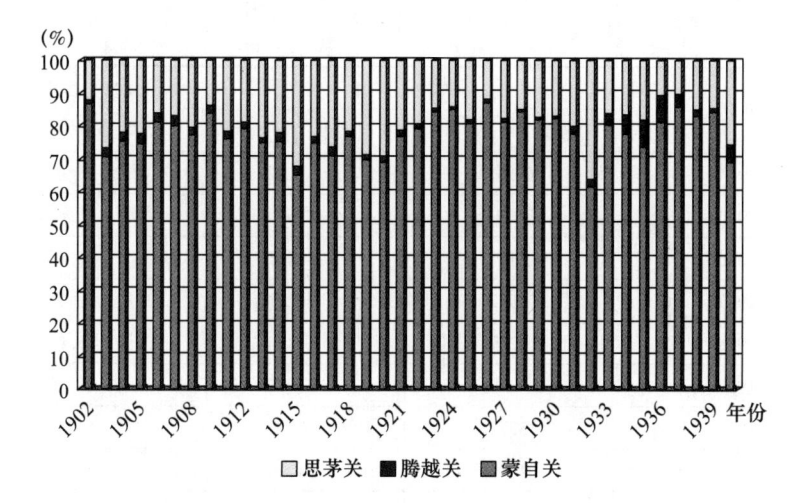

图 2　1902—1939 年云南三关进口总额比例

资料来源：《光绪华洋贸易情形论略》《宣统华洋贸易情形论略》《中华民国华洋贸易情形论略》（中国第二历史档案馆、中国海关总署办公厅：《中国旧海关史料（1859—1948）》第 35—135 册，京华出版社 2001 年版）。

表 27　　　　　1910—1937 年历年棉纱进口货值变动情况

年份	棉纱进口值 数量（公担）	棉纱进口值 货值（千元）	棉纱进口占全省进口总值比例（%）
1910	68622	5870	56.37
1911	48546	4421	46.62
1912	103585	9212	60.54
1913	97237	8776	50.30
1914	95770	7961	51.05
1915	85060	6699	55.50
1916	82992	6410	55.14
1917	82462	7411	58.78
1918	84535	11327	59.54
1919	82031	12602	62.34
1920	79092	1362	61.14
1921	104270	14410	64.05
1922	111308	14807	58.77
1923	108549	14543	55.49

年份	棉纱进口值 数量（公担）	棉纱进口值 货值（千元）	棉纱进口占全省进口总值比例（%）
1924	76091	13192	47.02
1925	87324	12675	35.43
1926	119411	16261	46.65
1927	104072	14221	45.36
1928	110269	14844	48.08
1929	95454	12947	48.50
1930	133772	18352	56.55
1931	104873	14000	51.34
1932	1231818	15810	53.02
1933	108741	11778	37.56
1934	120346	11602	43.91
1935	124082	14143	48.64
1936	92240	10646	37.63
1937	111375	12864	40.25

注：计量单位为公担，1941—1946年计量单位为千克。货币单位为海关两，1933—1946年为国币元、国币千元。

资料来源：钟崇敏：《云南之贸易》，1939年手稿油印本。

表28　1902—1921年蒙自腾越棉纱进口数量及比例变动情况

年份	棉纱进口数量（公担） 蒙自	棉纱进口数量（公担） 腾越	棉纱进口数量（公担） 合计	腾越所占比例（%）
1902	87391	11630	99021	11.74
1903	52925	30386	83311	36.47
1904	104677	35378	140055	25.26
1905	85606	25281	110887	22.80
1906	125000	20399	145399	14.03
1907	86073	25526	111599	22.87
1908	88156	22500	110656	20.33
1909	57660	20300	77960	26.04
1910	84791	28700	113491	25.29
1911	59064	28700	87764	32.70

续表

年份	棉纱进口数量（公担）			腾越所占比例（%）
	蒙自	腾越	合计	
1912	139020	32002	171022	18.71
1913	124410	36902	161312	22.88
1914	127060	30500	157560	19.36
1915	117060	37811	154871	24.41
1916	99467	32500	131967	24.63
1917	106165	36926	143091	25.81
1918	156544	25795	182339	14.15
1919	125967	27201	153168	17.76
1920	80543	20927	101470	20.62
1921	3398	13737	17135	80.17

注：货币单位为海关两，1933—1942年为国币元。其中腾越关1911年只有定性描述，没有具体数据。

资料来源：根据《光绪华洋贸易情形论略》《宣统华洋贸易情形论略》《中华民国华洋贸易情形论略》（中国第二历史档案馆、中国海关总署办公厅：《中国旧海关史料（1859—1948）》第35—91册，京华出版社2001年版）各年资料整理制作。

表29　1890—1940年云南三关出口总值及占全省出口总值百分比变动统计　　　单位：海关两、%

年份	出口总值				所占比例		
	蒙自	思茅	腾越	合计	蒙自	思茅	腾越
1890	468000	—	—	468000	100.00	0.00	0.00
1891	583000	—	—	583000	100.00	0.00	0.00
1892	736000	—	—	736000	100.00	0.00	0.00
1893	735000	—	—	735000	100.00	0.00	0.00
1894	943000	—	—	943000	100.00	0.00	0.00
1895	1033000	—	—	1033000	100.00	0.00	0.00
1896	849000	—	—	849000	100.00	0.00	0.00
1897	1057000	31000	—	1088000	97.15	2.85	0.00
1898	1218800	35500	—	1254300	97.17	2.83	0.00
1899	1883000	42400	—	1925400	97.80	2.20	0.00
1900	2439000	35300	—	2474300	98.57	1.43	0.00

单位：海关两、%

年份	出口总值				所占比例		
	蒙自	思茅	腾越	合计	蒙自	思茅	腾越
1901	3066000	35268	—	3101268	98.86	1.14	0.00
1902	3688085	36000	148392	3872477	95.24	0.93	3.83
1903	2518688	35000	243372	2797060	90.05	1.25	8.70
1904	4683522	45230	337684	5066436	92.44	0.89	6.67
1905	4791836	41680	236783	5070299	94.51	0.82	4.67
1906	5144000	30812	269921	5444733	94.48	0.57	4.96
1907	4063329	53392	466918	4583639	88.65	1.16	10.19
1908	5237917	42865	493021	5773803	90.72	0.74	8.54
1909	4246740	42614	461500	4750854	89.39	0.90	9.71
1910	6387609	39199	556880	6983688	91.46	0.56	7.97
1912	11847849	43223	682000	12573072	94.23	0.34	5.42
1913	11666270	39360	730277	12435907	93.81	0.32	5.87
1914	8379830	35907	562891	8978628	93.33	0.40	6.27
1915	9809128	33615	747000	10589743	92.63	0.32	7.05
1916	9387913	25628	628000	10041541	93.49	0.26	6.25
1917	12865668	29635	794000	13689303	93.98	0.22	5.80
1918	11398818	31419	1425547	12855784	88.67	0.24	11.09
1919	9886638	32997	2029375	11949010	82.74	0.28	16.98
1920	12252083	61443	1605280	13918806	88.03	0.44	11.53
1921	7156397	38865	1931631	9126893	78.41	0.43	21.16
1922	9240969	43220	1523174	10807363	85.51	0.40	14.09
1923	9042543	42868	1536611	10622022	85.13	0.40	14.47
1924	9976363	42000	2071753	12090116	82.52	0.35	17.14
1925	13642029	28323	1755263	15425615	88.44	0.18	11.38
1926	10210913	134478	1419725	11765116	86.79	1.14	12.07
1927	9583858	164477	2212143	11960478	80.13	1.38	18.50
1928	11257660	23308	973177	12254145	91.87	0.19	7.94
1929	10929384	21562	1282878	12233824	89.34	0.18	10.49
1930	10790611	22803	1492235	12305649	87.69	0.19	12.13
1931	10773617	57986	1262588	12094191	89.08	0.48	10.44

续表

年份	出口总值				所占比例		
	蒙自	思茅	腾越	合计	蒙自	思茅	腾越
1932	3118517	44920	1310815	4474252	69.70	1.00	29.30
1933	20399280	191918	3078641	23669839	86.18	0.81	13.01
1934	12727190	177642	2520747	15425579	82.51	1.15	16.34
1935	16946449	284087	2989074	20219610	83.81	1.41	14.78
1936	23662794	414911	3923046	28000751	84.51	1.48	14.01
1937	34179137	466126	3579794	38225057	89.42	1.22	9.37
1938	40718090	227637	3761062	44706789	91.08	0.51	8.41
1939	34925798	376655	3311967	38614420	90.45	0.98	8.58
1940	60289816	982564	4768610	66040990	91.29	1.49	7.22

注：货币单位为海关两，1933—1942年为国币元。其中腾越关1911年只有定性描述，没有具体数据。

资料来源：根据《光绪华洋贸易情形论略》《宣统华洋贸易情形论略》《中华民国华洋贸易情形论略》（中国第二历史档案馆、中国海关总署办公厅：《中国旧海关史料（1859—1948）》第16—139册，京华出版社2001年版）各年资料整理制作。

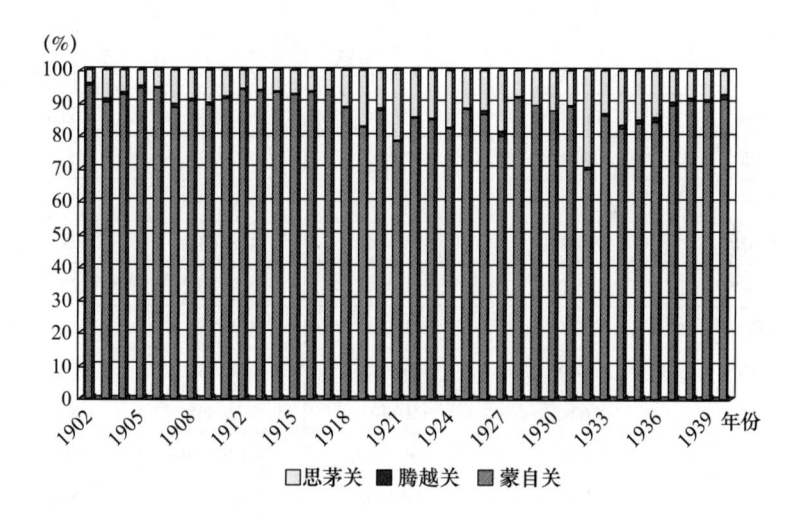

图3　1902—1939年云南三关出口总额比例

资料来源：《光绪华洋贸易情形论略》《宣统华洋贸易情形论略》《中华民国华洋贸易情形论略》（中国第二历史档案馆、中国海关总署办公厅：《中国旧海关史料（1859—1948）》第35—135册，京华出版社2001年版）。

表 30　　1889—1940 年蒙自关大锡出口规模及占全省出口总值变动

单位：海关两、%

年份	蒙自大锡出口 数量	蒙自大锡出口 货值	全省出口总值	所占比例
1889	4233	71953	87629	82.11
1890	22121	397970	461193	86.29
1891	29168	501587	583230	86.00
1892	34666	623401	736000	84.70
1893	32306	600485	735204	81.68
1894	39355	761514	943321	80.73
1895	40801	812819	1033066	78.68
1896	33827	676878	849639	79.67
1897	41602	832040	1089115	76.40
1898	45914	964195	1254365	76.87
1899	43146	1510093	1926759	78.37
1900	48710	1939471	2474404	78.38
1901	50831	2457545	3102202	79.22
1902	63636	3317808	3872961	85.67
1903	41044	2023060	2800885	72.23
1904	50043	3187214	5006436	63.66
1905	74972	3426892	5070299	67.59
1906	66946	3429668	5444738	62.99
1907	58464	3236907	4083639	79.27
1908	76571	4314150	5773803	74.72
1909	70824	3939738	4750852	82.93
1910	102465	5992052	6983688	85.80
1911	95624	6219940	7228365	86.05
1912	138331	11390198	12573069	90.59
1913	128289	10484902	11835807	88.59
1914	112253	7648010	8978564	85.18
1915	124401	8889564	10589205	83.95
1916	115293	8046978	10041917	80.13
1917	185634	11579628	13689801	84.59

续表

年份	蒙自大锡出口 数量	蒙自大锡出口 货值	全省出口总值	所占比例
1918	130670	10039391	12855784	78.09
1919	139977	8038933	11949010	67.28
1920	182581	10629634	13918806	76.37
1921	98705	5762910	9126893	63.14
1922	151147	8277490	10807363	76.59
1923	131175	7772905	10622022	73.18
1924	115239	8988642	12090116	74.35
1925	147662	11984870	15425615	77.69
1926	108806	8704480	11720116	74.27
1927	102023	8161840	11960469	68.24
1928	114460	9156831	12254145	74.72
1929	109316	8745225	12168682	71.87
1930	108416	8673281	11658038	74.40
1931	112870	9029635	12094191	74.66
1932	30773	2425212	4474252	54.20
1933	150645	18994188	23669839	80.25
1934	68087	14300000	15425579	92.70
1935	75151	15782347	20219610	78.05
1936	91048	21125063	28000751	75.44
1937	94662	29255722	38225059	76.54
1938	92604	28890629	44706789	64.62
1939	69863	21895325	38614420	56.70
1940	52079	26312658	66040990	39.84

注：计量单位为公担；货币单位为海关两，1933—1940年为国币元。

资料来源：根据《光绪华洋贸易情形论略》《宣统华洋贸易情形论略》《中华民国华洋贸易情形论略》（中国第二历史档案馆、中国海关总署办公厅：《中国旧海关史料（1859—1948）》第16—139册，京华出版社2001年版）各年资料整理制作。

参考文献

一 历史文献

[1]（明）张萱：《西园闻见录》，华文书局 1969 年版。

[2]（明）徐霞客：《徐霞客游记》，朱惠荣校注，云南人民出版社 1985 年版。

[3]（明）刘文征：《滇志》，古永继校点，云南教育出版社 1991 年版。

[4]（清）阮元、伊里布等修，王崧、李诚等纂：道光《云南通志》，道光十六年刊本。

[5]（清）吴其桢：《缅甸图说》，载（清）王锡祺编《小方壶斋舆地丛钞》补编，上海著易堂 1897 年铅印本。

[6]（清）李焜纂修：《蒙自县志》，成文出版社 1916 年铅印本。

[7]（清）刘慰三：《滇南志略》，云南省图书馆藏稿本。

[8]（清）王彦威、王亮编：《清季外交史料》，文海出版社 1934 年铅印本。

[9]（清）傅天祥修，黄元治、张泰交纂：康熙《大理府志》，1940 年铅印本。

[10]（清）陈宗海修，赵端礼纂：《腾越厅志》，光绪十三年刊本，成文出版社 1966 年印行。

[11]（清）屠述濂纂修：乾隆《腾越州志》，成文出版社 1967 年版。

[12]（清）罗纶修，李文渊纂：《永昌府志》，成文出版社 1967 年版。

[13]（清）师范纂：《滇系》，成文出版社 1968 年重刊影印本。

[14]（清）王芝：《海客日谭》，文海出版社 1969 年版。

[15] 张培爵等修，周宗麟等纂：民国《大理县志稿》，成文出版社 1974 年版。

[16]（清）赵尔巽：《清史稿》，中华书局 1977 年版。

[17]（清）杨琼：《滇中琐记》，1979 年油印本。

［18］（清）《高宗实录》，中华书局1985年影印本。

［19］（清）陈鼎：《滇游记》，中华书局1985年版。

［20］（清）刘崑：《南中杂说》，中华书局1985年版。

［21］（清）檀萃辑：《滇海虞衡志》，中华书局1985年版。

［22］（清）允禄、鄂尔泰等编：《朱批谕旨》，世界书局1988年版。

［23］（清）鄂尔泰等修，靖道谟等纂：雍正《云南通志》，江苏广陵古籍刻印社1988年版。

［24］（清）王崧纂：道光《云南志钞》，云南省社会科学院文献研究所1995年翻印本。

［25］（清）崑岗等纂：《钦定大清会典事例》（光绪朝），文海出版社1992年版。

［26］（清）寸开泰纂，马有樊、刘硕勋校注：《腾越乡土志》，中国文联出版社2005年版。

［27］《腾越寸氏族谱》，云南省图书馆藏本。

［28］云南省志编撰委员会办公室编：《续云南通志长编》，云南民族出版社1995年版。

［29］云南省地方志编纂委员会：《云南省志·交通志》，云南人民出版社2001年版。

［30］龙云、卢汉修，周钟岳等纂：《新纂云南通志》，李春龙、牛鸿斌点校，云南人民出版社2007年版。

二　档案、文史资料及资料汇编

［1］王纬：《滇西驿运调查报告书》，民国三十年四月至六月，云南省档案馆卷宗号L55—1—27。

［2］中国第一历史档案馆、北京师范大学历史系编选：《辛亥革命前十年间民变档案史料》，中华书局1985年版。

［3］赵宁渌主编：《中华民国商业档案资料汇编》，中国商业出版社1991年版。

［4］中国第二历史档案馆：《中华民国档案资料汇编》第五辑第二编，江苏古籍出版社1997年版。

［5］中国第二历史档案馆、中国海关总署办公厅：《中国旧海关史料（1859—1948）》，京华出版社2001年版。

［6］严中平等编：《中国近代经济史统计资料选辑》，科学出版社1955年版。

［7］汪敬虞：《中国近代工业史资料》，科学出版社 1957 年版。
［8］李文治编：《中国近代农业史资料》，三联书店 1957 年版。
［9］中国科学院近代史研究所史料编译组编辑：《辛亥革命资料》，中华书局 1961 年版。
［10］陈真等编：《中国近代工业史资料》，三联书店 1961 年版。
［11］姚贤镐：《中国近代对外贸易史资料》，中华书局 1962 年版。
［12］彭泽益编：《中国近代手工业史资料》，中华书局 1962 年版。
［13］中国人民政治协商会议云南省委员会文史资料委员会编：《云南文史资料选辑》第 1—54 辑，云南人民出版社 1962—1999 年版。
［14］魏宏运：《中国现代史资料选编》，黑龙江出版社 1981 年版。
［15］中国人民政治协商会议大理州委员会文史资料委员会编：《大理州文史资料》第 1—9 辑，1983—1997 年编印。
［16］许道夫：《中国近代农业生产及贸易统计资料》，上海人民出版社 1983 年版。
［17］云南省历史研究所编：《〈清实录〉越南缅甸泰国老挝史料摘抄》，云南人民出版社 1986 年版。
［18］荆德新编：《云南回民起义史料》，云南民族出版社 1986 年版。
［19］德宏州经济研究所：《缅甸现状与历史研究集刊》，1987 年。
［20］"中央研究院"历史言语研究所编：《明清史料》庚编，中华书局 1987 年版。
［21］中国人民政治协商会议云南省昆明市委员会文史资料研究委员会编：《昆明文史资料选辑》第 10 辑，内部资料，1987 年编印。
［22］程贤敏选编：《清〈圣训〉西南民族史料》，四川大学出版社 1988 年版。
［23］彭明主编：《中国现代史资料选辑》，中国人民大学出版社 1989 年版。
［24］中国人民政治协商会议云南省开远市委员会文史资料委员会编：《开远市文史资料》第 1—3 辑，内部资料，1990 年编印。
［25］河口县政协文史资料委员会编：《河口文史资料选辑》第 1 辑，内部资料，1990 年编印。
［26］方国瑜主编，徐文德、木芹、郑志惠纂录校订：《云南史料丛刊》，云南大学出版社 1997 年版。
［27］故宫文献馆编纂：《文献丛编》，故宫印刷所，1930 年。
［28］徐有朋：《袁大总统书牍汇编》，上海广益书局 1941 年版。

［29］王铁崖：《中外旧约章汇编》，三联书店 1959 年版。

［30］陈翰笙主编：《华工出国史料汇编》，中华书局 1980—1985 年版。

［31］中国近代经济史资料丛刊编辑委员会主编：《帝国主义与中国海关资料丛编》第 1—11 册，中华书局 1983—1994 年版。

［32］昆明志编纂委员会编：《昆明市志资料长编》，内部资料，1984 年编印。

［33］云南省历史研究所编：《〈清实录〉有关云南史料汇编》，云南人民出版社 1986 年版。

［34］沈家五编：《张謇农商总长任期经济资料选编》，南京大学出版社 1987 年版。

［35］余定邦、黄重言：《中国古籍中有关缅甸资料汇编》，中华书局 2002 年版。

三 著作

［1］陆费逵主编：《中华实业界》，中华书局 1914 年版。

［2］云南行政公署实业司编：《云南实业杂志》，云南行政公署实业司 1919 年发行。

［3］云南省公署枢要处第四课辑：《云南对外贸易近况》，云南省公署枢要处第四课 1926 年石印本。

［4］张相时：《华侨中心之南洋》，海南书局 1927 年版。

［5］云南省建设厅编：《云南建设》，云南省建设厅编印，1930—1945 年。

［6］陈重民：《中国进口贸易》，商务印书馆 1934 年版。

［7］钟崇敏：《云南之贸易》，手稿油印本 1939 年版。

［8］郭垣编著：《云南省经济问题》，正中书局 1939 年版。

［9］胡焕庸：《四川地理》，正中书局 1939 年版。

［10］刘达人：《新缅甸与中国》，KAK MIN YIT PAO 有限公司印行，1941 年。

［11］苏汝江：《云南个旧锡业调查》，国立清华大学国情研究所，1942 年。

［12］张肖梅：《云南经济》，中国国民经济研究所，1942 年。

［13］张印堂：《滇西经济地理》，云南大学西南文化研究室印行，1943 年。

［14］龙云等编：《云南行政纪实》，云南省财政厅印刷局，1943 年。

［15］钟崇敏：《四川蚕丝产销调查报告》，中国农民银行经济研究处，

1944年。
[16] 王婆楞：《中缅关系史纲要》，正中书局印行，1944年。
[17] 郑伯彬编：《日本侵占区之经济》，资源委员会经济研究所，1945年。
[18] 万湘澂：《云南对外贸易概观》，新云南丛书发行部，1946年。
[19] 童蒙正：《关税概论》，商务印书馆1946年版。
[20] 夏光南编著：《中印缅交通史》，中华书局1948年版。
[21] 吴承明：《帝国主义在旧中国的投资》，人民出版社1955年版。
[22] 严中平：《中国棉纺织史稿》，科学出版社1955年版。
[23] 余世箴：《云南物价调查》，云南人民出版社1957年版。
[24] 严中平：《清代云南铜政考》，中华书局1957年版。
[25] 中国科学院历史研究所第三所编：《云南杂志选辑》，科学出版社1958年版。
[26] 赵松乔：《缅甸地理》，科学出版社1958年版。
[27] 吴承明：《帝国主义在旧中国的投资》，人民出版社1958年版。
[28] 云南省历史研究所编：《缅甸的滇侨》，1961年油印本。
[29] 张怡祖编：《张季子九录》卷七，文海出版社1965年版。
[30] 陈吕范、邹启宇：《个旧锡业"鼎盛时期"出现的原因和状况》，云南历史研究所1979年铅印本。
[31] 董孟雄：《中国近代经济史》上册，云南大学经济系编印，1980年。
[32] 王绳祖：《中英关系史论丛》，人民出版社1981年版。
[33] 章开沅、林增平主编：《辛亥革命史》，人民出版社1981年版。
[34] 孙中山：《孙中山全集》，中华书局1981年版。
[35] 李康华等：《中国对外贸易简论》，对外贸易出版社1981年版。
[36] 《民族问题五种丛书》云南省编辑委员会：《白族社会历史调查》第1—4辑，云南人民出版社1981—1991年版。
[37] 赵淑敏：《中国海关史》，中央文物供应社1982年版。
[38] 方国瑜主编：《云南地方史讲义》，云南广播电视大学1983年版。
[39] 梁冠凡等整理：《下关工商业调查报告》，载《民族问题五种丛书》，云南人民出版社1983年版。
[40] 郑友揆：《中国的对外贸易和工业发展（1840—1948）》，上海社会科学院出版社1984年版。
[41] 张宪文主编：《中华民国史纲》，河南人民出版社1985年版。
[42] 盛慕杰、于滔主编：《中国近代金融史》，中国金融出版社1985

年版。

[43]《民族问题五种丛书》云南省编辑委员会:《云南回族社会历史调查》第1—4辑,云南人民出版社1985—1988年版。

[44] 张公权:《中国通货膨胀史》,文史资料出版社1986年版。

[45] 杨聪:《大理经济发展史稿》,云南民族出版社1986年版。

[46] 李埏:《中国封建经济史论集》,云南教育出版社1987年版。

[47]《抗日战争时期国民政府财政经济战略措施研究》课题组编著:《抗日战争时期国民政府财政经济战略措施研究》,西南财经大学出版社1988年版。

[48] 杨荫溥:《民国财政史》,中国财政经济出版社1988年版。

[49] 杨毓才:《云南各民族经济发展史》,云南民族出版社1989年版。

[50] 史金生:《中华民国经济史》,江苏人民出版社1989年版。

[51] 陆仰渊、方庆秋:《民国社会经济史》,中国经济出版社1991年版。

[52] 孙建:《中国经济史》(近代部分),中国人民大学出版社1991年版。

[53] 董孟雄:《云南近代地方经济史研究》,云南人民出版社1991年版。

[54] 中国公路交通史编审委员会:《中国公路史》,人民交通出版社1992年版。

[55] 贺圣达:《缅甸史》,人民出版社1992年版。

[56] 贺圣达:《当代缅甸》,四川人民出版社1993年版。

[57] 王明达、张锡禄:《马帮文化》,云南人民出版社1993年版。

[58] 云南近代史编写组:《云南近代史》,云南人民出版社1993年版。

[59] 石伯林:《凄风苦雨中的民国经济》,河南人民出版社1993年版。

[60] 谢本书等编:《云南近代史》,云南人民出版社1993年版。

[61] 申旭:《中国西南对外关系史研究》,云南美术出版社1994年版。

[62] 李珪主编:《云南近代经济史》,云南民族出版社1995年版。

[63] 陶文钊、杨奎松、王建朗:《抗日战争时期中国对外关系》,中共党史出版社1995年版。

[64] 云南公路交通史志编委会编:《云南公路运输史》,人民交通出版社1995年版。

[65] 刘云明:《清代云南市场研究》,云南大学出版社1996年版。

[66] 陆韧:《云南对外交通史》,云南民族出版社1997年版。

[67] 王觉非:《近代英国史》,南京大学出版社1997年版。

[68] 朱英、石伯林:《近代中国经济政策演变史稿》,湖北人民出版社

1998年版。

[69] 陈诗启：《中国近代海关史》民国部分，人民出版社1999年版。
[70] 余定邦：《中缅关系史》，光明日报出版社2000年版。
[71] 李旭：《藏客——茶马古道马帮生涯》，云南大学出版社2000年版。
[72] 林锡星：《中缅友好关系研究》，暨南大学出版社2000年版。
[73] 吴晓亮：《大理史话》，云南人民出版社2001年版。
[74] 钟志翔：《缅甸研究》，军事谊文出版社2001年版。
[75] 吴兴南：《云南对外贸易史》，云南大学出版社2002年版。
[76] 陈征平：《云南早期工业化进程研究（1840—1949）》，民族出版社2002年版。
[77] 林坚：《远渡重洋：中美贸易二百年（1784—1999）》，厦门大学出版社2003年版。
[78] 吴晓亮：《洱海区域古代城市体系研究》，云南大学出版社2004年版。
[79] 汤汉清、邵贵龙：《驼峰（1942—2002）》，云南人民出版社2005年版。
[80] 周智生：《商人与近代中国西南边疆社会——以滇西北为中心》，中国社会科学出版社2006年版。
[81] 贺圣达、李晨阳编著：《列国志——缅甸》，社会科学文献出版社2009年版。
[82] 仲伟民：《茶叶与鸦片：十九世纪经济全球化中的中国》，生活·读书·新知三联书店2010年版。
[83] 李埏、李伯重、李伯杰：《走出书斋的史学》，浙江大学出版社2012年版。

四 论文

[1] 苏澄：《敌寇侵略下的我国农村经济》，《全民抗战》1940年第1—5期。
[2] 章友江：《论易货制》，《贸易月刊》1942年第9—10期。
[3] 黄秉绶：《五十年来之中国工矿业》，载中国通商银行编《五十年来之中国经济（1896—1947）》，文海出版社1948年版。
[4] 田汝康：《有关杜文秀对外关系的几个问题》，《历史研究》1963年第4期。
[5] 朱振明：《抗日战争时期的滇缅公路》，《云南省社会科学》1982年

第 4 期。
［6］刘瑞斋：《思茅商务盛衰概况》，载《云南文史资料选辑》第 16 辑，云南人民出版社 1982 年版。
［7］云南省档案馆：《云南档案史料》1983 年第 1 期。
［8］李志正：《畹町撤退经过》，载《云南文史资料选辑》第 19 辑，云南人民出版社 1983 年版。
［9］方国瑜：《古代中国与缅甸的友好关系》，《东南亚》1984 年第 4 期。
［10］徐以枋：《抗战时期几条国际和国内公路的修建》，载中国近代经济史丛书编委会《中国近代经济史研究资料》第 5 辑，上海社会科学出版社 1984 年版。
［11］黄立人：《抗日战争时期国民党政府开发西南的历史考评》，《云南教育学院学报》1985 年第 4 期。
［12］张竹邦：《滇缅交通与腾冲商业》，载《云南文史资料选缉》第 29 辑，云南人民出版社 1986 年版。
［13］骆毅等：《昆明市历代人口的变迁》，《云南地方志通讯》1986 年第 2 期。
［14］陈茜：《云南外贸史略述》，《国际贸易》1986 年第 6 期。
［15］汪戎：《近代云南对外经济关系》，《思想战线》1987 年第 5 期。
［16］王淑杰：《法英帝国主义侵略云南史料》，载中国人民政治协商会议昆明市委员会文史委员会编《昆明文史资料选辑》第 10 辑，内部资料，1987 年。
［17］董孟雄、陈庆德：《近代云南马帮初探》，《经济问题探索》1988 年第 6 期。
［18］王应鹏口述，常泽鸿整理：《民国时期大理、凤仪的马帮》，载大理市政协文史资料委员会编《大理市文史资料》第 2 辑，内部资料，1988 年。
［19］张家录：《看马配鞍》，载通海县政协文史资料委员会编《通海文史资料》第 3 辑，内部资料，1988 年。
［20］孙来臣：《明清时期中缅贸易关系及其特点》，《东南亚研究》1989 年第 4 期。
［21］马桢祥：《泰缅经商回忆》，载《云南文史资料选辑》第 9 辑，云南人民出版社 1989 年版。
［22］解乐三：《云南马帮运输概况》，载《云南文史资料选辑》第 9 辑，云南人民出版社 1989 年版。

[23] 谢自佳：《抗战时期的滇缅公路》，载《云南文史资料选辑》第 37 辑，云南人民出版社 1989 年版。

[24] 吴显明：《远征缅印述略》，载《昆明文史资料选辑》第 11 辑，内部资料，云南民族出版社 1989 年版。

[25] 张家德、蔡泽民、张愚：《滇缅公路的修建及作用》，载《云南文史资料选辑》第 37 辑，云南人民出版社 1989 年版。

[26] 贺圣达：《近代云南与中南半岛地区经济往来研究三题》，《思想战线》1990 年第 1 期。

[27] 董孟雄、郭亚非：《近代云南的交通运输与商品经济》，《云南社会科学》1990 年第 1 期。

[28] 于彤：《抗战时期中国工业损失状况部分统计》，《历史档案》1990 年第 2 期。

[29] 蓝勇：《唐宋南方陆上"丝绸之路"的转输贸易》，《中国经济史研究》1990 年第 4 期。

[30] 林文勋：《明清时期内地商人在云南的经济活动》，《云南社会科学》1991 年第 1 期。

[31] 尹文和：《阿瓦云南观音寺》，载腾冲县政协文史资料编辑委员会编《腾冲文史资料选辑》第 3 辑，内部资料，1991 年。

[32] 尹文和：《缅京云南会馆及其创始人》，载腾冲县政协文史资料编辑委员会编《腾冲文史资料选辑》，内部资料，1991 年。

[33] 吴承明：《中国经济史研究的方法论问题》，《中国经济史研究》1992 年第 1 期。

[34] 韩军：《大理白族喜州商帮》，《云南民族学院学报》1992 年第 3 期。

[35] 尤中：《古代中缅之间的经济文化交流》，《云南民族学院学报》（哲学社会科学版）1993 年第 3 期。

[36] 伊广和：《云南最古老的华侨商号——三成号》，载《云南文史资料选辑》第 42 辑，云南人民出版社 1993 年版。

[37] 李镜天：《永茂和商号经营缅甸贸易简史》，载《云南文史资料选辑》第 42 辑，云南人民出版社 1993 年版。

[38] 施次鲁：《福春恒的兴衰》，载《云南文史资料选辑》第 42 辑，云南人民出版社 1993 年版。

[39] 舒自志：《博南古道上的鹤庆舒庆商号》，载《云南文史资料选辑》第 42 辑，云南人民出版社 1993 年版。

[40] 董彦臣：《凤尾山石黄发展简况》，载《云南文史资料选辑》第 42

辑，云南人民出版社 1993 年版。
［41］李珪、梅丹：《云南近代对外贸易史略》，载《云南文史资料选辑》第 42 辑，云南人民出版社 1993 年版。
［42］马家奎：《回忆先父马铸材经营中印贸易》，载《云南文史资料选辑》第 42 辑，云南人民出版社 1993 年版。
［43］《抗战时期滇缅公路沿线部分地区经济调查》，《云南档案史料》1994 年第 3 期。
［44］王文成：《滇越铁路与云南近代对外贸易——兼谈云南与东南亚间的通道建设和经济技术合作》，《经济问题探索》1994 年第 1 期。
［45］陆韧：《抗日战争中的云南马帮运输》，《抗日战争研究》1995 年第 1 期。
［46］游明谦：《中缅边贸的历史、现状与未来》，《郑州大学学报》（哲学社会科学版）1995 年第 2 期。
［47］马维良：《云南回族马帮的对外贸易》，《回族研究》1996 年第 1 期。
［48］申旭：《汉唐时期川滇缅印之间的交往》，《云南社会科学》1996 年第 1 期。
［49］郭亚非：《再论云南近代海关》，《云南师范大学学报》（哲学社会科学版）1996 年第 2 期。
［50］陶子厚：《抗战时期的西南运输总处》，《民国档案》1996 年第 2 期。
［51］黄菊艳编选：《战时西南运输档案史料》，《档案与史学》1996 年第 5 期。
［52］宋蜀华：《论西南丝绸之路的形成、作用和现实意义》，《中央民族大学学报》1996 年第 6 期。
［53］吴兴南：《清代前期的云南对外贸易》，《云南社会科学》1997 年第 3 期。
［54］徐卫国：《论清末新政时期的经济政策》，《中国经济史研究》1997 年第 3 期。
［55］申旭：《回族商帮与历史上的云南对外贸易》，《民族研究》1997 年第 3 期。
［56］赵铨：《滇越铁路沿线农村商品经济初探》，《云南财贸学院学报》1997 年第 4 期。
［57］郭亚非、王菊映：《近代云南对外贸易经营中的特点》，《云南师范大学学报》（哲学社会科学版）1997 年第 6 期。
［58］仲麦·格桑扎西：《康藏商业界支援抗战亲历记》，载政协西南地区

文史资料协作会议编《抗战时期内迁西南的工商业》，云南人民出版社 1998 年版。

[59] 聂德宁：《近现代中国与缅甸贸易往来》，《南洋问题研究》1998 年第 4 期。

[60] 吴玉文：《1927—1937 年南京国民政府经济政策述评》，《河南大学学报》（社会科学版）1998 年第 5 期。

[61] 朱英：《论南京临时政府的经济政策》，《华中师范大学学报》（人文社会科学版）1999 年第 1 期。

[62] 徐建生：《论民国初年经济政策的扶植与奖励导向》，《近代史研究》1999 年第 1 期。

[63] 张东刚：《论民初国家工商政策的转变及其近代化》，《天津师范大学学报》1999 年第 5 期。

[64] 佟静：《论南京政府关税自主政策的实施及意义》，《辽宁师范大学学报》（社会科学版）1999 年第 6 期。

[65] 马维勇：《清末及民国时期洋货输入大理的概况》，载大理市政协文史资料委员会编《大理市文史资料》第 8 辑，内部资料，1999 年。

[66] 张旭、杨永新等：《大理马久邑村"三元号"的兴衰情况》，载大理市政协文史资料委员会编《大理市文史资料》第 8 辑，内部资料，1999 年。

[67] 苏松林：《三元号概略》，载大理市政协文史资料委员会编《大理市文史资料》第 8 辑，内部资料，1999 年。

[68] 苏松林：《裕和号概略》，载大理市政协文史资料委员会编《大理市文史资料》第 8 辑，内部资料，1999 年。

[69] 杨克成：《永昌祥简史》，载大理市政协文史资料委员会编《大理市文史资料》第 8 辑，内部资料，1999 年。

[70] 施次鲁：《福春恒的兴起发展及其衰落》，载大理市政协文史资料委员会编《大理市文史资料》第 8 辑，内部资料，1999 年。

[71] 舒自志：《鹤庆商帮概述》，载大理市政协文史资料委员会编《大理市文史资料》第 8 辑，内部资料，1999 年。

[72] 董承汉、常泽鸿：《永昌祥的经营之道》，载大理市政协文史资料委员会编《大理市文史资料》第 8 辑，内部资料，1999 年。

[73] 张相时：《恒盛公商号史略》，载大理市政协文史资料委员会编《大理市文史资料》第 8 辑，内部资料，1999 年。

[74] 黄槐荣：《洪盛祥商号概况》，载大理市政协文史资料委员会编《大

理市文史资料》第 8 辑，内部资料，1999 年。

[75] 杨煜达：《试析近代滇西商品经济的发展和影响》，《保山师专学报》2000 年第 2 期。

[76] 郭亚非：《中央王朝势力加强与南方古丝绸之路的开发》，《云南师范大学学报》（哲学社会科学版）2000 年第 4 期。

[77] 郭亚非：《近代云南与周边国家区域性贸易圈》，《云南师范大学学报》（哲学社会科学版）2001 年第 2 期。

[78] 徐进功：《论南京国民政府 1927—1937 年的对外贸易》，《中国社会经济史研究》2001 年第 3 期。

[79] 杨煜达：《滇西民族商业资本的转化与云南近代社会》，《云南社会科学》2001 年第 4 期。

[80] 顾继国、杨金江：《滇越铁路与云南近代进出口贸易》，《云南民族学院学报》2001 年第 5 期。

[81] 牛鸿斌：《近代云南商号与中印陆海交通线的开辟》，《云南社会科学》2002 年第 1 期。

[82] 姚继德：《云南回族马帮的组织与分布》，《回族研究》2002 年第 2 期。

[83] 颜星：《历史上的滇越交通贸易及影响》，《学术探索》2002 年第 4 期。

[84] 费鸿萍：《试论近代大理喜洲商帮的经营管理思想》，《商业研究》2002 年第 18 期。

[85] 夏兆营：《论抗战时期的西南运输总处》，《抗日战争研究》2003 年第 3 期。

[86] 杨煜达：《清朝前期（1662—1765）的对缅政策与西南边疆》，《中国历史地理论丛》2004 年第 1 期。

[87] 冯立军：《论明至清中叶滇缅贸易与管理》，《南洋问题研究》2005 年第 3 期。

[88] 戴鞍钢：《近代中国西部内陆边疆通商口岸论析》，《复旦学报》（社会科学版）2005 年第 4 期。

[89] 杨立鑫：《论滇缅公路的伟大功绩》，《保山师专学报》2005 年第 4 期。

[90] 严云强：《抗战时期国民政府的税制改革》，《重庆社会科学》2005 年第 8 期。

[91] 张越：《近代云南马帮的发展及其对云南经济的影响》，《文山师范

高等专科学校学报》2006年第1期。

[92] 汪良平：《滇越铁路对近代云南社会和经济的影响》，《大理学院学报》2007年第1期。

[93] 吴晓亮：《对社会经济研究的几点看法》，《清华大学学报》（哲学社会科学版）2007年第5期。

[94] 罗群：《从会馆、行帮到商会——论近代云南商人组织的发展与嬗变》，《思想战线》2007年第6期。

[95] 叶凤刚：《抗战前国民政府保护和发展民族经济的措施》，《世纪桥》2007年第8期。

[96] 温洪玉：《抗日战争胜利后南京国民政府的特定关税减免政策研究》，《内蒙古农业大学学报》（社会科学版）2008年第2期。

[97] ［美］吉松久美子、涂华忠、姚继德：《云南回族入缅商路与移居点考——以19世纪末至20世纪初为中心》，《回族研究》2008年第2期。

[98] 韦福安：《中法战争与中越边境地区的近代化契机——以近代滇越、桂越边境贸易和交通变迁比较为例》，《广西民族研究》2008年第2期。

[99] 古永继：《明代滇西地区内地移民对中缅关系的影响》，《中国边疆史地研究》2008年第3期。

[100] 王文成：《约开商埠与清末云南对外经贸关系的变迁》，《云南社会科学》2008年第3期。

[101] 冯立军：《20世纪初以前华侨移民缅甸述略》，《南洋问题研究》2008年第4期。

[102] 赵旭峰：《滇越铁路与滇东南民族地区的近代化进程》，《云南农业大学学报》2009年第3期。

[103] 吴晓亮：《20世纪前云南与世界经济的互动——以云南省博物馆藏商号"洪盛祥"的两部账册为个案》，《中国经济史研究》2009年第4期。

[104] 赵小平：《明清云南边疆对外贸易与国际区域市场的拓展》，《历史教学》2009年第4期。

[105] 王文成：《清末民初的云南驿路、铁路与马帮》，《云南财经大学学报》2009年第5期。

[106] 吴迪：《略论元朝云南和缅甸的经贸交流》，《重庆科技学院学报》（社会科学版）2009年第7期。

[107] 苏月秋：《近代云南与东南亚的丝绵贸易》，《东南亚南亚研究》2010 年第 3 期。
[108] 江云岷：《滇缅公路沿线经济发展评析》，《云南民族大学学报》（哲学社会科学版）2010 年第 3 期。
[109] 范淑萍：《滇越铁路与滇南经济带的形成和发展》，《特区经济》2010 年第 10 期。

五 报刊资料

[1] 《工商部通咨各省民政长爪哇三宝垄举行赛会请饬商务总会征集物品以备赴赛并希见复文》（附章程），《政府公报》1913 年 8 月 24 日。
[2] 《税务处督办梁士诒等呈请减出洋茶税以兴实业文并批令》，《政府公报》1914 年 10 月 18 日。
[3] 《农商部咨京兆尹暨直隶、河南、山东、江苏、浙江、安徽、江西、湖南、湖北、广东、福建各巡按使明正菲列滨嘉年华会请转饬所属商会征品运沪径交沪代表运赴会场文》，《政府公报》1914 年 12 月 28 日。
[4] 《农商部呈报办理日本大正博览会中国赴会情形并附出品目录等件请钧鉴文并批令》，《政府公报》1915 年 1 月 8 日，第 958 号。
[5] 《农商部训令第 83 号：令各总商会》，《政府公报》1916 年 10 月 20 日。
[6] 《农商部令第 61 号：美国费城一百五十年独立纪念展览会中国商人自由赴赛出品规则》，《政府公报》1926 年 3 月 11 日。
[7] 《反对声中之进口税则》，《大公报》1934 年 7 月 7 日社评。
[8] 黄绰卿：《缅甸华侨移殖史概述》，《新仰光报五周年纪念特刊》1950 年。
[9] 龙越：《从滇越铁路看帝国主义的经济侵略》，《云南日报》1990 年 11 月 16 日。
[10] 《保山人民为滇西抗战做过巨大贡献》，《保山宣传报》1994 年 6 月 10 日。
[11] 《腾冲——中国西南最古老的商埠》，《云南政协报》2005 年 5 月 10 日。

六 译著、外文著作

[1] ［英］美特福：《中缅之交》，伍况甫译，商务印书馆 1939 年版。

[2] [英] J. S. 佛尼威尔:《缅甸社会经济史纲要》,王泰译述,商务印书馆 1944 年版。

[3] [英] P. 菲茨杰拉德:《滇缅路》,宋自节、张履鑑、黄钟秀译,今日新闻出版社 1945 年版。

[4] [苏] 瓦西里耶夫:《缅甸史纲》,中山大学历史系外语系译,商务印书馆 1957 年版。

[5] [英] 伯尔考维茨:《中国通与英国外交部》,江载华、陈衍译,商务印书馆 1959 年版。

[6] [英] 迈克尔·格林堡:《鸦片战争前中英通商史》,康成译,商务印书馆 1961 年版。

[7] [英] 托马斯·孟:《英国得自对外贸易的财富》,袁南宇译,商务印书馆 1965 年版。

[8] [英] 戈·埃·哈威:《缅甸史》,姚梓良译,商务印书馆 1973 年版。

[9] [美] 阿瑟·恩·杨格:《1927—1937 年中国财政经济情况》,陈泽宪等译,中国社会科学出版社 1981 年版。

[10] [英] 霍尔:《东南亚史》,赵嘉文译,商务印书馆 1982 年版。

[11] [美] 沈已尧:《东南亚——海外故乡》,中国友谊出版公司 1985 年版。

[12] [英] 约翰·希克斯:《经济史理论》,厉以平译,商务印书馆 1987 年版。

[13] [美] 道格拉斯·C. 诺斯:《经济史上的结构和变革》,厉以平译,商务印书馆 1992 年版。

[14] [美] 伊曼纽尔·沃勒斯坦:《现代世界体系》,尤来寅等译,高等教育出版社 1998 年版。

[15] [日] 滨下武志:《近代中国的国际契机——朝贡贸易体系与近代亚洲经济圈》,朱荫贵、欧阳菲译,中国社会科学出版社 1999 年版。

[16] [法] 亨利·奥尔良:《云南游记:从东京湾到印度》,龙云译,云南人民出版社 2001 年版。

[17] [英] 保罗·肯尼迪:《大国的兴衰——1500—2000 年的经济变迁与军事冲突》,陈景彪等译,国际文化出版公司 2006 年版。

[18] [德] 贡德·弗兰克:《白银资本》,刘北成译,中央编译出版社 2011 年版。

[19] *Historical Dictionary of Burma* (Myanmar), 1880.

[20] Daniel George Edward Hall, *Europe and Burma*, H. Milford, Oxford U-

niversity Press, 1945.
[21] James Russell Andrus, *Burmese Economic Life*, Stanford University Press, 1947.
[22] Tun Wai (U, economist), "Economic Development of Burma from 1800 till 1940", Dept. of Economics, University of Rangoon, 1961.
[23] Maung Shein, "Burma's Transport and Foreign Trade in Relation the Economic Development of the Country, 1885 – 1914", 1964.
[24] Sir Charles Haukes Todd Crosthwaite, "The Pacification of Burma", Cass, 1968.
[25] Father Sangermano, *The Burmese Empire*, 1969, Kelly Press.
[26] Jan Bečka, "The National Liberation Movement in Burma during the Japanese Occupation Period, 1941 – 1945", Oriental Institute in Academia, 1983.
[27] Mya Than, "Myanmr's Externai Trad: An Overiew in the Southerst Southerst Asian Context", Institute sf Southeast Asian Studies, Heng Mui Keng Terracce, 1992.

后　　记

　　本书以我的博士论文"早期经济全球化视野下的滇缅贸易（1644—1949）"为基础写就，是国家社会科学基金后期资助项目（批准号：15FJL003）的结项成果。

　　本书付梓，要感谢我的导师吴晓亮教授的谆谆教诲；感谢丁琼博士、黎志刚博士、李杰高级工程师等同门同人在课题研究中的真诚付出。特别要感谢的是在课题研究和出版编辑过程中给予指导帮助的卢小生主任。

　　谨以此书献给生我养我的父亲母亲李军凯先生、王兰仙女士！

　　谨以此书献给我相濡以沫的妻子缪锦女士！

李涛
2018 年 7 月 17 日
于北京